CW00522232

Hefyd gan Arwel Vittle

Ffeithiol

Valentine – Cofiant i Lewis Valentine
Cythral o Dân – Cofio 75 Mlynedd ers Llosgi'r Ysgol Fomio
I'r Gad – Hanner Canrif o Brotestio dros y Gymraeg (gol.)

Ffuglen

Dial yr Hanner Brawd
Post Mortem (fel Elis Ddu)
Talu'r Pris
Y Ddinas ar Ymyl y Byd

Llyfr 50 Mawr

LOL

Hanner canrif o Hiwmor, Enllib a Rhyw

Golygwyd gan ARWEL VITTLE

Argraffiad cyntaf: 2015

Hawlfraint Y Lolfa Cyf., Arwel Vittle, ac awduron y gweithiau gwreiddiol,
2015

Mae hawlfraint ar gynnwys y llyfr hwn ac mae'n anghyfreithlon i'w
atgynhyrchu trwy unrhyw ddull, mecanyddol neu electronig, heb ganiatâd
ysgrifenedig y cyhoeddwyr ymlaen llaw.

Dymuna'r cyhoeddwyr gydnabod cymorth ariannol Cyngor Llyfrau Cymru.

Clawr a dylunio: Robat Gruffudd

Rhif Llyfr Rhyngwladol: 978-1-78461-167-5

Argraffwyd, rhwymwyd a chyhoeddwyd yng Nghymru
gan Y Lolfa Cyf., Talybont, Ceredigion SY24 5HE
gwefan www.ylolfa.com
e-bost ylolfa@ylolfa.com
ffôn 01970 832 304
ffacs 01970 832 782

Cyflwyniad

Y TRO DWETHA i fi sgrifennu gair fel hyn oedd chwarter canrif yn ôl, adeg cyhoeddi *Jiwbilol*, y gyfrol ddathlu a olygwyd gan Eirug Wyn. Fe nodais ar y pryd fy rhyfeddod at ehediad chwim amser. Ond nawr? Does bosib bod hanner canrif wedi pasio ers y dyddiau hafaidd hynny, ganol y chwedegau, pan oedd Penri Jones a minnau yn crwydro bariau Bangor Uchaf, a bywyd o'n blaenau a phopeth yn bosibl – gan gynnwys cylchgrawn newydd poblogaidd o'r enw *Lol*...

Fe ddiflannodd sawl cylchgrawn mwy parchus yn ystod yr hanner canrif gan gynnwys *Byw, Hamdden, Llais Llyfrau, Asbri, Sŵn, Blodau'r Ffair,* a'r cylchgrawn llenyddol *Pori*(ing) a ymddangosodd unwaith yn unig. Yn Lloegr, ar y llaw arall, dathlodd *Private Eye* ei hanner canfed penblwydd yn 2011, gyda ffigwr gwerthiant o bron i chwarter miliwn. Pam felly nad y'n ni yng Nghymru yn gallu cynhyrchu mwy nag un rhifyn blynyddol o gylchgrawn dychan? Onid oes ar bob gwlad iach angen cylchgrawn sy'n cael hwyl am ben y drefn sydd ohoni?

Mae'r rheswm yn economaidd. Yn syml iawn, does 'da ni yng Nghymru mo'r niferoedd i gynnal cylchgrawn annibynnol o'r math yma yn fasnachol. Fel mae'r tudalennau hyn yn adrodd, fe wnaeth Y Lolfa gais i'r Cyngor Llyfrau yn 2004 am grant i *Dim Lol*, a methu – yn haeddiannol. Dyw e'n gwneud dim synnwyr i gylchgrawn gwrth-sefydliad ofyn am arian gan y sefydliad i'w gynnal.

Bu cynnal *Lol*, i raddau pell, yn llafur cariad ac mae'n dyled yn anferth i bawb a gariodd y fflam dros y blynyddoedd, yn olygyddion, yn gartwnwyr a ffotograffwyr, yn feirdd a llenorion ac enllibwyr a newyddiadurwyr hyd yn oed. Rhaid enwi un, sef Eirug Wyn, a wnaeth gyfraniad arbennig fel golygydd a chyhoeddwr, a dioddef yn sgil hynny, gyda'i wraig Gwenda, am feiddio dal ei dir yn erbyn mawrion y cyfryngau yng Nghymru. Coffa da amdano a'i gyfraniad afieithus i fywyd y genedl.

Ymlaen i'r presennol, hoffwn ddiolch o galon i olygydd y gyfrol hon, Arwel Vittle, am fentro gafael yng nghyrn stori drofaus *Lol*, ei gosod yn ei chyd-destun a'i hadrodd mewn ffordd mor ddifyr. Mae'n ffodus ei fod yn nofelydd yn ogystal â chofiannydd gan fod angen tipyn o ddychymyg, weithiau, i allu dilyn y trywydd.

Beth am y dyfodol? Ro'n i wedi ffansïo bod y rhifynnau diwethaf, o dan aden Cwmni Drwg, yn siapio i ryw batrwm, ond mae pawb yn dweud mai'r rhifyn gorau yw'r un diwethaf – yr hanner canfed – a olygwyd gan ddwy ferch ifanc frwdfrydig. Mae hyn yn argoeli'n dda ar gyfer y dyfodol ac yn wir oes yna wlad yn y byd sy'n cynnig tir mwy ffrwythlon na Chymru ar gyfer cylchgrawn dychan? Gellir dweud amdani, yng ngeiriau'r bardd Juvenal, *Difficile est saturam non scribere* – na ellir ei disgrifio heb ei dychanu.

Robat Gruffudd

RHAGAIR

Mae'n wych, mae'n wael, mae'n gymysg oll i gyd...

Am hanner canrif bu cylchgrawn *Lol* yn baldorddi, dychanu a herio'r 'Sevydliad' yng Nghymru, a thros y blynyddoedd bu *Lol* yn anweddus, yn blentynnaidd a dialgar, ond ar yr un pryd yn ffraeth, yn iachus ac yn hanfodol. Oherwydd dros yr hanner can mlynedd diwethaf *Lol*, yn anad unrhyw gylchgrawn arall, a gofnododd hanes cêl Cymru – yr hanes sydd wedi ei guddio o'r golwg o dan yr hanes 'swyddogol'. Rhoddodd y 'recsyn anllad' rhyw olwg twrch daear i ni ar hanes diwylliannol a gwleidyddol y cyfnod diwethaf.

Mae pori drwy hen rifynnau *Lol* fel darllen cofnod amgen, tanddaearol bron, o'r degawdau diwethaf, gan roi darlun o'r ffraeo a'r cecru am y Gymraeg, sgandalau gwleidyddion a ffigurau cyhoeddus, achosion enllib amrywiol y cylchgrawn, lluniau merched noeth y chwedegau a'r saithdegau a straeon caletach y degawd diwethaf am y mewnlifiad ac wrth i drên grefi S4C fynd oddi ar y cledrau. Ond gyda'r un ysbryd dychanol ffwrdd â hi ac absŵrd yn rhedeg fel llinyn afiach *(arian? –gol. Lol)* drwy'r cyfan.

Fel sy'n arferol mewn pwt o ragymadrodd fel hyn rhaid diolch i rai am eu cymorth a'u cydweithrediad. Bu Robat Gruffudd yn hael iawn, fel arfer, wrth rannu ei argraffiadau a'i ragfarnau. Ef, wrth gwrs, yw'r Doctor Frankenstein sydd wedi creu'r anghenfil ac mae'n deg dweud na fyddai'r llyfr hwn na *Lol* ei hun wedi gweld golau dydd oni bai am ei ysbrydoliaeth chwyldroadol. Er hynny, mae'n ddifyr sylwi effaith treigl amser ar ddelwedd y Loliwr mwyaf oll, gan fynd o fod yn *enfant terrible* y dosbarth canol Cymraeg yn beryglus o agos at fod yn drysor cenedlaethol.

Oherwydd archif gwarthus o anhrefnus Y Lolfa bu'n rhaid gofyn sawl cymwynas gan garedigion y cylchgrawn. Bu un arall o dadau *Lol*, Penri Jones, mor garedig â gadael i mi bori yn ei archif o hen rifynnau *Lol* a rhannu ei sylwadau am y dyddiau cynnar; yn yr un modd rwy'n ddyledus i Iwan Edgar a Huw Ceiriog a fenthycodd rifynnau coll o'u casgliadau personol er mwyn mi gwblhau'r gwaith. Diolch hefyd i Emyr Llewelyn Gruffudd am sgwrs ddifyr a gwybodus wrth hel atgofion am gyfnod Eirug Wyn fel golygydd.

Efallai fod y diolch mwyaf, fodd bynnag, i'r cymeriadau a'r sefydliadau hen a newydd fu'n destun y dychan ar hyd y daith ac sydd wedi gwneud *Lol* yn bosibl – Carlo, Cynan, Alun Talfan, Mistar Urdd, llond gwlad o Gyfryngis a Phwysigion eraill, heb anghofio'r bytholbresennol Dafydd Êl (rhywun a golbiwyd yn flynyddol ond na chwynodd erioed – hyd yma o leiaf!).

Mae llyfr fel hwn yn saff o fod yn llawn gwallau hanesyddol, cyfeiliornus a di-sail (a dyw'r deunydd o hen rifynnau *Lol* ddim yn gwbl gall chwaith), felly rhaid i mi gymryd y bai am unrhyw flerwch neu anghywirdeb. Serch hynny, mae'r bai gwirioneddol yn gorwedd yn llwyr ar ysgwyddau holl olygyddion hysbys ac anhysbys *Lol* dros y degawdau. Os yw'r eitemau'n corddi a chythruddo am yr eildro, anfoner unrhyw ohebiaeth gyfreithiol atyn nhw...

Arwel Vittle

Cyhoeddiad sala'r flwyddyn

Y byd

- Dros hanner can mil o filwyr America yn cyrraedd Fietnam, a'r Unol Daleithiau yn dechrau bomio o'r awyr a chychwyn Operation Rolling Thunder.

- Martin Luther King a 25,000 o gefnogwyr hawliau sifil yn cwblhau eu gorymdaith 4 diwrnod o Selma i Montgomery yn Alabama.

- Llywodraeth y lleiafrif gwyn yn Rhodesia dan arweiniad Ian Smith yn cyhoeddi annibyniaeth (UDI) o Brydain.

- Bob Dylan yn gwylltio ei gefnogwyr selog drwy ddefnyddio gitâr drydan yng Ngŵyl Werin Newport, yn yr UDA.

- Mary Whitehouse yn sefydlu Cymdeithas Genedlaethol Gwylwyr a Gwrandawyr.

Cymru

- Protest fawr adeg seremoni agor cronfa ddŵr Tryweryn. Ymddangosiad cyhoeddus cyntaf yr FWA yn y brotest.

- Dathlu canmlwyddiant sefydlu'r Wladfa ym Mhatagonia.

- Helynt ffatri Brewer Spinks yn Nhanygrisiau lle diswyddwyd dau o'r gweithwyr am siarad Cymraeg.

- Adroddiad Hughes Parry yn argymell deddf iaith i'r Gymraeg.

- Elystan Morgan yn gadael Plaid Cymru i ymuno â'r Blaid Lafur.

- 31 yn marw mewn ffrwydrad yng nglofa'r Cambrian, Cwm Clydach.

LOL

Mewn rhifyn o *Llais Llyfrau* yn 1965, adroddodd y myfyriwr ifanc Penri Jones am ei fwriad ef a'i gyfaill Robat Gruffudd i gyhoeddi cylchgrawn newydd sbon o'r enw *Lol*. Y darllenwyr craidd fyddai 'hogia a genod y werin' ac mewn rhyw fath o ddatganiad o fwriad i *Lol* dywed Penri y 'bydd *Lol* yn ceisio dangos fod bywyd rhamantus a hwyliog yn hollol naturiol yn yr iaith Gymraeg a 'trwy'r cwbwl, bydd dos o genedlaetholdeb fel halen ar fwyd'.

Cyn bwrw iddi i sefydlu *Lol*, roedd Penri a Robat wedi gwneud cais ffurfiol i fod yn olygyddion *Bronco*, cylchgrawn rag Coleg Prifysgol Bangor oedd yn cael ei redeg ar y pryd gan griw arall o fyfyrwyr gan gynnwys Dafydd Glyn Jones ac eraill. Roedd yna deimlad bod yr hiwmor yn academaidd ac yn rhy ymwybodol 'glyfar', a bod angen cylchgrawn llawer mwy 'gwerinol' i'w ddosbarthu yn flynyddol o gwmpas pentrefi Sir Gaernarfon. Fe gyflwynodd y ddau eu cais, ac o'r 50 o fyfyrwyr oedd yn y stafell, cawsant 3 pleidlais! Does dim amheuaeth bod hynny'n sbardun ychwanegol iddynt drio creu cylchgrawn eu hunain.

Mae'r maniffesto cryno yn *Llais Llyfrau* yn mynd ymlaen i ddatgan y gwirionedd amlwg fod 'pobl ifanc yn yfed, mae pobl ifanc yn caru ac mae pobl ifanc yn cynnal partïon, mae pob Cymro ifanc gwerth ei halen yn casáu gormes y Sais ac yn gweld fod gweithredu dros yr iaith a hunanlywodraeth yn bethau ardderchog i'w gwneud. Bydd *Lol* yn canolbwyntio ar fynegi yn syml brofiadau a theimladau o'r fath.' Hynny i gyd, a chicio yn erbyn rhagrith y genhedlaeth gapelyddol hŷn, oedd fel pe baent am barchuso pob gweithgaredd Cymraeg.

Yn ôl y cyd-olygydd Robat Gruffudd, cafodd rhifyn cyntaf *Lol* ei gynhyrchu ym Mangor 'gydag offer amrwd mewn tŷ bach yn union gyferbyn â

chyfleusterau cyhoeddus Sgwâr Kyffin.' Yr hyn a alluogodd y ddau i gyhoeddi'r cylchgrawn oedd chwyldro ym maes graffeg a dylunio, sef y peiriant offset litho bach.

Daeth *Lol* a'r Lolfa i fodolaeth yn sgil dyfodiad y peiriannau bychain yma, nad oedd fawr mwy na pheiriannau dyblygu, ond a oedd yn caniatáu argraffu lliwgar, darluniadol heb orfod defnyddio blociau metel. Roedd *Lol* yn rhan o ffrwydrad byd-eang yn y 1960au o gylchgronau bychain mentrus, a rhai ohonynt yn wleidyddol a chelfyddydol uchelgeisiol fel *Oz*, a'r *IT (International Times)*.

Cyhoeddwyd cylchgrawn *Lol* erbyn Eisteddfod Genedlaethol y Drenewydd ac o edrych rhwng y cloriau digon saff yw'r cynnwys (mae yno hyd yn oed eitem ar y canwr-genedlaetholwr mawr hwnnw o Bontypridd, Tom Jones…). Er hynny, ceir arwyddion o ddyfodol mwy di-chwaeth, gydag eitemau megis portread o dai bach Cymru, ambell eitem ddychanol, wrth-Seisnig, molawdau i fedd-dod ac yfed a chwpwl o luniau o ferched hanner noeth.

Er bod y cynnwys yn ddigon mentrus a beiddgar i'r Eisteddfod daro golwg ar y cylchgrawn, penderfynwyd peidio â'i wahardd, oherwydd fel dywedodd John Roberts, ysgrifennydd cyffredinol yr Eisteddfod ar y pryd wrth ohebydd y *Western Mail*: "We can't see anything to take exception to in *Lol*." Doedd pawb ddim o'r un farn, serch hynny, oherwydd roedd wedi gwneud digon i ennyn sylw llai na chanmoliaethus mewn adolygiad gan W. J. Edwards a ddywedodd mai *Lol* oedd 'cyhoeddiad sala'r flwyddyn', gan ychwanegu'n drist bod 'pob tudalen yn rhoi sylw i ryw a chwrw'. Gorffennodd ei adolygiad drwy roi cyngor diflewyn ar dafod – 'cleddwch *Lol*'!

Gyda chyhoeddusrwydd negyddol o'r fath roedd y dyfodol yn argoeli'n dda.

Y PAPURAU

Ar wahan i'r cylchgronau hyn, deil Bangor i gyhoeddi Y DYFODOL, ac Aberystwyth i gyhoeddi LLAIS Y LLI, ac y maent yn gyfraniadau gwerthfawr iawn. Hyd yn hyn, nid oes bapur Cymraeg yn Abertawe na Chaerdydd, ond ceir colofn ym mhapurau Saesneg y colegau. Gobeithir cychwyn papur Cymraeg yn Abertawe yn fuan iawn. O Fangor y daeth cyhoeddiad doniola'r flwyddyn, BRONCO, y papur rag a werthodd yn well na phenwaig Nefyn! Ac yn fy marn i, ac ym marn llawer eraill, o Fangor y daeth cyhoeddiad sala'r flwyddyn hefyd, sef LOL. Cylchgrawn o fath newydd newydd yw hwn, a phob tudalen yn rhoi sylw i ryw a chwrw. Ymosodwyd arno'n chwyrn, ac nid heb achos, a 'dyw ei gyfiawnhau am yr unig reswm ei fod yn Gymraeg o werth yn y byd. Cleddwch LOL, a dowch a rhagor o BRONCO, ac fe wyddoch pa un o'r ddau sy'n gwerthu orau ac sy'n fwyaf derbyniol gan bobl.

Adolygiad W.J. Edwards

LOL

Cylchgrawn newydd
i'r ifanc. Disgrifiad
o fenter newydd gan
y golygydd

PENRI JOS

YMGAIS yw *Lol* i gael stwff darllen Cymraeg i ieuenctid Cymru. Bydd *Lol* yn ceisio dangos fod bywyd rhamantus a hwyliog yn hollol naturiol yn yr iaith Gymraeg. Bydd pobol yn caru, yfed, pryfocio, canu—mewn gair, gwneud popeth y mae ieuenctid wedi ei wneud erioed—yn yr iaith Gymraeg. Trwy'r cwbwl, bydd dôs o genedlaetholdeb fel halen ar fwyd.

Mae'n debyg y bydd llawer o bobol yn dweud ei fod yn ddi-chwaeth. Dim o'r fath beth! Y foesoldeb uchaf yw fod pobol yn ddi-ragrith ac yn ymateb yn llawen i gariad a bywyd. Mae pobl ifanc *yn* yfed; mae pobol ifanc *yn* caru; mae pobol ifanc *yn* cynnal partïon; mae pob Cymro ifanc gwerth ei halen *yn* casáu gormes y Sais ac yn gweld fod gweithredu dros yr iaith a hunan-lywodraeth yn bethau ardderchog i'w gwneud. Bydd *Lol* yn canolbwyntio ar fynegi yn syml brofiadau a theimladau o'r fath. Ni fydd *Lol* yn ceisio o gwbwl ddyrchafu safon y pethau hyn, ond yn eu derbyn yn anfeirniadol. Ni fydd yna ddim byd hunan-ymwybodol yn *Lol*. Chwaeth *Lol* fydd chwaeth yr ifainc. Anwybyddir safonau ffug-barchus y to hŷn.

Bydd y cynnwys yn cael ei anelu at y Cymro ifanc cyffredin—at hogia a genod y werin. Mae miloedd ar filoedd o'r rhain ar hyd a lled Cymru. Fe'u gwelwch yn mwynhau eu hunain yn nhafarnau Llŷn, mewn dawnsfeydd gwerin ym Meirionnydd, yn aelwydydd llewyrchus Morgannwg. Yn yr Eisteddfod Genedlaethol y gwelir y werin hon yn ei gŵyl a'i bri. Mae'n arferiad,

bellach, i nifer cynyddol dreulio wythnos yn dathlu yn y Brifwyl. Dônt yno'n brentisiaid, gweision ffermydd, nyrsus—yn wir o bob dosbarth. Cânt eu mwynhâd yn y tafarnau a'r nosweithiau llawen a'r dawnsfeydd gwerin ac nid yn gymaint yng ngweithgareddau ffurfiol yr Eisteddfod. Y rhain fydd crai gwerthiant *Lol*.

Y cwestiwn mawr yw a fyddwn yn llwyddiannus wrth gynhyrchu cylchgrawn o'r fath. Y prif anhawster yw arian. Digon hawdd codi hanner coron, ond ni fyddai pwrpas cynhyrchu *Lol* o'r fath, gan y byddai'r pris yn siŵr o ddychryn yr union bobol yr ydym ... Yr ydym yn ... codi mwy na ... oed ar drau ... tudalennau. Y ... yn ei fwynhau ... goresgyn y br ...

Bwriadwn a ... litho. Byddwn ... hunain, ac y m ... Ond bydd yn v ... costau ychwan ... Bydd hefyd yn ... artistig. Ac fe ... Eisteddfod yn ...

9

EIN TUDALEN SEICOLEGOL

y Sais

Dyma lun o Sais. Y mae'r llun yn un seicolegol dros ben, ac yn dangos bob math o bethau diddorol am gymeriad y Sais. Y mae'n dweud llawer am syniad y Sais ohono'i hun, ac am ei syniad o fwynhâd. Pan fydd yn mynd tramor, ni fydd am ddangos unrhyw ddiddordeb yn y bobol a'r pethau o'i gwmpas - y nhw sydd fod i gymryd diddordeb ynddo fe, a rhoi iddo YR UNION BETHAU A FUASAI'N CAEL YN LLOEGER. Sylwch yn arbennig ar y sanau gwynion, y ci, y shorts, y gwas du, y sbecs tywyll, y te, y papur newydd a'r sandalau.

17

"ANOBEITHIOL! Gna fe eto."   "Wil druan - ei wraig wedi mynd a'i adael."   "Mae gen i ddau ben - ond mae angen un arall."

... AC AM DDEG O'R GLOCH

Eirwyn Pontshân a Lyn Ebenezer yn Eisteddfod Abertawe, 1964

Gweledigaethau uffernol Dafydd Iwan

Y byd

- Llywodraeth Lafur Harold Wilson yn ennill mwyafrif clir yn yr Etholiad Cyffredinol.

- Terfysgoedd hil yn UDA a phobl yn cael eu lladd yn Chicago, Efrog Newydd a Cleveland.

- 31 o bobl yn cael eu harestio wedi protest yn erbyn rhyfel Fietnam yn Sgwâr Grosvenor, Llundain.

- Y Llywodraeth yn cyflwyno mesur yfed a gyrru a fydd yn cyflwyno'r prawf anadlu i yrwyr ceir ym Mhrydain ymhen y flwyddyn.

Cymru

- Gwynfor Evans, Llywydd Plaid Cymru, yn ennill isetholiad Caerfyrddin gan ddod yn Aelod Seneddol Cyntaf y Blaid. Cipiodd Gwynfor y sedd oddi ar Gwilym Prys Davies, yr ymgeisydd Llafur, gyda mwyafrif o 2,436.

- Trychineb Aberfan, pan laddwyd 116 o blant a 28 o oedolion.

- Protestiadau ffyrnig gan aelodau Cymdeithas yr Iaith a'r carchariadau cyntaf ym mrwydr yr iaith.

- Cychwyn ymgyrch fomio Mudiad Amddiffyn Cymru (MAC) gyda bom ger argae Clywedog.

- Penodi Cledwyn Hughes yn Ysgrifennydd Gwladol Cymru.

- Dafydd Iwan yn rhyddhau ei record gyntaf *Wrth feddwl am fy Nghymru*.

- Agor Pont Hafren.

- Dic Jones yn ennill y Gadair yn Eisteddfod Genedlaethol Aberafan am ei awdl Y Cynhaeaf.

LOL

Daeth ail rifyn *Lol* o'r wasg yn haf 1966 ond ar ôl addewid y rhifyn cyntaf, tipyn mwy dof oedd llawer o'r cynnwys. Cyfaddefwyd hynny flynyddoedd wedyn gan Robat Gruffudd: 'Er na fyddem wedi cyfaddef hynny ar y pryd, y gwir yw y byddai llawer o'r deunydd – yr englynion digri, y straeon serch sentimental, y cartwnau lled wan – wedi gweddu'n berffaith i *Blodau'r Ffair*, cylchgrawn ysgafn Urdd Gobaith Cymru.'

Heb os, dau o gartwnwyr mwyaf toreithiog a safonol *Lol* erioed oedd y ddau frawd Elwyn Ioan a Tegwyn Jones, y bu eu stribedi a'u cartwnau yn rhan ganolog o edrychiad a delwedd y cylchgrawn trwy gydol yr ugain mlynedd cyntaf.

Mae yna gysylltiad anuniongyrchol hefyd rhwng *Lol* a *Blodau'r Ffair*. Hywel Harries oedd yn gyfrifol am gartwnau a chloriau bywiog *Blodau'r Ffair*, a oedd ymysg y pethau gorau yn y cylchgrawn ac ef oedd athro celf Elwyn Ioan ar y pryd. Dywedodd Hywel Harries mai Elwyn oedd y disgybl mwyaf naturiol alluog a gafodd erioed, ond roedd yr edmygedd yn gweithio'r ddwy ffordd ac roedd Elwyn Ioan yntau yn edmygydd mawr o arddull techneg rydd cartwnau Hywel Harries.

Elwyn oedd yr aelod cyflogedig cyntaf o staff Y Lolfa ac ef oedd yn bennaf gyfrifol am ddelwedd arbennig a bywiog y wasg, gan ei alluogi i wneud defnydd llawn o ryddid newydd y dull offset litho o argraffu, fel y poster 'Gwnewch Bopeth yn Gymraeg' enwog, a thoreth o bosteri nosweithiau 'pop' y 1960au a'r 1970au. Llwyddodd hefyd i gael rhai o'i gartwnau

wedi'u cyhoeddi yn *Private Eye*, oedd yn dipyn o bluen yn ei het.

Roedd Tegwyn Jones hefyd yn gartwnydd a dylunudd dawnus, gan gyfrannu nid yn unig i *Lol* ond i gylchgrawn Cymdeithas yr Iaith *Tafod y Ddraig* am gyfnod ac yn gyfrifol am y cartwnau gwleidyddol ar y clawr. Nid oedd pawb yn hapus gyda delwedd 'Lolaidd' y *Tafod*. Dywedodd y bardd a'r cenedlaetholwr Harri Webb nad oedd y *Tafod* yn edrych fel cylchgrawn oedd yn perthyn i fudiad oedd o ddifri ynglŷn ag achub yr iaith. Ond fel dywed Robat Gruffudd, 'Roedd 'na gysylltiad rhwng yr hiwmor a hyder y mudiad' a'r agwedd danseiliol oedd yn herio'r drefn.

Un o uchafbwyntiau'r rhifyn yma o *Lol* yw'r gyntaf o Weledigaethau cartwnaidd Dafydd Iwan. Roedd y cartŵn, yn ôl y wasg Saesneg, yn portreadu'r orsedd fel ellyllon y fall – 'Druids depicted as devils' oedd un pennawd. Mewn sawl rhifyn dilynol o *Lol* byddai Dafydd Iwan yn cyfrannu cyfres o gartwnau yn arddull Hieronymus Bosch, yn rhoi golwg ddychanol ar Gymru'r 1960au – Gweledigaeth Uffern, Gweledigaeth y Nefoedd gan gwblhau'r triptych yn rhifyn 1971 gyda Gweledigaeth y Brawdlys. Yn wir, oherwydd y sylw mawr a roddwyd i'w anthemau enwog fel *Yma o Hyd* ac *I'r Gad* mae'n hawdd anghofio cystal dychanwr yw cyfansoddwr *Carlo, Croeso Chwedeg nain, Ciosg Talysarn* ac ati. Yn y cartwnau hyn gwelir y dychan hynny ar ei orau.

Fel arall, y peth mwyaf cofiadwy am *Lol* 1966 yw ymddangosiad cyntaf arfbais Undeb y Tancwyr a luniwyd gan Lyn Ebenezer, yn darlunio hanfodion bywyd y meddwyn Cymraeg – peint, grawnwin, cwpwl o gorcsgriws a geiriau Eirwyn Pontshân yn ysbrydoliaeth. "Hyfryd iawn"…

21

Druids depicted as devils

MEMBERS of the Gorsedd and leading members of the Welsh establishment are depicted as gruesome devils in a Welsh pop singer's satirical Vision of Hell about to be published in the second issue of LOL, the Welsh pin-up magazine.

The first issue was nearly banned from the National Eisteddfod at Newtown last year and the publishers, Y Lolfa, of Swansea, hope to put No. 2 on sale at Port Talbot next week.

In it, pop singer Dafydd Iwan shows members of the Gorsedd and Welsh literary figures and television personalities carrying on in various infernal occupations.

His Vision is based on a literary work by Ellis Wynne.

DESPERATE NEED

Mr. Penri Lewis, a co-editor, said today: "There is a desperate need for this kind of magazine." He added that if the second issue went half as well as the first, success was certain.

His co-editor, Robat Gruffudd, said: "Of course we pay some attention to beer and sex, but today it would be hypocrisy to ignore them."

He claimed that LOL was the best designed Welsh magazine, with features on sport, fashion and pops.

He and Mr. Lewis said that if all goes well next week, LOL will in future appear as a quarterly.

FOOTNOTE: The publishers' plans for the eisteddfod also include the issue of the first Welsh pin-up calendar, with pictures of a girl posing as Morfudd, "idol of the 14th-century king of Welsh poets, Dafydd ap Gwilym."

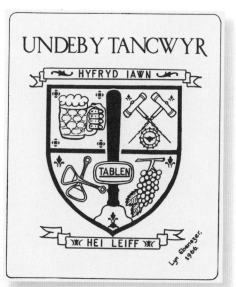

ELWYN

Bronnau Cynan

Y byd

- Y Rhyfel Chwe Diwrnod rhwng Israel a'r Arabiaid ym mis Mehefin. Israel yn meddiannu'r Lan Orllewinol a Llain Gaza ym Mhalesteina.

- Lladd Che Guevara ym Molifia.

- Y Cadfridogion asgell dde eithafol yn cipio grym yng Ngwlad Groeg.

- Ym mis Ebrill, oherwydd iddo wrthod gwasanaethu ym myddin America, Muhammad Ali yn gorfod ildio teitl pencampwriaeth bocsio pwysau trwm y byd, a chael ei wahardd rhag bocsio am dair blynedd.

- Yn yr Alban ym mis Tachwedd Winnie Ewing yn ennill isetholiad Hamilton, gan ddod yn Aelod Seneddol cyntaf erioed yr SNP, ac ymuno â'i chyd-genedlaetholwr Gwynfor Evans yn y Senedd yn Llundain.

Cymru

- Cynnal isetholiad yn y Rhondda, lle daeth Vic Davies o fewn 2,306 o bleidleisiau i gipio cadarnle'r Blaid Lafur i Blaid Cymru.

- Cyhoeddi bwriad i arwisgo'r Tywysog Siarl yn 'Dywysog Cymru'.

- Cwblhau Cronfa Ddŵr Clywedog. Ond nid heb brotest, oherwydd ffrwydrwyd pibelli dŵr oedd yn cludo dŵr o lynnoedd Efyrnwy ac Elan i Loegr gan Fudiad Amddiffyn Cymru (MAC). Yn ddiweddarach yn y flwyddyn ffrwydrodd un arall o fomiau MAC yn y Deml Heddwch yng Nghaerdydd mewn protest yn erbyn cyhoeddi'r Arwisgo.

- Ymgyrchoedd Cymdeithas yr Iaith yn dal i fynd rhagddynt, a phasiwyd Deddf yr Iaith Gymraeg 1967 gan Senedd San Steffan.

- Sefydlu cangen gyntaf Merched y Wawr ym mis Mai ym mhentref Parc ger y Bala.

- Yn y Bala hefyd cynhaliwyd Eisteddfod Genedlaethol y flwyddyn honno, oedd yn nodedig am sawl rheswm gan gynnwys ymddangosiad grŵp roc arloesol Y Blew. Yn nes ymlaen yn y flwyddyn rhyddhaodd y band ei sengl *Maes B*. Roedd teitl y gân yn cyfeirio at y maes pebyll yn Eisteddfod Genedlaethol y Bala lle chwaraeodd y band (ac unig gìg y band i'r gogledd o Gorris, mae'n debyg!).

LOL

Ymddangosodd trydydd rhifyn *Lol* yn Eisteddfod y Bala. Trydydd rhifyn ond mewn rhyw ffordd dyma oedd rhifyn cyntaf *Lol* ar y ffurf y daeth pawb i'w garu neu ei gasáu am y degawdau wedyn – cylchgrawn llawn dychan ac enllib, cartwnau a lluniau o ferched noeth. Rhoddwyd hwb anferth i hygrededd y cylchgrawn gan neb llai na'r bardd mawr Cynan. Roedd y cyn-Archdderwydd, pensaer seremonïau'r Eisteddfod a sensor swyddogol dramâu Cymraeg ar ran yr Arglwydd Siambrlen, wedi cael ei gythruddo'n fawr gan fronnau noeth a ymddangosodd yn y cylchgrawn. Er, efallai nad y bronnau a gythruddodd y Derwydd mawr yn gymaint â'r ffaith fod y geiriau 'Sensor – bu Cynan Yma' wedi'u hargraffu ar eu hyd.

Mae'n debyg mai Enid, ei wraig, ddarbwyllodd Robat Gruffudd i sensro'r bronnau, ond Robat benderfynodd argraffu'r geiriau tramgwyddus ar eu traws. Wedi gweld yr ensyniad athrodus gwylltiodd y cyn-Archdderwydd a bygwth dwyn achos enllib yn erbyn *Lol*. Llwyddwyd i osgoi achos yn yr Uchel Lys, diolch i ymdrechion y cyfreithiwr Robyn Lewys, a roddodd ei wasanaeth yn rhad ac am ddim. Pen draw'r miri oedd cytundeb gan *Lol* i gyfrannu £50 at achos da o ddewis Cynan, sef yn naturiol ddigon 'Eisteddvod Genedlaethol Vrenhinawl Cymru'.

Parhawyd i werthu'r cylchgrawn ond gyda'r llun wedi'i rwygo allan – er bod sibrydion annheilwng ar led bod sawl copi answyddogol wedi cael ei werthu o dan y cownter am bris uchel. Ymhlith y rhai a fynnodd gael copïau personol oedd D. J. Williams, Abergwaun a Lewis Valentine.

Roedd 1967 yn flwyddyn fawr i'r Lolfa fel busnes hefyd oherwydd dyma pryd sefydlwyd cwmni ac argraffdy'r Lolfa gan Robat ac Enid Gruffudd. Cartref cyntaf y cwmni oedd yr hen Emporiwm yn Nhalybont. Ac un sgil effaith o hynny a sicrhaodd ddyfodol hyfyw i *Lol* oedd mai Robat Gruffudd ei hun oedd bellach yn gyfrifol am argraffu'r cylchgrawn.

"Siân", y ferch a gythruddodd Gynan

MOLAWD I LAFUR
GARETH MEILS

Rhowch fôt i'r Blaid Lafur tro nesa,
Tarian ein cenedl ni.
Ymddiriedwch yn Cled a Goronwy,
A'u haddewidion di-ri.
Dangoswch mai Harold ddihafal
Ydi'n harwr ni'r Cymry o hyd,
Ac mai ni, heb unrhyw amheua'th,
Ydi'r hurta o bobloedd y byd.

Rhowch bleidlais o ddiolch i Cledwyn
Am bopeth a wnaeth dros yr Iaith,
Am frwydro mor wrol i bennu
Camwri canrifoedd maith.
Mae'r ffurflen foduron ddwyieithog
Yn brawf o'i ddilysrwydd a'i sêl,
Ac mae pawb sy'n gofyn am ragor
Yn haeddu chwe mis yn y jêl.

Pleidleisiwch dros Harold a'i ffindia,
Prif dangnefeddwyr ein hoes;
Anfonasant eu lluoedd i'r Dwyrain
I ddofi'r Arabiaid di-foes.
Mae Rhyfel Fietnam yn eu poeni,
Dros Hedd yn ddi-baid bu eu ple,
Ond O! mor anodd yw dewis
Rhwng Iawnder a ffafr L.B.J.

Pleidleisiwn dros Lafur, Gyd-wladwyr,
Dros gadw y Werin heb waith,
Dros foddi dyffrynnoedd Trefaldwyn
A sathru ar hawliau ein hiaith!
Ymlynwn wrth ein Prydeindod,
Dilornwn y Pleidwyr dwl!
Milwaith gwell na Rhyddid gan Gymro
Yw cael llyfu esgidiau Jon Bwl!

16

Hanes Cymru yn ôl Heini Gruffudd; isod, grŵp Y Blew, oedd newydd ei ffurfio, a'r 'Diawl yn y Gasgen Gwryw' – Cledwyn Hughes

Y cylchgrawn dros ddirwest

Y byd

- Brwydro ffyrnig yn parhau yn Fietnam yn dilyn Ymosodiad Tet.

- Llofruddio Martin Luther King yn Memphis, Tennessee.

- Enoch Powell yn traddodi ei araith enwog am wrthdaro hiliol 'afonydd o waed'.

- Robert Kennedy yn cael ei saethu a'i ladd wrth ymgyrchu am Arlywyddiaeth yr UDA.

- Ethol Richard Nixon yn Arlywydd yr Unol Daleithiau.

- Terfysgoedd myfyrwyr ym Mharis ym mis Mai. Miliwn o fyfyrwyr yn gorymdeithio trwy brifddinas Ffrainc a chreu argyfwng cyfansoddiadol yn y wlad.

- Milwyr a thanciau o luoedd yr Undeb Sofietaidd a'i chynghreiriau yn goresgyn Tsiecoslofacia a chwalu Gwanwyn Prâg.

- Cyflwyno arian degol ym Mhrydain.

Cymru

- Isetholiad Caerffili a Phil Williams, ymgeisydd Plaid Cymru yn dod o fewn 1,874 i ennill y sedd oddi ar Alfred Evans ar ran y Blaid Lafur.

- George Thomas yn olynu Cledwyn Hughes fel Ysgrifennydd Gwladol Cymru.

- Eirug Wyn, bachgen ysgol o Ddeiniolen a darpar olygydd Lol, o flaen Ynadon Caernarfon am roi platiau 'D' yn hytrach nag 'L' ar ei gerbyd.

- Iawndal enllib i Gareth Miles ar ôl i golofnydd y *Daily Post* ei alw'n Ffasgydd.

- Cafwyd nifer o ffrwydradau gan MAC, gan gynnwys bom a ddifrododd adeiladau'r Swyddfa Gymreig a Swyddfa'r Dreth Incwm yng Nghaerdydd, ac amryw o bibellau dŵr yn Lloegr.

- Pedair plaid wleidyddol Cymru yn derbyn argymhelliad Adroddiad Gittins y dylid dysgu'r Gymraeg ym mhob ysgol gynradd yng Nghymru.

- Agor cronfa ddŵr Clywedog – ond dim seremoni y tro hwn.

- Agor gorsaf niwclear Trawsfynydd.

LOL

Ar ôl cynnwrf Eisteddfod y Bala roedd clawr y rhifyn nesaf yn addo rhyw a chwrw ond yn pwysleisio 'dim enllib'. Er hynny, roedd *Lol* 1968 yn cynnwys llawer mwy o ddychan a mwy o ryw nag o'r blaen. Gyda holl helynt yr Arwisgo ac ymgyrchu Cymdeithas yr Iaith yn cyrraedd penllanw roedd cynnwys 'y cylchgrawn dros ddirwest' o'r diwedd yn adlewyrchu diwylliant pobl ifanc y 1960au.

Roedd mwy o luniau merched heb ddillad yn y rhifyn yma ac roedd y cartwnau dychanol yn targedu pwysigion a brenhinwyr fel yr Ysgrifennydd Gwladol George Thomas, I. B. Griffith, Maer Caernarfon ac un o bileri'r 'pethe' bondigrybwyll, Cynan (eto fyth) ac wrth reswm Carlo – y Jerry Prins ei hun.

Cocyn hitio arall, a sefydliad a gafodd ei erlid yn ddidrugaredd gan *Lol* ar hyd y degawdau, oedd Urdd Gobaith Cymru. Y prif reswm dros fynd ar ôl yr Urdd yng nghyfnod yr Arwisgo oedd y ffaith bod y mudiad wedi mynd allan o'i ffordd i fod yn groesawgar a gwasaidd i'r darpar Dywysog drwy ei wahodd i ymweld â Glan-llyn a hyd yn oed annerch oddi ar lwyfan Eisteddfod yr Urdd. Tarfwyd ar ymddangosiad 'Carlo' ar lwyfan prifwyl ieuenctid Cymru yn flwyddyn ganlynol gan brotest pan gododd

rhan o'r dorf ar eu traed a gadael y pafiliwn mewn protest yn erbyn yr Arwisgo. Ar ben hynny, roedd yn ennyn gwawd *Lol* am ganolbwyntio ar weithgareddau diwylliannol Cymraeg saff a diniwed yr eisteddfod a'r aelwyd pan oedd brwydr i'w hymladd dros Gymru a'r Gymraeg.

Gyferbyn: Oriel Arwyr Tegwyn Jones, yn eu plith George Thomas, I B Griffith, Cynan, Frank Price Jones a T H Parry Williams

Isod: cartŵn amserol gan Elwyn Ioan

"Mae gen i uffern o boen lan tua Caernarfon, doctor…"

Tegwyn Jones/.

W.A.
WALES
NO
JERRY
PRINCE
MAE GEN I OFN MAI MISTÊC O'DD I ANFON E I GYMRU
FWA
PAINT
FWA

Codi dau fys

Y byd

• Cyflafan My Lai yn Fietnam lle lladdwyd dros 500 o ddynion, merched a phlant gan yr Americanwyr.

• Gwrthdystio yn ninas Prâg wedi i Jan Palach losgi ei hun i farwolaeth yn Sgwâr Wenceslas mewn protest yn erbyn presenoldeb byddin yr Undeb Sofietaidd yno.

• Milwyr Prydeinig yn cael eu hanfon i Ogledd Iwerddon i atgyfnerthu heddlu'r RUC yn sgil terfysg rhwng unoliaethwyr a chenedlaetholwyr.

• Terfysgoedd Stonewall yn Efrog Newydd yn fan cychwyn y mudiad hawliau hoyw cyfoes yn yr Unol Daleithiau.

• Neil Armstrong a Buzz Aldrin, dau o ofodwyr Apollo 11, yw'r dynion cyntaf i lanio ar y lleuad.

• Gostwng yr oed pleidleisio ym Mhrydain o 21 i 18 oed.

Cymru

• Blwyddyn yr Arwisgo. Cynhaliwyd rali a gwrthdystiadau mawr yng Nghaernarfon a Chilmeri ond aeth amryw o sefydliadau Cymraeg i'r seremoni yn y castell gan gynnwys aelodau'r Orsedd a'r Methodistiaid.

• Record *Carlo* gan Dafydd Iwan yn gwerthu 15,000 o gopïau.

• Cyfres o ffrwydradau MAC ar hyd y flwyddyn. Lladdwyd George Taylor ac Alwyn Jones mewn ffrwydrad yn Abergele pan geisiwyd gosod bom ger y rheilffordd rai oriau cyn i'r trên brenhinol basio ar ei ffordd i'r Arwisgo yng Nghaernarfon.

• 9 o aelodau'r FWA yn ymddangos gerbron Llys y Goron, Abertawe wedi'u cyhuddo o fod ag arfau yn eu meddiant. Carcharwyd dau o'r diffynyddion, sef Cayo Evans a Dennis Coslett, am bymtheg mis.

• Protestwyr gwrth-apartheid yn protestio yn erbyn taith y Springboks, tîm rygbi De Affrica yn Abertawe.

• Cau chwarel lechi Dinorwig.

• Abertawe yn derbyn statws dinas.

LOL

Cynhaliwyd Eisteddfod Genedlaethol blwyddyn arwisgo Carlo yn Dywysog Cymru yn y Fflint. Ond erbyn i bumed rhifyn *Lol* ymddangos o'r wasg ym mis Awst roedd yr arwisgo wedi digwydd, ac i raddau mae'r cynnwys yn adlewyrchu hynny, gyda llai o sôn am y jambori taeog yng Nghaernarfon. Er hynny, fe anelwyd ambell ergyd olaf yn y frwydr yn erbyn y 'Jerry Prins' gan *Lol* chwe-deg-nain, yn arbennig yng nghartŵn 'Gêm yr Arwisgo' gan Heini Gruffudd oedd unwaith eto yn pledu'r cynffonwyr Prydeinig arferol.

Arwydd arall o'r amseroedd oedd cyhoeddi ffotograffau o heddlu cudd a fu'n sefyllian ar gyrion protestiadau ac achosion llys Cymdeithas yr Iaith yn ystod y flwyddyn, yn cadw golwg ar y cefnogwyr a'r aelodau.

Cafwyd teyrnged annisgwyl hefyd gan *Lol* i'w hen gyfaill Cynan, sef Syr Albert Evans Jones, a urddwyd yn farchog gan ei mawrhydi am ei wasanaeth ffyddlon i'r deyrnas ac i'w mab ym mlynyddoedd anodd ei gyfnod yng Nghymru a'r cyffiniau. Ar y clawr cyhoeddir bod teyrnged i Syr Albert ar dudalen 8. O droi i'r dudalen honno rhaid craffu'n

ddiawchedig o agos a defnyddio microsgop i weld y geiriau reit ar waelod y dudalen: 'Llongyfarchiadau i Cynan ar gael ei wneud yn Syr'. Ni ddylem synnu ynghylch hyn o beth, oherwydd roedd ond yn iawn rywsut i *Lol* estyn dymuniadau gorau i rywun a wnaeth gymaint i sefydlu enw da'r cylchgrawn ac ennill hygrededd iddo ar lawr gwlad.

Gyferbyn: Gêm yr Arwisgo gan Heini Gruffudd

Islaw: baner arbennig Lol *i groesawu'r Prins*

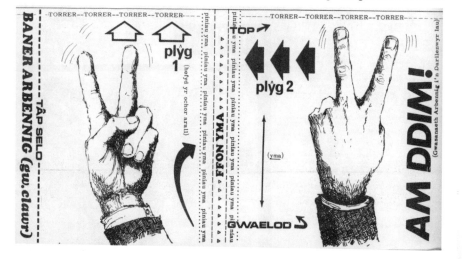

ÊM YR ARWISGO

gan Heini Gruffudd, BA, HA

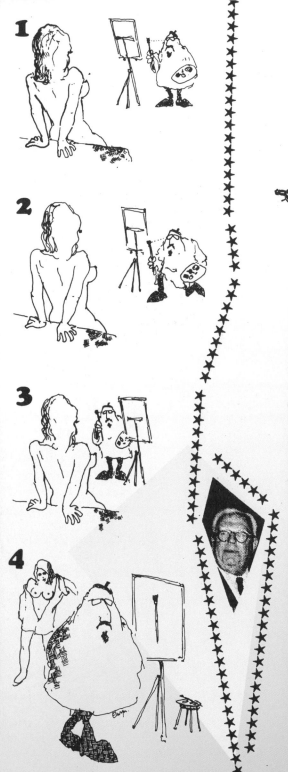

"Y'ch chi wedi dewis eich gwin eto, syr?"

" Arglwydd, gad im bellach gysgu,
Trosi'r wyf ers oriau du,
Y mae f'enaid yn terfysgu
A ffrwydradau ar bob tu."
—Hwiangerdd, Cerddi Cynan.

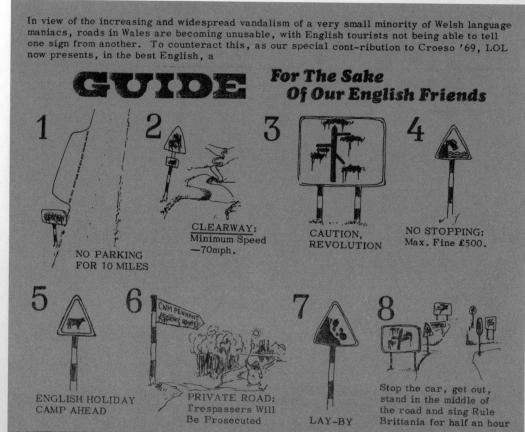

In view of the increasing and widespread vandalism of a very small minority of Welsh language maniacs, roads in Wales are becoming unusable, with English tourists not being able to tell one sign from another. To counteract this, as our special cont-ribution to Croeso '69, LOL now presents, in the best English, a

GUIDE For The Sake Of Our English Friends

1 NO PARKING FOR 10 MILES

2 CLEARWAY: Minimum Speed —70mph.

3 CAUTION, REVOLUTION

4 NO STOPPING: Max. Fine £500.

5 ENGLISH HOLIDAY CAMP AHEAD

6 PRIVATE ROAD: Trespassers Will Be Prosecuted

7 LAY-BY

8 Stop the car, get out, stand in the middle of the road and sing Rule Brittania for half an hour

Cael llond Bol

Y byd

- Y Torïaid yn ennill yr Etholiad Cyffredinol ac Edward Heath yn dod yn Brif Weinidog.

- Brwydro rhwng milwyr Prydeinig a'r IRA yn Belffast.

- Awyrennau B52 yr Unol Daleithiau yn ymosod ar Cambodia a bomio Fietnam o'r awyr eto.

- Achos Llys Burgos yn Sbaen lle cyhuddwyd 16 cenedlaetholwr o Wlad y Basg o fod yn derfysgwyr ac yn aelodau o ETA.

- Y ffeminydd Germaine Greer yn cyhoeddi *The Female Eunuch*.

- Y Beatles yn gwahanu.

Cymru

- Yn yr Etholiad Cyffredinol, collodd Gwynfor Evans sedd Caerfyrddin – unig sedd Plaid Cymru – i Gwynoro Jones, Llafur.

- Peter Thomas yn Ysgrifennydd Gwladol Cymru, y Tori cyntaf i ddal y swydd.

- Carchar o 10 mlynedd i John Jenkins a 6 mlynedd i Frederick Alders am achosi ffrwydradau ar draws Cymru yn y 1960au.

- Helynt cau Ysgol Bryncroes ym Mhen Llŷn.

- Ffurfio mudiad Adfer.

- Y Tebot Piws yn rhyddhau EP *Blaenau Ffestiniog*

LOL

Nid *Lol* a gyhoeddwyd yn haf 1970 ond *Bol* – 'Cylchgrawn newydd pop Cymraeg', wedi'i gyhoeddi gan wasg Y Bolfa dan olygyddiaeth Elwynoro Ioan a Robatoro Gruffudd. Roedd mawr angen am gylchgrawn pop yng Nghymru yn ôl y Bwrdd Golygyddol, oherwydd 'y mae pop yn un o brif ddiddordebau'r oes ac fel gwasg flaengar a safonol penderfynodd Y Lolfa ddarparu Cylchgrawn ar ei gyfer'. Ond pam dewis yr enw *Bol*? Mae'r ateb, yn ôl y golygyddion, o flaen ein trwynau neu o dan ein bronnau:

'Eithr beth felly y clywaf chwi'n holi, yw ystyr ac arwyddocâd yr enw *Bol*? Y mae'r gair "bol" yn ddiau yn cynrychioli mater sydd o ddiddordeb mynwesol i bawb o bob oedran, ac yn sicr ddigon, yn hyn o beth, yn debyg iawn i pop.

Ond, clywaf leisiau eto'n gofyn, onid yw'r Cylchgrawn hwn yn debyg i'r "cylchgrawn" *Lol*? Yr ateb yw na. I ddechrau, y mae maint y dudalen ½″ yn fwy, o ran hyd a lled, ac nid yw'r Cylchgrawn *Bol* chwaith wedi cael ei erlyn am enllib…'

Mae *Bol* yn cynnwys nifer o eitemau eraill a fyddai'n addas iawn i *Lol* – lluniau o safon amheus o ferched noeth, hysbyseb ar gyfer llyfr o sgyrsiau gyda Carlo, Tywysog Cymru o dan y teitl *Talks with a Twit*, oriel luniau arall o hoff heddlu cudd Cymru, a llawer o gerddi ac englynion dychanol, gan gynnwys cerdd serch gan fardd ifanc sy'n cynnwys y llinell gofiadwy, 'Gadawaf gusanau yma ac acw fel gwenwyn llygod mawr ar dy gorff…'– (Roedd cynnwys erotig y *Lol* cynnar yn wreiddiol os nad dim byd arall.)

Ceir lluniau enwog hefyd o Eirwyn Pontshân yn gafael mewn potel laeth, yn amlwg yn dioddef braidd ar ôl bod mewn cyfarfod Undeb y Tancwyr. Raymond Daniel oedd y ffotograffydd a defnyddiwyd

un o'r lluniau yma wedyn i greu'r poster enwog 'Gwell Llaeth Cymru na Chwrw Lloegr'. Yn ôl Lyn Ebenezer, fodd bynnag, doedd Pontshân ddim mor hoff â hynny o yfed llaeth ar ôl noson fawr: 'Fel hyn ddigwyddodd pethe. Roedd Bois y Bont newydd godi ar ôl noson fawr allan a dyma Wil John yn yfed allan o botel laeth. Ar ôl un llwnc, fe chwydodd. Cymerodd Pontshân y botel gan ddweud, "Wi wedi gweud 'tho chi o'r blaen, bois, dyw'r llaeth 'ma'n dda i ddim i chi".'

Yn *Bol* hefyd yr ymddangosodd y cyntaf o stribedi cartŵn Elwyn Ioan a Gareth Miles. Mae'r stribedi yn gampweithiau dychanol a thros y blynyddoedd i ddod byddai straeon stribed 'Ioan a Meils' yn llenwi tudalennau canol *Lol* yn rheolaidd.

Gyferbyn: Meils a Ioan yn dychanu Elystan Morgan, yr heddlu cudd ymysg eraill…

Elwyn Ioan yn posio fel 'Sbeshal Bransh' yn Eisteddfod y Fflint

14

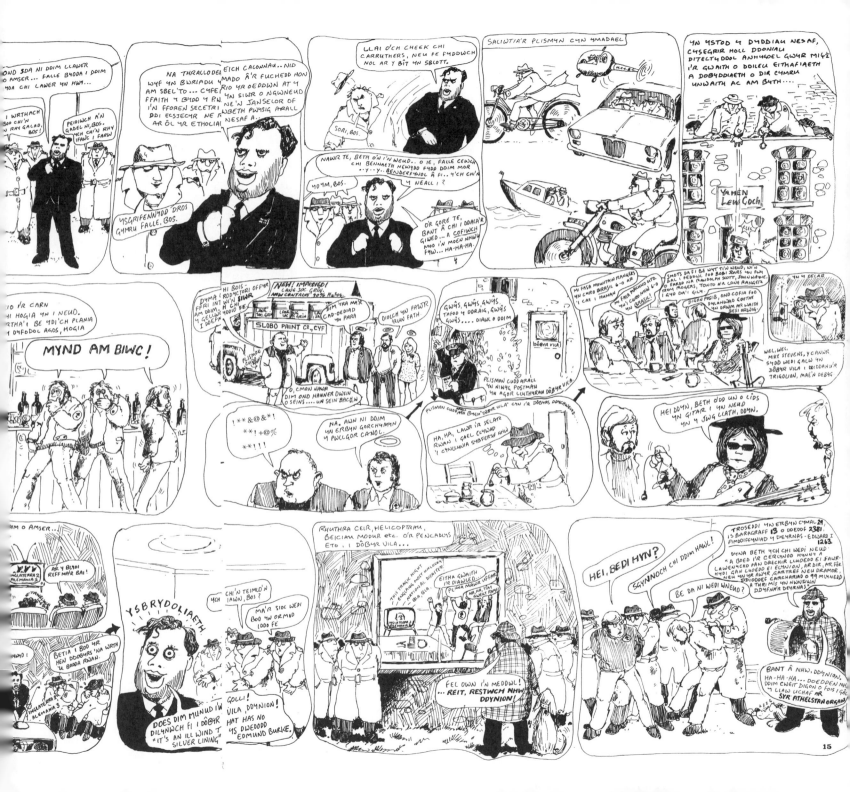

Cylchgrawn Cenedlaethol... Uffernol

Y byd

• Gwasanaethau diogelwch Prydain yn carcharu cannoedd o genedlaetholwyr heb achos llys yng ngharchar Long Kesh, Gogledd Iwerddon. Erbyn hyn roedd dros 10,000 o filwyr Prydeinig yn y chwe sir.

• Rhyfel cartref Pacistan yn arwain at ffurfio gwladwriaeth newydd Bangladesh.

• Idi Amin yn dod yn Arlywydd Uganda.

• Achos Llys y cylchgrawn *Oz*. Pan ofynnodd golygyddion *Oz*, y cylchgrawn hipïaidd seicedelig, i blant ysgol ddylunio rhifyn, arweiniodd at yr achos llys anlladrwydd mwyaf yn hanes Prydain. Cafodd y golygyddion Richard Neville, Jim Anderson a Felix Dennis eu herlyn am gynllwynio dan y Ddeddf Cyhoeddiadau Anllad 1959 am 'gartwnau ac erthyglau rhywiol gwyrdroedig'. Y brif dystiolaeth mae'n debyg oedd *collage* pornograffig o Rupert Bear. Dedfrydwyd Neville ac Anderson i 15 mis o garchar ond cafodd Dennis lai o ddedfryd am ei fod yn ôl y barnwr "yn lawer llai deallus" na'r ddau arall. Ond cafodd dedfryd y tri ei wrthdroi yn ddiweddarach. Ni chafodd Rupert yr Arth ei erlyn o gwbl.

Cymru

• Cyfrifiad 1971 lle cafwyd gostyngiad sylweddol yn nifer y siaradwyr Cymraeg. Bellach roedd 20.8% o boblogaeth Cymru yn medru'r iaith, gostyngiad o 5% ers 1961.

• Achos Cynllwyn yn erbyn 8 o arweinwyr Cymdeithas yr Iaith yn Llys y Goron Abertawe. Rhoddwyd dedfryd ohiriedig i'r wyth.

• Achos cynllwyn yn erbyn 17 o aelodau Cymdeithas yr Iaith yn Llys y Goron yr Wyddgrug - 14 am ddringo mastiau teledu a 3 am achosi difrod yn stiwdios teledu cwmni Granada ym Manceinion. Dedfrydwyd Goronwy Fellows a Myrddin Williams i flwyddyn o garchar a chafodd Ffred Ffransis ddwy flynedd o garchar.

• Sefydlu Mudiad Ysgolion Meithrin.

• Chwech o lowyr yn cael eu lladd mewn ffrwydrad yng nglofa Cynheidre.

LOL

Roedd *Bol* wedi trawsnewid yn ôl i *Lol* erbyn rhifyn Eisteddfod Bangor yn 1971, ac yn fwy na hynny roedd bellach yn 'GYLCHGRAWN CENEDLAETHOL DIRWESTOL SAFONOL ARUTHROL CHWYLDROADOL UFFERNOL'.

Ymgyrch Arwyddion Cymdeithas yr Iaith yw'r cefndir i rifyn *Lol* 1971, ac yn arbennig yr achos Cynllwynio yn Llys y Goron Abertawe.

Cyhuddwyd wyth o aelodau amlycaf Cymdeithas yr Iaith o gynllwynio i ddifrodi, tynnu neu ddinistrio arwyddion ffordd Saesneg yng Nghymru mewn rali yn Rhagfyr 1970. Yr achos yma fyddai un o brif ddigwyddiadau ymgyrch dros hawliau'r Gymraeg ers sefydlu'r Gymdeithas, a bu'r achosion traddodi yn llysoedd Aberystwyth a Chaerfyrddin a'r achos mawr ei hun yn Llys y Goron Abertawe yn destun protestiadau ffyrnig.

Roedd cyhoeddwr *Lol* a'r pen-Loliwr Robat Gruffudd yn un o'r diffynyddion yn yr achos cynllwynio, felly hefyd un o'r cyfranwyr amlwg eraill, Dafydd Iwan. Yn y rhifyn yma y lluniodd Dafydd Iwan yr olaf o'i weledigaethau cartwnaidd, sef Gweledigaeth y Brawdlys sy'n bortread campus o wallgofrwydd swreal Cymru 'chwyldroadol' y cyfnod.

Achos llys arall yn y flwyddyn hon oedd achos yn erbyn y cylchgrawn *Oz*. Yn y cyfnod pan oedd *Oz* mewn trafferthion cyfreithiol ac ariannol mae'n debyg bod Robat Gruffudd wedi cael galwad ffôn gan Gymro oedd yn gysylltiedig â'r cylchgrawn yn gofyn a allai'r Lolfa argraffu rhifyn drostyn nhw. Ond doedd dim modd eu cynorthwyo, mae'n debyg, oherwydd bod peiriannau'r wasg yn llawer rhy fach at ddibenion *Oz*.

Y 'diwydiant llenyddol' sy'n dod dan lach Meils a Ioan yn stribed cartŵn tudalennau canol *Lol* lle darlunnir 'Ffatri Llên a Barddas Kwmni Kelfyddau Kymru, Kyf.' a llenorion disglair fel Eros Boeing, Teigras Lewis a Tarsan Llwyd Morgan (a Jane) yn llafurio i greu campweithiau llenyddol er mwyn i gyfalafwyr Seisnig 'ymelwa ar harddwch naturiol Cymru a thaeogrwydd naturiol ei brodorion'…

Bu *Lol* erioed yn ceisio meithrin parch at draddodiadau gorau hanes llên gwerin Cymru ac i'r perwyl hynny llwyddodd rhifyn 1971 i ddarganfod dihareb gofiadwy, y mae ei gwirionedd yn parhau hyd heddiw: 'Cosa din taeog ac efe a gach yn dy law…'

TH Y BRAWDLYS • Dafydd Iwan

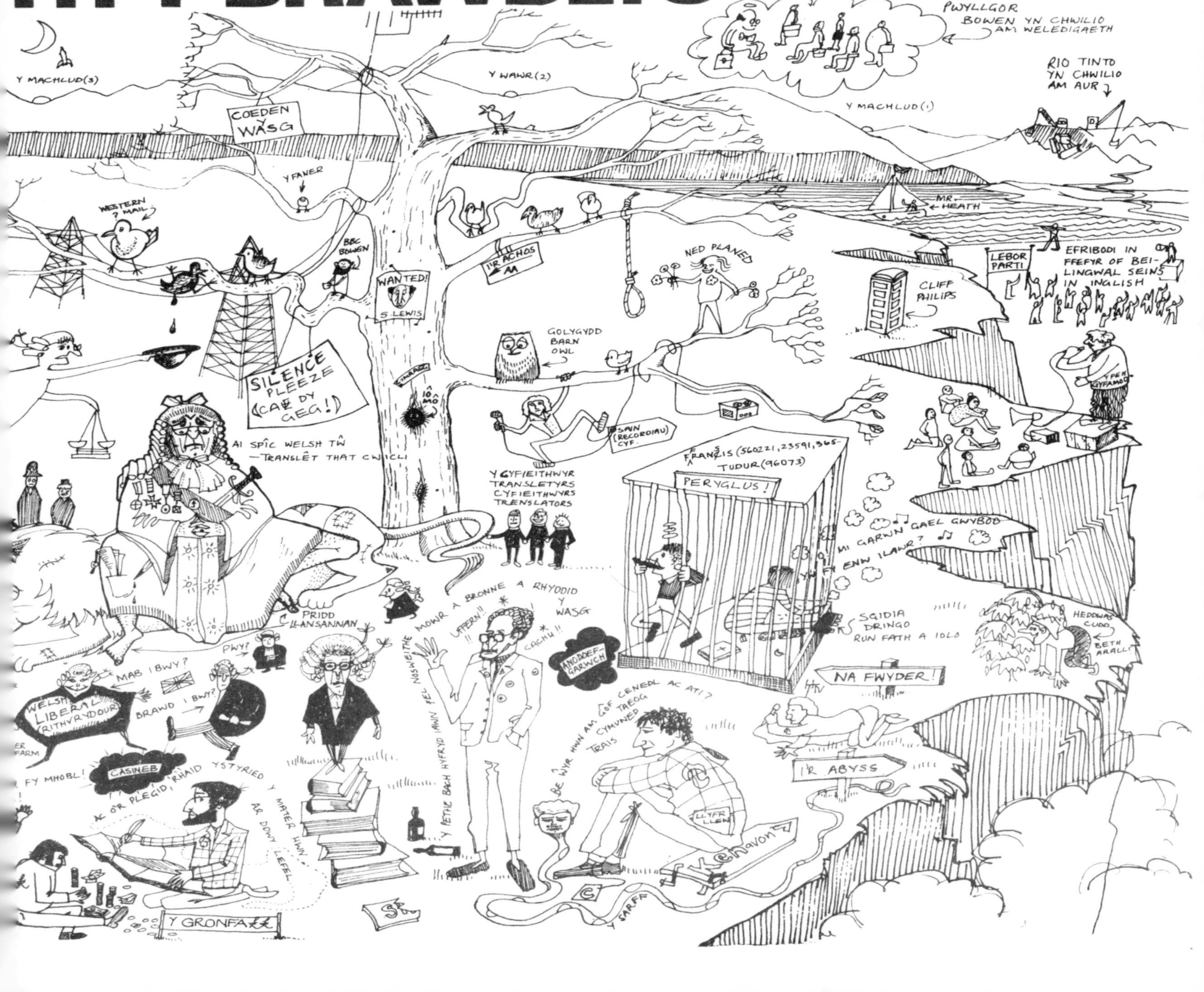

Tu Draw ir Llên

ADRODDIAD ARBENNIG
AR Y DIWYDIANT LLENYDDOL YNG NGHYMRU

gan MEILS ac ELWYN

Y mae'r cyfnod presennol yn un du iawn yn hanes yr economi Gymreig. Prin, yr aiff diwrnod heibio pan na ddarllenir yn y wasg neu pan na chlywir ar y cyfryngau darlledu am ffatri'n cau, am weithiau'n darfod, neu am ragor o gynnydd yn nifer y di-waith.

Fodd bynnag nid yw'r ffurfafen economaidd yn gwbl amddifad o oleuni a gobaith. Erbyn hyn, sylweddolodd llu mawr o gyfalafwyr Seisnig y gellir ymelwa'n sylweddol ar harddwch naturiol Cymru a thaeogrwydd naturiol ei brodorion, ac ni all neb bellach anwybyddu, na fforddio anwybyddu, twf aruthrol y diwydiant llenyddol yn ystod y blynyddoedd diwethaf.

Dylai'r sawl a fynn brawf diriaethol o ffyniant anhygoel y diwydiant pwysig hwn ymweld â FFATRI LLÊN A BARDDAS KWMNI KLEFYDAU KYMRU, Kyf., yng Nghaerdydd:

Hon yw'r ffatri foderniaf o'! bath yn Ewrop, ac ynddi y mae rhai o lenorion disgleiriaf y genedl wrthi nos a dydd yn cynhyrchu llenyddiaeth o'r radd flaenaf ar gyfer y farchnad gartref ac i'w allforio.

Manteisiant ar awyrgylch sy'n gwneud creu'n broses llawer rhwyddach, ac ar gyfarpar drudfawr a'r datblygiadau damcaniaethol a thechnolegol diweddaraf:

10 Dywed Sbeic Bifan i'r archeb gael ei hanfon i ffatri yn Singapôr i ddechrau. Ond torrodd y ffliw Sacsonaidd allan yno, a doedd dim gobaith iddynt ei gwblhau mewn pryd.

"Ond fedrwn ninnau ddim chwaith!" ebycha'r Llenorion. "Pythefnos —mae'n amhosib!"

"Os yw hynny'n wir, foneddigion, fe fydd yn rhaid imi chwilio am weithwyr eraill," yw ateb Sbeic.

Y mae Harold Wilson Evans yn orffwyll.

"Sgabs! Fyddech chi fyth yn cyflogi sgabs!"

"Fe wnawn i unrhyw beth i ennill yr archeb hwn i'r Cwmni," medd Sbeic, "a dodi enw Cymru ar fap llenyddol y byd. A beth bynnag, rwyf i eisoes wedi rhoi fy ngair yr af i draw yno i ddarllen eich campweithiau. At eich tasgau felly, fe sicrhaf i y cewch chi daliadau 'overtime' anrhydeddus iawn."

"Dowch, bois," medd Bwbi, "does dim allwn ni ei wneud."

tud.10

tud.11

Ond mae'r Llenorion yn ffieiddio'r fath awgrym.

"Beth! Malu seins! Nid dyna swyddogaeth y Bardd!" & ati & ati...

"'Falle y bydde'n well da chi fynd yn ôl i weithio ynte," medd Bwbi, "—fe glywsoch chi i fygythiad e."

Mae'r Llenorion yn gwelwi ac yn dychrynu: "Na ato Duw! Gweithio!

Mae'n beth mor ddiraddiol i Lenor."

"O'r gore ynte," medd Bwbi, "malu seins amdani, wedyn dod nôl yma i sgrifennu nofelau, storïau, cerddi, dramau i ddathlu ein gwrhydri—pawb a'y cyfrwng y bo."

"Fyddwn ni'n rhoi'n hunain i fyny i'r heddlu," hola Dr.H.P.Sôs.

Penderfyna Bwbi roi'r mater i bleidlais, Pawb o blaid? —neb yn pleidleisio. Pawb yn erbyn? —neb yn pleidleisio.

"Rwy'n gweld fod y pleidleisio'n gyfartal," meddai.

Daw Dr.H.P.Sôs i'r adwy: "Rhaid i ti fel Fforman fwrw dy bleidlais i benderfynu."

"Pwy wyf i i wneud y fath ddewis tyngedfennol?

Mae fy ngwyleidd-dra'n fy llethu. Fe ffonia i Dr. Jeckyll, fe ddyle fe fedru 'n helpu ni gan ei fod e'n gwybod popeth."

Cytuna pawb yn frwd â'r awgrym, ac mae Bwbi 'n ffonio Dr.Jeckyll, dyn hysbys.hysbys a Dîn Adran Seryddiaeth, Swyngyfaredd a Necrophilia Coleg Prifysgol Lloegr yng Nghymru, Aberesmwyth.

Cyrchir y gweddill i Swyddfa'r Prif Gopyn ym Mhencadlys Heddlu Dafad-Biwis; yno y mae'r Prif Gopyn yn eu hannerch:

"Foneddigion a boneddigesau, ar ôl clywed adroddiad y ddau swyddog ddaeth â chi yma am yr hyn ddigwyddodd heno, rwyf wedi penderfynu eich rhyddhau ar unwaith."

Y mae Tasarn Llwyd Mrogan ar ei draed: "Beth? Dych chi ddim am ein cosbi?"

Ond er teithio am oriau hyd ffyrdd a phriffyrdd Cymru, ni welant yr un arwydd maluriadwy —dim ond llu o bolion noeth.

"Mae'r Gymdeithas wedi eu tynnu nhw lawr i gyd," medd un.

"Ych a fi, ma nhw'n hunanol."

OND mae Dr.Jeckyll wedi gweld un!! Rhuthrant tuag at yr arwydd. Pwysa Dr. Jeckyll arnynt i frysio, cyn i neb ddod.

'Â sbaner neu li' chwedl bardd mawr arall, rhuthra pob un o'r criw awenyddol i wneud ei ran yn y gwaith arwrol.

Ond Ow! Pa beth yw hyn? Slobgerbyd amrylïw ac amlstreipiog yn prysuro tua'r fan. Ac ynddo neb llai, ac yn siwr i chi, neb mwy, na'r Rhingyll Beli Prydderch, cadben a chefnwr dê tîm Ymryson y Beirdd Heddlu Dafad-Biwis, a'r Cwnstabl Blegwyryd Humphreys, y canolwr.

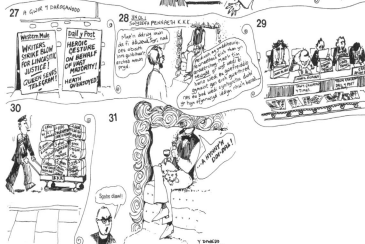

cornel y plant

Helo blant,

Sut hwyl neu shw mae? Edrychwch yn ofalus ar y ddau lun uchod, a dynnwyd yn ddiweddar. Ar yr olwg gynta fe ymddengys y ddau yn union 'run fach, ond craffwch eto. Welwch chi'r gwahaniaeth nawr (neu rwan)?

Anfonwch eich atebion at:

DEWYRTH 'STAN (986,403),
g/ Y Frenhines,
Heol Ystumllwynarth,
Abertawe.

Bydd y sawl a ddanfona'r ateb cywir cynta yn derbyn gwobr sylweddol (goriad steinles stîl 5/16). Fe'ch gwelaf ymhen chwe mis neu bedwar gyda lwc! Hwyl fawr blant.

Gafaelwn yn y Rhofiau

1. Mae cachu erchyll, ffrindie,
   Budreddi, llaid a baw
   Yn llethu 'nghorff a'm hysbryd,
   Mae'n drewi ar bob llaw.
   Ni allaf weld na chlywed
   Na meddwl dim yn glir—
   Y cachu holl-bresennol
   Sy 'nghadw rhag y Gwir.

   Cytgan:
   Gafaelwn yn y rhofiau
   A chyda'r dwfwr glân
   Fe wnawn ein Cymru ninnau
   Fel cynt yn Gymru lân.

2. Mae cachu yn fy nghlustiau
   Sef sgrech y radio sain
   A diflas sŵn swyddogol
   Y fawlyd fratiaith fain.
   Mae cachu yn fy llygaid
   —Yr hysbysfyrddau cras
   Sy'n hacru hewlydd Cymru
   A'u barbareiddiwch bâs.

3. Mae cachu yn yr awyr—
   Awyrennau'r Sais
   A'u bomiau llofruddiaethol
   Yn barod byth i drais.
   Bythynnod haf, fforestydd
   Sydd gachu hyd fy ngwlad
   A chronfeydd dŵr y Sacson
   Yn fudur olion brad.

4. Y cachu mwyaf erchyll
   Yw'r gwenwyn cyfrin, cas
   A dreiddiodd i ymennydd
   Y werin, wych ei thras,
   Yr hwn newidiodd ddynion
   Yn ddof daeogion dwl—
   Fe'i gwelaf yn eu llygaid
   Yn llwydni pwdwr, pwl.

5. Ond diolch byth fe darddodd
   Ffrwd Gobaith yn y tir,
   Dewch gyda mi at afon
   Y Chwyldro bywiol, ir.
   Ymolchwn yn ei ddyfroedd
   Crisialaidd, mwynaidd, mad,
   A thorchwn bawb ei lawes
   Yn barod at y gad.

   R.G.

ymlaen..

i'r CHWYLDRO!

Dathlu'r Jiwbilî

Y byd

- Y 'Sul Gwaedlyd' yng Ngogledd Iwerddon pan daniodd milwyr Prydeinig catrawd y 'Paras' at orymdaith hawliau sifil gan genedlaetholwyr yn nhref Derry a lladd 14.

- Streic y glowyr yn cychwyn, gan barhau am saith wythnos. Y Llywodraeth Geidwadol yn troi'r wythnos waith yn wythnos dri diwrnod oherwydd y streic, a thrydan yn cael ei ddiffodd am naw awr y dydd er mwyn arbed cyflenwadau ynni.

- Athletwyr o Israel a oedd yn cystadlu yn y Gêmau Olympaidd yn Berlin yn cael eu herwgipio a'u lladd gan fudiad Palesteinaidd.

- Achos Watergate yn agor. Pump o weithwyr Tŷ Gwyn yr Arlywydd Richard Nixon yn cael eu harestio ar gyhuddiad o fwrglera swyddfeydd y blaid Ddemocrataidd.

- Cychwyn 'Rhyfel y Penfras' – Ysgrifennydd Tramor Prydain, Syr Alec Douglas-Home, yn datgan y bydd llongau'r Llynges Frenhinol yn amddiffyn llongau pysgota'r deyrnas rhag gormes pysgotwyr penfras penboeth Gwlad yr Iâ.

Cymru

- Marwolaeth Aelod Seneddol Llafur Annibynnol Merthyr S. O. Davies. Yn yr isetholiad dilynol daeth Emrys Roberts, Plaid Cymru o fewn 3,710 i ennill y sedd oddi ar Lafur.

- Ymweliad yr Arglwydd Hailsham â Bangor yn cymell protestiadau ffyrnig ar ôl iddo alw aelodau Cymdeithas yr Iaith yn fabŵns.

- Adroddiad Pwyllgor Bowen yn argymell newid arwyddion ffyrdd drwy Gymru, a'r Gymraeg i fod yn flaenaf.

- Sefydlu Pwyllgor Crawford i edrych ar sefydlu Sianel Deledu Gymraeg.

- Agor gorsaf niwclear yr Wylfa ar Ynys Môn.

- Dathlu jiwbilî 50 mlwyddiant yr Urdd.

- Rhyddhau *Gwymon*, record hir gyntaf Meic Stevens.

- Gerallt Lloyd Owen yn cyhoeddi ei gyfrol *Cerddi'r Cywilydd*.

LOL

Blwyddyn hanner canmlwyddiant sefydlu Urdd Gobaith Cymru oedd 1972, ac i ddathlu'r achlysur mi drefnodd *Lol* gyfres o ffotograffau o 'wersyllwr llon' yn tynnu ei dillad ynghanol cefn gwlad Cymru. Yn ôl *Lol*, 'un o weithgareddau awyr agored' y mudiad oedd hyn. (Beth bynnag am hynny mae'r ferch yn edrych yn eithriadol o oer yn y lluniau.)

Un gŵyn a gafwyd ers dechrau cyhoeddi lluniau'r merched noeth yn *Lol* oedd mai merched di-Gymraeg oedd y modeli ac roedd wedi bod yn uchelgais erioed gan y golygyddion i gael lluniau o ferched Cymreig. Ond mi arweiniodd y llwyddiant i berswadio un 'Gymraes loyw', chwedl Robat Gruffudd, i dynnu amdani yn nhudalennau'r cylchgrawn at Eisteddfod gofiadwy i Robat a'r tynnwr lluniau Raymond Daniel. Roedd y ferch, yn ôl y sôn, dan oed 'o rai dyddiau' ac wedi i'w mam gael achlust o'r stori roedd yn gynddeiriog gyda'r Lolwyr. Adroddwyd rhan o'r hanes yn y *Sunday Times* gan y newyddiadurwr Jilly Cooper, oedd yn ymweld â'r Brifwyl ar y pryd:

Back to the Eisteddfod where the great excitement of the day involved Lol, *the Welsh equivalent of* Private Eye, *which is currently featuring half nude photographs of a well-developed schoolgirl. On seeing them, her mother – insane with rage – had*

roared across Wales to sort out the photographer.
At intervals throughout the sunny afternoon he
could be seen sprinting round the Eisteddfod field,
followed by the mother in a stetson, dragging
her daughter who, in spite of the great heat, was
wearing a long dress, shawl, cardigan, hat and dark
glasses.

(Mae gweddill erthygl Jilly Cooper gyda llaw yn
llawn rhagfarnau gwrth-Gymraeg ac ystrydebol,
fel ei disgrifiad o aelodau Cymdeithas yr Iaith yn
crwydro'r Maes: *'[they] stalked around unsmiling,*
an almost messianic gleam in their eyes.')

Mae rhifyn 1972 yn nodedig am reswm arall
y tu hwnt i luniau noeth o'r ferch ifanc, sef
ymddangosiad cyntaf Dafydd Elis-Thomas yn y
cylchgrawn. Dyma gychwyn partneriaeth hanfodol
a barhaodd fwy neu lai yn ddi-dor am yr hanner
canrif nesaf rhwng *Lol* a Dafydd Êl – partneriaeth
a wnaeth gyfoethogi ac atgyfnerthu disgwrs
deallusol bywyd cyhoeddus a dychanol Cymru am
ddegawdau i ddod.

Sylwadau Jilly Cooper yn y Sunday Times
ar helynt lluniau Lol

NEXT MORNING I wandered round St David's Cathedral, where I found the tomb of Rhys the Hoarse (probably too much singing) and of Giraldus Cambrensis, patron saint of journalism—from the pained expression on his face, he'd obviously been put on the spike.

Later we drove along the coast through great vaults of wild honeysuckle, past magnificent white beaches. Every signpost we passed was covered with Welsh Language protest stickers.

Back to the Eisteddfod, where the great excitement of the day involved Lol, the Welsh equivalent of Private Eye, which is currently featuring half-nude photographs of a well-developed schoolgirl. On seeing them her mother—insane with rage—had roared across Wales to sort out the photographer. At intervals throughout the afternoon he could be seen sprinting round the Eisteddfod field, followed by the mother in a stetson, dragging her daughter who, in spite of the great heat, was wearing a long dress, shawl, cardigan, hat and dark glasses.

For the next two days, most of the speeches I heard from the platform gave thanks for the renaissance of Welsh nationalism but in a far more sinister way, glorified the youth of Wales for supporting this movement with lawbreaking and violence.

The Welsh young themselves, wearing tee-shirts with the Dragon's tongue symbol of the Welsh Language Society, stalked round unsmiling, an almost mes-

Ffatri Teis i Wynedd

Y MAE LOL, diolch i waith caled tîm o ymchwilwyr arbennig, yn awr yn gallu cynnig esboniad terfynol ar ymddygiad diweddar Y Br Dafydd Elis Tomos, Cyfarwyddwr Polisi ifanc, deinamig Plaid Cymru.

Fel y mae'n hysbys, bu llawer o bobol mewn penbleth a dryswch, yn methu deall sut y galle Pleidiwr, neu yn wir unrhyw Gymro, fod mor llawen yn cefnogi boddi neu ysbeilio rhannau poblog a ffrwythlon o Gymru fel Croesor a Chwm Penamnen a Chwm Hermon.

Mae'n debyg i'r Br. Elystan Morgan dalu ymweliad cyfrinachol â seciatrydd, gan nad oedd yn siwr pa blaid oedd yn perthyn iddi, na pha blaid a adawodd, ble a phryd.

Bu si, ond cwbwl ddi-sail, i'r Henadur Gwydr (Alderman Glass), Corfforaeth Lerpwl, ynghyda thîm o dir-fesurwyr, dalu ymweliad cyfrun-achol â Phorthmadog.

Ond na —diolch i adroddiad arbennig tim ymchwil Lol, gallwn sicrhau pawb fod cymhellion y Br. Tomos yn holliach, ac mai budd-iannau Cymru sy'n unig ar ei feddwl.

SYNDANS

Y Br. Syndans Tudur, ysgrifennydd y tîm ymchwil a ddarganfu'r cliw cyntaf. Hyn oedd y ffaith fod fersiwn Gymraeg Adroddiad Econom-aidd y Blaid hyd yn hyn tua tair blynedd yn hwyr yn ymddangos.

Darganfuwyd mai'r rheswm am hyn oedd bod un diwydiant allweddol wedi ei anghofio'n llwyr yn y fersiwn Saesneg.

Y mae'r diwydiant hwn yn gysylltiedig â dau gwmni newydd, sydd newydd eu cofrestru yn Llundain, sef D.E.T. Giant Ties (Wales) Ltd., a D.E.T. Giant Ties (S.America) Inc.

Darganfuwyd ymhellach fod ffatri gwneud teis cyffredin yn defnyddio 3,000 K.Btu. y galwyn o ddŵr o drydan yr awr —ddwywaith gymaint â ffwrnes ddur, e.e., Port Talbot.

Fe'ch gwahoddwn, ddarllenwyr praff a breintiedig Lol, i ffitio'r ffeithiau yma wrth ei gilydd.

ALLFORIO TEIS

Y mae'n amlwg fod cynlluniau manwl ar y gweill i sefydlu diwyd-iant anferth gwneud teis yn ochrau Porthmadog, a fydd yn allforio teis i bob rhan o'r byd. Bydd pwerdai trydan newydd Croesor a Chwm Penamnen wrth law i gyflenwi'r holl drydan angenrheidiol. Y diwydiant hwn fydd conglfaen Cynllun Econom-aidd Plaid Cymru, fersiwn Gymraeg, pan ddaw allan.

Yn naturiol, wedi darganfod y ffeithiau hyn, aeth Lol at Dafydd Elis Tomos a'i longyfarch.

'Da iawn hogia,' cyfaddefodd, 'hyn fydd uchafbwynt fy ngyrfa wleidyddol bersonol'.

'Faint o bobol,' gofynasom, 'a gaiff eu cyflogi pan fydd y ffatri yn cynhyrchu'n llawn?'

'Fe gaiff 3,840 o werin bobol o bob rhan o Wynedd, fy etholwyr i, waith am y 2½mis a gymer i godi'r ffatri, heb sôn am y 3 dyn a fydd yn gweithio'r pwerdau. Wedi cwblhau yr adeiladu, bydd angen staff syl-weddol iawn o wyth o ferched ac yn olaf ond nid lleiaf, myfi fy hun.'

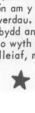

Tyrd am dro yn Nhrên y Chwyldro,
  Tyrd am dro i fyd sydd well,
'Sneb a ŵyr trwy ba orsafoedd,
  Sneb yn gwybod pa mor bell.

  Rho dy hunanoldeb heibio,
    Gad yr hen barchusrwydd fod,
  Clyw y gârd yn canu'r chwiban,
    Clyw yr alwad iti ddod!

Bydd y siwrne'n hir, anesmwyth
  —Trwy gaeau gwyrddion a thwnelau du—
Falle bydd y lein yn yfflon,
  Falle bydd ystormydd lu.

  Ond cei wefr a phur gyfeillach
    Ac fe gei y sicir ffydd
  Y bydd cyrraedd, rhyw ddiwrnod,
    Orsaf eang Cymru Rydd!

Awn i ailAdfer rhyw, cwrw ac enllib

Y byd

- Rhyfel Yom Kippur rhwng yr Aifft ac Israel, wrth i luoedd yr Aifft a Syria ymosod ar fyddin Israel ym Mhenrhyn Sinai ac Uchelderau Golan.

- Cenedlaetholwyr Basgaidd mudiad ETA yn ffrwydro bom dan gar y Llyngesydd Carrero Blanco, Prif Weinidog Sbaen a'r un a ddewiswyd i olynu Franco.

- Llywodraeth ddemocrataidd Salvador Allende yn Chile yn cael ei disodli gan y Cadfridog Augusto Pinochet mewn *coup* milwrol, gyda chefnogaeth gudd yr Unol Daleithiau.

- 200 o aelodau Mudiad Indiaid America (AIM) yn meddiannu Wounded Knee, De Dakota rhwng Chwefror a Mai. Daw'r gwarchae i ben ar ôl i'r gweithredwyr ildio ar ôl meddiannu'r safle am 71 diwrnod.

- Isetholiad Glasgow Govan yn yr Alban, a Margo MacDonald yn cipio'r sedd i'r SNP.

Cymru

- Comisiwn Kilbrandon yn argymell sefydlu cynulliad etholedig i Gymru.

- Protestiadau ymgyrch ddarlledu Cymdeithas yr Iaith yn dwysáu gydag aelodau yn gwrthod talu am drwyddedau, meddiannu stiwdios teledu a dringo a diffodd mastiau yn yr ymgyrch dros Sianel Gymraeg.

- Protestiadau gan Gymdeithas yr Iaith ac Adfer yn erbyn tai haf.

- Alan Llwyd yn cipio'r Gadair a'r Goron yn Eisteddfod Genedlaethol Dyffryn Clwyd yn Rhuthun.

- Edward H Dafis yn ymddangos ar lwyfan am y tro cyntaf ym Mhafiliwn Corwen yn noson *Tafodau Tân* Cymdeithas yr Iaith adeg Eisteddfod Rhuthun.

- Hogia'r Wyddfa yn ymddeol am y tro cyntaf.

LOL

Ymateb i dwf mudiad Adfer oedd clawr rhifyn Eisteddfod Rhuthun yn haf 1973. Gan efelychu cylchgrawn y mudiad *Yr Adferwr* enwyd *Lol* y flwyddyn honno yn *Y Loliwr* ac yn yr erthygl olygyddol haerwyd mai'r cylchgrawn oedd 'llais y mudiad i Adfer rhyw, cwrw ac enllib ein pobl'.

Er mor gefnogol fu *Lol* i fudiadau fel Adfer, Plaid Cymru a Chymdeithas yr Iaith, un o rinweddau'r cylchgrawn ar hyd y 50 mlynedd fu gallu chwerthin ar ben gwiriondeb elfennau hunangyfiawn a hunanbwysig y mudiad cenedlaethol. Ar yr un pryd dros y blynyddoedd roedd (ac mae) *Lol* wedi cefnogi cenedlaetholwyr sydd wedi gweithredu yn hytrach na siarad dros Gymru, a doedd hi ddim yn annisgwyl felly i rifyn 1973 gynnwys teyrnged ar ddechrau'r cylchgrawn i dri chenedlaetholwr oedd yn y carchar ar y pryd, rhai 'a wnaeth fwy na malu cachu: Ffred [Ffransis], Arfon [Jones] a John Jenkins'.

Uchod: newid yr enw i 'Y Loliwr'

Ar y dde: graffeg popaidd Gwyn ap Gwilym

Another 'Hogia' Groupe

WRE 1984

WREN WRECORDS — Llandybie, Carms.

troeon gyrfa

Pan oeddwn i'n ugain, pan ddeuthum i'n ddyn,
Dysgais gan gyfaill mai da llyfu tîn;
Fe lyfais Lafurwyr —sy'n beth eitha rhwydd—
'U tîne fel marmeit —ac yna ces swydd.

Fe lyfes brifathro yr ysgol —hen fuwch
O dîn annymunol— ond ces jobyn uwch;
I'r Mêsns, y Rotri, Rownd Têbl, bob un
Y ces i fynedfa. Wel sut? Llyfu tîn.

Fe lyfes John Rowli a'i fois BBC—
A gwynt o hen gachu —o wel, ych a fi,
Ond llyfad a hanner ac wedyn ces i
Ddarllen 'marddoniaeth fy hun ar T.V.

Ond pwt oedd fy nhâl am hynny o waith,
Fe drois i at ryddiaith, a dyma i chi ffaith—
Fe lyfes Meic Stifns pan oeddwn i'n chwil
Er mwyn sgwennu nofel ac ennill tair mil.

Fe lyfes fonheddwyr y wlad bob yn un,
Eu blas yn amrywio o faw i flas gwin,
Rhai sgwar a rhai rownd, rhai mowr a rhai bach
Fe lyfwn heb ball nes y down ar draws cach.

Fel yma y deuthum yn uchel fy nghlod,
A digon o arian ac aur yn fy nghod;
A nawr yn fy henaint, rwy'n 'Syr, OBE',
Ac eraill ddaw ataf i lyfu f'un i.

MA HI WEDI MYND YN **SNOB UFFERNOL** ODDIAR BUO EI MAB YN Y **JÂL!**

THE WELSH DIARRHOEA

Some Essays on Nationalism in Wales

CHRISTOPHER DAVIES

Hei! Rhaid i ni orffan canu'n amlach Hogia!!

Deng mlynedd o Lol-ian

Y byd

- Richard Nixon yn cael ei orfodi i ymddiswyddo yn dilyn achos Watergate.

- Y cadfridogion yn colli grym yng Ngwlad Groeg a gweriniaeth yn cael ei sefydlu yno.

- Streic yr Unoliaethwyr yng Ngogledd Iwerddon yn dymchwel llywodraeth Stormont a gorfodi llywodraeth Prydain i reoli'r chwe sir yn uniongyrchol o Lundain eto.

- Bomiau'r IRA yn ffrwydro yn Lloegr a lladd llawer mewn ymosodiadau yn Birmingham.

- Bomiau gan derfysgwyr Teyrngarol yr UVF yn ffrwydro yn Nulyn a Monaghan yng Ngweriniaeth Iwerddon, gan ladd 33 ac anafu bron i 300 o bobl.

- Streic genedlaethol y glowyr ym mis Mawrth a'r Prif Weinidog, Edward Heath, yn galw Etholiad Cyffredinol i benderfynu pwy sy'n rheoli'r wlad, 'y Llywodraeth neu'r glowyr'. Heath yn colli'r etholiad ym mis Chwefror a Harold Wilson yn ôl fel Prif Weinidog yn arwain llywodraeth Lafur leiafrifol. Cynnal ail etholiad yn yr Hydref gyda Llafur yn ennill mwyafrif bychan o dair sedd.

- Yr SNP yn ennill 11 sedd a 30% o'r bleidlais yn yr Etholiad Cyffredinol yn yr Alban.

Cymru

- Yn etholiad mis Chwefror, Dafydd Wigley, Plaid Cymru, yn trechu Goronwy Roberts, Llafur, yng Nghaernarfon a Dafydd Elis-Thomas yn dod yn Aelod Seneddol Plaid Cymru dros Feirionnydd trwy drechu Wil Edwards, yr ymgeisydd Llafur. Gwynoro Jones o'r Blaid Lafur yn trechu Gwynfor Evans o dair pleidlais yn etholaeth Caerfyrddin.

- Yn yr ail Etholiad Cyffredinol ym mis Hydref, Gwynfor Evans yn ennill Caerfyrddin yn ôl i Blaid Cymru, gan ddod yn drydydd aelod seneddol Plaid Cymru.

- Diwygio Llywodraeth Leol: diddymu 13 cyngor sir Cymru, a sefydlu 8 cyngor sir newydd a 37 cyngor dosbarth yn eu lle.

- Penodi John Morris AS yn Ysgrifennydd Gwladol Cymru.

- Llwyfannu opera roc *Nia Ben Aur* yn Eisteddfod Genedlaethol Bro Myrddin, ond problemau sain yn amharu ar y perfformiad.

- Pennod gyntaf *Pobol y Cwm* ar BBC Cymru.

- Endaf Emlyn yn rhyddhau record hir *Salem*.

LOL

Dathlodd *Lol* ei ben-blwydd yn ddeg oed yn 1974, rhywbeth oedd yn destun llawenydd i'r Lolygyddion oherwydd roedd y cylchgrawn bellach yn ymuno â sefydliadau hanfodol y genedl: 'Teimlwn yn ardderchog ynglŷn â hyn gan ein bod yn sicr yn esgyn i gwmni tra aruchel yr Urdd, Cyfieithu'r Testament Newydd, Cymdeithas yr Iaith, Patagonia ac ati sydd i gyd yn dathlu eu hunain o hyd y dyddiau hyn.'

Yn dilyn llwyddiant Plaid Cymru i gipio dwy sedd seneddol yn etholiad mis Chwefror a dod o fewn tair pleidlais i gipio Caerfyrddin doedd dim syndod mai'r Blaid oedd rhan flaenllaw o stribed cartŵn Fampiraidd Meils a Ioan – 'Meinir a'r Ystlum-ddynion neu Melltith yr Eingl Fampirod' – lle dychmygwyd Cymru'r dyfodol gyda Gwynfor Evans yn Arlywydd,

Dafydd Iwan fel y Gweinidog Pop, Dafydd Elis-Thomas fel y Gweinidog dros Feirniadaeth Lenyddol a Meinir Ffransis, merch Gwynfor Evans, yn bennaeth ar heddlu cudd y Gymru Rydd.

Roedd y Cyngor Celfyddydau – y KKK – yn un arall o hoff dargedau'r cylchgrawn a chafwyd cyfres o 'Englynion o Fawl i Gyngor Clefydau Cymru Cyf.' gan Heinin Fardd yn cwyno am y sefydliad artistig elitaidd, gan gynnwys yr englyn yma i'r 'Grant':

> Hael nawdd i'r crachlenyddol – a cheidwad
>   'R ychydig clicyddol.
>   Ffei arno! Mae'n uffernol! –
>   Dim lysh, dim dime i *Lol*.

Nid *Lol* oedd *Lol* heb eitemau yn colbio'r Urdd a doedd y rhifyn yma ddim gwahanol. Dychanwyd y mudiad am fod yn 'hen-ffasiwn, plentynnaidd, llywaeth'. Felly, unwaith eto cafwyd mwy o chwerthin am ben ymgyrch yr Urdd i gael delwedd newydd 'Wudd Ut' gyda pherfformiad cofiadwy gan Hefin Clarach o hen ffefryn gwersyllwyr selog Llangrannog a Glan-llyn, 'Mae gen i goc dwy lathen' ar y tudalennau ôl.

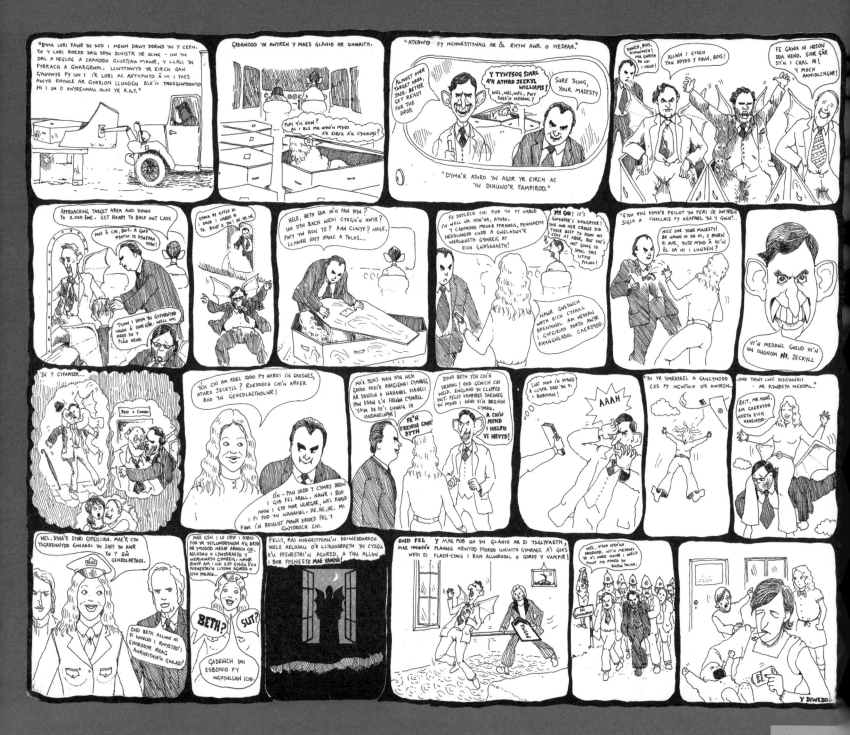

Gormod o bwdin Lol-ig

Dyma'r tro cyntaf i Lol gyhoeddi rhifyn y tu allan i gyfnod yr Eisteddfod ac er bod gan Robat Gruffudd fwriad i gyhoeddi tri rhifyn y flwyddyn, profodd y peth yn anymarferol ac yn rhy gostus i'w gynnal ond fe roddwyd cynnig arni eto ymhen rhai blynyddoedd.

LOL

Yn yr ail Etholiad Cyffredinol yn hydref 1974, cafodd Plaid Cymru noson lwyddiannus ac ennill tair sedd. Bellach roedd ganddi dri Aelod Seneddol sef Dafydd Wigley, Dafydd Êl a Gwynfor Evans yn dilyn cipio Caerfyrddin oddi ar Gwynoro Jones yr AS Llafur. Mae'n rhaid bod hynny wedi ysbrydoli golygyddion Lol oherwydd am y tro cyntaf erioed cyhoeddwyd rhifyn Gaeaf oedd yn rhoi sylw mawr i weithrediadau mewnol y Blaid.

Ond gwrthododd rhai siopau arddangos y cylchgrawn ar eu silffoedd. Fe wnaeth sawl siop lyfrau Cymraeg archebu nifer cyfyngedig o gopïau, gydag ambell siop arall yn gwerthu copïau dan y cownter, ond aeth rhai siopau mor bell â gwrthod gwerthu Lol o gwbl. Gellir dyfalu mai cyfuniad o dri rheswm oedd yn gyfrifol am hyn – roedd y llun yn sarhau'r Blaid a'i chynrychiolwyr etholedig ar ôl buddugoliaeth nodedig; roedd llun o ferch noeth yn gafael rownd ysgwyddau dau aelod seneddol ifanc y Blaid yn bortread llawer rhy erotig i'r Cymry; ac yn fwy na dim efallai roedd lluniau o deis blodeuog Dafydd Êl yn llawer gormod o bwdin i'r genedl ei stumogi ar ôl cinio Dolig...

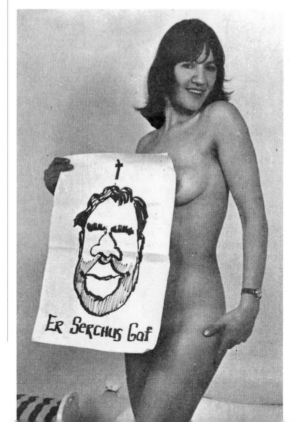

Model Lol yn hiraethu ar ôl Elystan Morgan, wedi iddo golli sedd Ceredigion i'r Rhyddfrydwyr

Rhai yn gwrthod ac eraill yn cuddio 'Lol' dan y cownter

Ymddengys nad yw "Lol" gyda llun merch noeth a'i dwylo ar ysgwyddau dau o Aelodau Seneddol Plaid Cymru ar ei glawr yn haeddu ei le ar silffoedd pob siop lyfrau yng Nghymru ac mae gan y cyhoeddwyr ofn y bydd cyhoeddi "Lol" Nadolig yn golled lwyr.

Yn ôl Robat Gruffydd — crewr a chyhoeddwr "Lol" — y mae rhai siopau yn gwrthod gwerthu'r cylchgrawn o gwbl ac eraill yn ei guddio o dan y cownter yn hytrach na'i arddangos gyfochrog a chyfrolau eraill mwy 'safonol' a ddaeth o'r wasg dros yr Wyl.

"Fe wrthododd Ty John Penry gymryd y cylchgrawn o gwbl ac fe wn am bobl a aeth i siopau llyfrau eraill a chanfod fod 'Lol' yn cael ei gadw dan y cownter. Mae siopau eraill, wedyn, yn gyndyn i archebu a dim ond yn cymryd rhyw gopi neu ddau", meddai Robat Gruffydd.

Nid archebodd y Cyngor Llyfrau ond 24 copi o'r cylchgrawn, yn wreiddiol i'w dosbarthu ar hyd a lled Cymru ond fe ddaeth ail-archebiad am ryw ddau ddwsin i law wedyn.

"Ond y cyfan mae nhw wedi'i gael yw tri neu bedwar dwsin i gyd", meddai Robat Gruffydd.

"Y mae hyn i gyd yn gwneud i rywun feddwl mai rhywbeth ynglŷn â 'Lol' ei hun sy'n bod oherwydd mae rhai siopau wedi gwerthu cannoedd o'r cylchgrawn sy'n profi ei fod yn gwerthu a bod pobl ei eisiau ond iddo gael chwarae teg".

Dyma'r tro cyntaf i'r Lolfa gyhoeddi mwy nag un rhifyn o'r cylchgrawn y flwyddyn. Yn y gorffennol dibynwyd ar Faes y Steddfod fel y brif ganolfan werthu ac awgrymwyd efallai bod hyn yn achosi peth cymhlethdod ymhlith llyfrwerthwyr gan nad oes ganddynt linyn mesur faint i'w archebu.

Ond mae lle i gredu nad yw'r Steddfod hyd yn oed yn derbyn "Lol" i'w breichiau gyda rhyw serch mawr ond yn ei oddef rhag achosi helynt wedi methiant rhai blynyddoedd yn ôl i wahardd y cylchgrawn o'r maes.

Ond er gwaethaf trafferthion fel hyn mae Robat Gruffydd eisoes yn sôn am gyhoeddi tri rhifyn y flwyddyn yn y dyfodol gan ddweud ei bod braidd yn gynnar hyd yn hyn i ddweud a yw'r fenter i gyhoeddi "Lol" Nadolig eleni yn fethiant llwyr.

SBORIEL

Y SIOP FWYAF ARBENIGOL O'I BATH YN Y BYDYSAWD

531 Pseud St., Kaerdydd

* Detholiad cynhwysfawr o Gelvyddyd Neo-Bwrj (Kymru 1967—74).
* Llyfrau ar Gerameg Borsalin Indo-Iapaneaidd, 20 a 30 gini.
* Arddangosfa o offer rhwymo croen-llo a chroen-tîn-cangarŵ.
* Modelau o Gelvyddyd Hunanymddistrywiol Para-Dada (Schlossburg-über-Donau, Mehefin-Awst 1903).
* Lolfa Lyfu.
* Recordiau 5r.p.m. o Dde-ddwyrain Mongolia.
* Presenoldeb Beirdd Proffesiynol Byw.
* Darlleniadau Boring gan y Coc-Oen drwy'r dydd.
* Cervluniau Cinetig Post-Goncrid (trwy ganiatâd Aberthaw Cement Co.)
* Bar Coc-Têl yn kynnwys arddangosfa bosawl, 'Lle mae'r Grant?'
* Llyfrau Cymraeg (plastig).

dan nawdd **KYNGOR KELVYDDYDAU KYMRU**

(rhan o H.J.Lear Conglomerated Holdings Inc.)

LLYFR A LLÊN — dan ofal GLYN EVANS

'YN FY LLAW, AVGVSTVS –YN FY LLAW!'

3

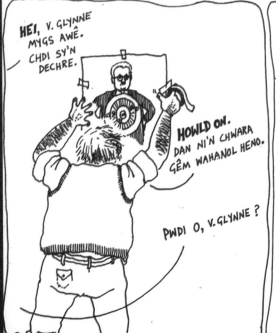

11

Scots Wae Hae

OCH SURE Lassie

S.N.P.

Dafydd Wigley, Gwynfor Evans a Dafydd Elis-Thomas yn 1974 (wyt ti'n siwr o hyn bachan? –gol. Lol)

Lol brenhines rhyw

Y byd

- Diwedd rhyfel Fietnam a chwymp Saigon i'r Fietcong.

- Refferendwm i benderfynu a ddylai Prydain aros yn y Gymuned Ewropeaidd. Pleidleisiodd 66% o etholwyr Prydain o blaid, gydag etholwyr Cymru yn pleidleisio o ddau i un dros aros yn y Gymuned Ewropeaidd.

- Ethol Margaret Thatcher yn arweinydd y Torïaid.

- Chwech Birmingham yn cael eu carcharu am oes ar gam am osod bomiau mewn dau dafarn yn y ddinas. Cawsant eu rhyddhau yn 1991.

- Llywodraeth Franco yn dienyddio pump aelod o fudiad ETA o Wlad y Basg, ond bu farw Franco ddeufis yn ddiweddarach gan arwain maes o law at ailsefydlu cyfundrefn ddemocrataidd yn Sbaen.

Cymru

- Dathlu 50 mlwyddiant sefydlu Plaid Cymru ym Mhwllheli yn 1925.

- Papur Gwyn arall ar ddatganoli, ond ni fyddai Cymru yn cael yr un pwerau â'r Alban.

- Pasio deddf i sefydlu Awdurdod Datblygu Cymru.

- Y Swyddfa Bost a'r Rheilffyrdd Prydeinig yn cytuno i fabwysiadu polisi dwyieithog.

- Ffrae yn codi dros Goron Eisteddfod Genedlaethol Aberteifi 1976.

Beirniadodd heddychwyr blaenllaw a mudiadau di-drais fel Cymdeithas yr Iaith y bwriad i noddi'r Goron gan weithwyr sefydliad milwrol RAE Aberporth. Ond cefnogwyd y gweithwyr gan Saunders Lewis, a ymddiswyddodd fel Llywydd Anrhydeddus y Gymdeithas yn sgil yr helynt.

- Zonia Bowen, sylfaenydd Merched y Wawr, yn ymddiswyddo o'r mudiad oherwydd ei theimlad bod rhai aelodau yn defnyddio llwyfannau a threfniadau swyddogol MyW i hyrwyddo Cristnogaeth a bod hynny'n groes i ethos seciwlar y mudiad.

- Cyhoeddi'r cyfieithiad newydd o'r Testament Newydd.

LOL

Roedd *Lol* haf 1975 yn cyhoeddi'n groch mai 'Rhifyn Arbennig Blwyddyn Ryngwladol y Merched', ac yn nhraddodiad gorau'r *Lol* cynnar gwnaed hynny gyda llun o ferch noeth ar y clawr yn pwyntio gwn at gopi blaenorol o *Lol.*

Mae'r rhifyn yn enwog bellach am gynnwys lluniau o Mary Millington, un o fodelau noeth enwocaf Prydain ar y pryd (er mai 'Sian' oedd ei henw yn ôl *Lol*). Roedd Mary Millington yn gymeriad diddorol a chymhleth, a disgrifir hi yn yr *Oxford Dictionary of National Biography* fel 'gweithiwr rhyw ac actores'. Ei henw iawn oedd Mary Maxted ac ar ôl ymddangos mewn sawl ffilm bornograffig a gweithio fel putain i gleientiaid dethol iawn, gan gynnwys gwŷr busnes a sêr byd chwaraeon ac adloniant, ail lansiwyd ei gyrfa fel Mary Millington gan y pornograffydd o Gaerdydd a'i chariad ar y pryd, David Sullivan. Bu'n llwyddiant mawr mewn ffilmiau rhyw fel *Come Play with Me,* gan ymddangos hefyd yn ffilm y Sex Pistols *The Great Rock 'n' Roll Swindle,* a bu'n rheolwr ar siopau rhyw Sullivan yn Llundain.

Dywedir nad oedd hi'n ferch hyderus o gwbl ac eithrio mewn sefyllfaoedd rhywiol, ac ar ôl marwolaeth ei mam aeth yn fwy caeth i gyffuriau. Ar ôl i Gyllid y Wlad ddod ar ei hôl i adennill

taliadau treth aeth pethau ar chwâl. Yn 1979 cafodd ei harestio am ddwyn ffrog a lamp o siop ac ar ôl cael ei chroesholi'n frwnt gan yr heddlu aeth i iselder difrifol gan ofni canlyniadau wynebu carchar. Yn Awst y flwyddyn honno lladdodd ei hun gyda chymysgedd o baracetamol a *gin*. Ar ddiwrnod ei hangladd caeodd holl siopau rhyw a sinemas pornograffig Soho am y dydd.

Daeth Robat Gruffudd ar ei thraws ar ddamwain wrth chwilio am fodel yn stiwdios ffotograffwyr yn Putney i ymddangos yn nhudalennau *Lol*. Argraff Robat Gruffudd ohoni oedd ei bod yn 'ferch naturiol a gwerinol, yn amlwg yn mwynhau modelu i'm lluniau diniwed – efallai am eu *bod* mor ddiniwed.'

Roedd gweddill cynnwys *Lol* mor ddeifiol ag erioed a'r targedau yn cynnwys golwg egsgliwsif gan Elwyn Ioan a Lyn Ebenezer ar y 'Cysegr Sancteiddiolaf' neu Glwb y BBC, ac ar y clawr cefn gêm fwrdd newydd 'gwbl Ddiniwed ac Amherthnasol i ddiddori aelodau'r Urdd'…

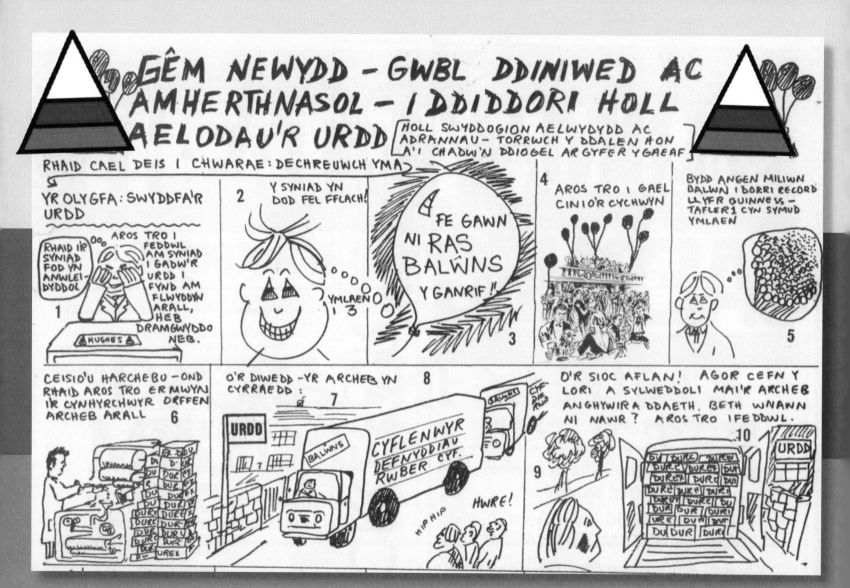

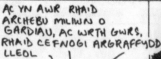

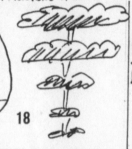

Eilun 'Lol' '75 yw brenhines 'porn' y byd

Cylchgrawn Cymraeg oedd un o'r cyfryngau cyntaf i roi sylw i ferch sy'n adnabyddus erbyn hyn fel un o frenhinesau rhyw y byd.

Ychydig a freuddwydiodd y rheiny a fu'n glafoerio dros luniau merch noeth o'r enw "Sian" yn y rhifyn o "Lol" a gyhoeddwyd ar gyfer Eisteddfod Cricieth y byddai testun eu hedmygedd yn dod yn enwog fel brenhines y cylchgronau a'r ffilmiau porn.

"Sian" yw'r enw a roddodd y Lolfa ar y ferch a ymddangosodd yn y cylchgrawn, ac ar galendrau 1975 a ddosbarthwyd fel posteri. Ond enw iawn "Sian" yw Mary Millington, seren y ffilm "Come Play with Me", a merch sy'n cyfrannu'n gyson i gylchgronau fel "Playbirds", "Lovebirds" a "Whitehouse", ac a gafwyd yn ddi-euog

"Sian" — ei henw iawn yw Mary Millington.

bythefnos yn ôl ar gyhuddiad o gyfrannu i'r "Private".

Gweld hanes yr achos hwnnw yn un o'r papurau a wnaeth i Robat Gruffudd, cyfarwyddwr y Lolfa, sylweddoli mai Mary Millington oedd y model a ddefnyddiodd dros ddwy flynedd yn ôl.

"Yn yr adroddiad datgelwyd ei henw priodasol fel Mary Maxted", medde Robat, "a dyna'r enw a ddefnyddiodd fel model ar gyfer 'Lol.'"

Ar ddamwain y trawodd Robat arni. Tra'n chwilio am fodel addas daeth ar draws enw stiwdio Scotlee yn y cylchgrawn "Amateur Photographer", a threfnodd i dynnu llun model o'r stiwdio honno yn Putney. Y fodel a sicrhawyd iddo

oedd Mrs Mary Maxted, sydd erbyn hyn, fel Mary Millington, yn cael ei chymharu yn yr un anadl â Fiona Richmond.

"'Roedd Mary yn llawer mwy bywiog na'r un model arall a ddefnyddiodd 'Lol', 'roedd hi'n llawn hwyl, ac yn llwyr fwynhau ei gwaith'', medde Robat, a dynnodd y lluniau. "'Doedd dim byd yn hunan-ymwybodol ynddi, ac 'roedd hi'n hollol broffesiynol yn ei gwaith. Cefais y teimlad hefyd ei bod hi'n ferch ddeallus".

Yn ôl Robat cymerodd Mary ddiddordeb mawr yn y ffaith mai mewn cylchgrawn Cymraeg y byddai ei lluniau yn ymddangos.

Gofynnodd i Robat anfon copi iddi i'w chartref ger Dorking.

Swydd Surrey, am mae'n debyg fod y copi hwnnw ganddi o hyd.

Erbyn hyn mae Mary yn fyd-enwog ond cylchgrawn Cymraeg oedd un o'r cyfryngau cyntaf i roi sylw iddi.

Lol arall

A newydd da i Sian, Mrs Maxted, Mary Millington, neu beth bynnag y mynnwch ei galw, yw y bydd olynydd i "Lol" yn ymddangos y flwyddyn nesaf.

Ni ymddangosodd "Lol" eleni, er mawr siom i'r pedair mil o ffyddloniaid blynyddol. "Fe gyhoeddir cylchgrawn tebyg y flwyddyn nesaf", medd Robat. "Hwyrach y newidiwn ni'r enw, a chynnwys mwy o stwff gwleidyddol a chyfoes ynddo. 'Rown i'n teimlo fod 'Lol' wedi mynd i rigol.

"Ond", medde Robat, "fe fyddwn i'n para i gario lluniau o ferched noeth". Cyfle arall i Mary Millington, hwyrach?

MARY MILLINGTON in
DAVID SULLIVAN'S
"Come Play with Me" X

Ffarwél i'r pyrcs

Y byd

- Harold Wilson yn cyhoeddi'n annisgwyl ei fod yn ymddeol fel Prif Weinidog, a James Callaghan yn ei olynu.
- Jeremy Thorpe yn ymddiswyddo fel arweinydd y Rhyddfrydwyr, a David Steel yn ei olynu.
- Yr Undeb Sofietiadd yn galw Thatcher yn 'Ddynes Haearn' ac yn 'hen ast ddrwg y rhyfel oer'.
- 100 yn cael eu lladd a 1,000 yn cael eu hanafu mewn terfysgoedd yn Soweto, De Affrica mewn protestiadau yn erbyn *apartheid*.
- Grwpiau pync roc, fel y Sex Pistols, Clash a Siouxie and the Banshee, yn chwyldroi'r sîn gerddorol Saesneg.

Cymru

- Y Llywodraeth yn cyhoeddi mesur i greu Cynulliad yng Nghymru.
- Plaid Cymru yn ennill mwyafrif ar Gyngor Merthyr Tudful.
- Helyntion yng Ngholeg Prifysgol Bangor am safle'r Gymraeg yn y Coleg. Awdurdodau'r Coleg yn diarddel 4 o arweinwyr y Cymric, gan arwain at fwy o brotestio.
- Sefydlu Cymdeithas y Cymod.
- Dathlu wyth canmlwyddiant yr Eisteddfod yn Aberteifi, lle cynhaliodd yr Arglwydd Rhys yr Eisteddfod gyntaf yn 1176.
- Alan Llwyd yn ennill y Goron a'r Gadair unwaith eto, ond datgelwyd wedyn mai Dic Jones oedd yn fuddugol am y Gadair yn wreiddiol, cyn i'r Eisteddfod ddarganfod iddo dorri un o amodau cystadlu'r Brifwyl.
- Edward H Dafis yn rhyddhau ei drydydd record hir *Sneb yn Becso Dam* ym mis Awst, ac yn cynnal ei 'noson olaf' gyntaf ym Mhafiliwn Corwen yn yr hydref.

LOL

Roedd *Lol* haf 1976 yn un nodedig. Dyma'r rhifyn olaf o *Lol* i gynnwys tomen o luniau o ferched noeth, a'r rhifyn olaf am beth amser hefyd i gael ei argraffu ar bapur sgleiniog.

Roedd sawl rheswm dros benderfynu dirwyn y lluniau noeth i ben. Er bod elfennau o ecsploetio cyfalafol a oedd bellach ynghlwm â phornograffiaeth yn peri peth anesmwythyd i'r Lolwyr, y prif reswm mae'n debyg oedd bod y lluniau yn 'colli eu pwynt'. Doedd y lluniau ddim mor newydd a beiddgar erbyn canol y 1970au, ac mae'n debyg bod hynny hefyd yn wir am gynnwys y cylchgrawn drwyddi draw.

Fel yr hiwmor 'gwleidyddol anghywir', pethau eu cyfnod fu modelau noeth *Lol* erioed – o luniau diniwed y rhifynnau cynnar i luniau 'dangos popeth' 1975 a 1976. Mewn gwirionedd, er iddynt gynhyrfu ychydig ar ddyfroedd parchus y Gymru Gymraeg, doedd dim byd arbennig o feiddgar a mentrus am y ffotograffau, er gwaethaf ymdrechion 'Efa' i wneud defnydd creadigol o Dafod y Ddraig, ac ecstasi rhywiol 'Ann' wrth afael yn nwydus yn ei chopi o *The Welsh Language Today*. O'u cymharu â lluniau rhywiol dychanol cylchgronau lled-danddaearol fel *Oz* (gan gynnwys lluniau noeth y ffeminydd enwog Germaine Greer) a chylchgronau mwy pornograffig y 1970au, digon dof yw 'pyrcs' *Lol*.

Wrth edrych yn ôl teimlir weithiau bod merched noeth *Lol* yn syrthio rhwng dwy stôl *(braidd yn boenus heb ddillad! – gol. Lol)*, rhwng lluniau oedd yn ceisio bod yn bryfoclyd ddychanol a lluniau oedd yn trio bod yn rhywiol ac erotig. Er hynny, roedd y lluniau yn rhan anhepgor o daflu i ffwrdd ddillad dydd Sul startslyd a rhagrithiol Cymru'r 1950au, ac roedd hi'n braf rhedeg rownd yn borcyn yn heulwen blynyddoedd y chwyldro. Ond erbyn diwedd y 1970au a gaeaf adweithiol Magi Thatcher ar y gorwel efallai bod yr hinsawdd wedi troi braidd yn arw i fod yn noethlymun.

Beth bynnag am hynny, Cyngor y Celfyddydau a'i system grantiau oedd dan yr ordd yn rhifyn haf 1976, gydag 'Ann' yn cynhyrfu gymaint wrth ddarllen cerddi beirdd tywyll cyfoes Cymru nes gorfod diosg ei dillad a chael profiad 'mwy ecstatig na phrofiad rhywiol cyffredin'.

Cafwyd stribed cartŵn arall gan Elwyn Ioan ac R. Teifi Tomos yn dychanu prifathro Rhydfelen ar y pryd am gymryd swydd yn cyflwyno rhaglen i HTV, ond roedd y byd darlledu Cymraeg yn ei chael hi drwyddi draw, o *Bobl Cwm Plastig* i'r rhaglen bop *Sŵn Drwg*.

Roedd y rhifyn yma o *Lol* hefyd yn cynnwys cartŵn gwirion o hiliol, ac nid am y tro olaf chwaith…

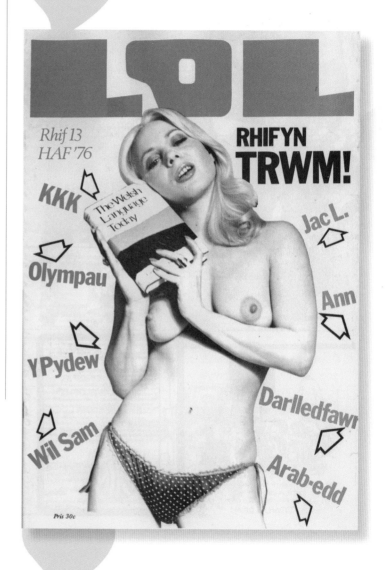

"Un o'r beirdd tywyll 'na wedi ei gwneud hi eto 'leni, Wil."

NAWR, BLANT— BETH YW'R GWAHANIAETH RHWNG **CATH A CHI?**
PLÎS, MISS, MA CATH YN GALLU LLYFU'I THÎN EI HUN, OND **TYDAN NI DDIM!**

KANLYNIAD
KYSTADLEUAETH
KYNLLUN

KLAWR

KYNGOR
KELVYDDYDAU
KYMRU

Barn y
Beirniaid

the drift aldryd haines

CHRISTOPHER DAVIES

SBN 7154 0115 7
Price £1.50

Set in a mining valley in
South Wales. The story of
Alan and Liz, relating to
their different backgrounds,
work, education, etc. and the
outcome

Yn agored i artistiaid Cymreig
neu yn byw yng Nghymru am o
leiaf hanner awr yn ystod eu
hoes.

Yn Vuddugol:
**LEONARDO
SHERRIBINCI**

K
YVLE
i chi ei weld.
Arddangosir y llun
am byth yn
BORIEL
(5ed llawr—
uwchben y
Lolva Lyvu)
Stryd Karlo
Kaerdydd

"Proffesiynol iawn dros ben.
Byddai'n gwbwl amhosibl i
artist amatur gynhyrchu
cynllun o'r fath safon."
—M.CRAFANINI

"Un gwendid yn unig a
welaf yn y kynllun yma, sef
nad yw'r geiriau 'Kynllun
Kachlyd Kyngor Kelvydd-
ydau Kymru' yn weledig
arno. Serch hynny, gan fod
gwychder y cynllun yn
gwneud hyn yn hunan-
amlwg i bawb, fe faddeuir y
nam am y tro ac fe ddyfern-
ir iddo'r wobr gyntaf yn
ddios."
—D.GLEM, c/o Design
Systems International Pty.

"Ardderchog iawn. Clawr
yn ymylu ar y perffaith.
Da gweld absenoldeb llwyr
unrhyw hen arlunwaith &
ati. Dim ond un clawr a
allasai fod yn well, yn fy
marn i, sef clawr a dim byd
o gwbwl. (Neu, o bosib, un
cwbwl ddu.) Ond tan bydd
artistiaid Kymru yn gallu
cyrraedd y safon yna, rhaid
dyfarnu'r wobr i'r cyfaill
hwn."
—N.URINE THOMAS, KVO

"Teimlav fod yr arlunydd
wedi mynegi ystyr y teitl
i'r dim. Beth ynteu YW
ystyr 'The Drift'? Na, dwn
I ddim chwaith —ond poni
welwch chi mai dyna'n
union y PWYNT..."
—rhan allan o feirniadaeth
LEONARDO D'ARCY
(Wales) Ltd.

"Rhaid bod yr arlunydd
wedi treulio 25 mlynedd o
leiaf yn cael y dotiau yna i'r
fath safon o berffeithrwydd.
Mae'r ffaith fod dalen o
'Letratone' i'w gael am goron
yn y siop rownd y gornel
'mond yn gwneud y gamp
yn un i'w hedmygu fwy
byth. Fe'm hatgoffir yn
fyw iawn o fynachod y
canol oesoedd..."
—PSEUDO JONES

Aeth yn rhacs, bethau'n Wrecsam

Y byd

• Y Prif Weinidog, James Callaghan, yn gorfod derbyn cytundeb gyda'r Rhyddfrydwyr yn hytrach na galw Etholiad Cyffredinol.

• Protestio yn erbyn gweithgareddau plaid ffasgaidd y National Front, yn Ne Llundain yn bennaf.

• Yr arweinydd du Steve Biko yn marw mewn ysbyty carchar ym Mhretoria ar ôl cael ei guro a'i boenydio gan heddlu De Affrica.

• Siarter yr Iaith Ffrangeg yn Quebec yn nodi mai Ffrangeg yw iaith swyddogol y dalaith gyda'r bwriad o'i gwneud yn iaith 'arferol a beunyddiol gwaith, addysg, cyfathrebu, masnach a busnes'.

• Blwyddyn Jiwbilî y Frenhines, a'r Sex Pistols yn rhyddhau sengl 'God Save the Queen'. Cafodd y gân ei gwahardd yn syth gan y BBC a gweddill y cyfryngau ym Mhrydain.

Cymru

• Y Llywodraeth yn cyhoeddi bwriad i gynnal refferendwm ar ddatganoli yng Nghymru a'r Alban.

• Adroddiad Annan ar ddyfodol darlledu yn argymell neilltuo'r bedwaredd sianel yng Nghymru ar gyfer rhaglenni teledu Cymraeg, ond gohirio gweithredu hyn am flwyddyn.

• Sefydlu Radio Cymru.

• Rhodri Williams yn Gadeirydd Cymdeithas yr Iaith (ymhen rhai blynyddoedd mi fyddai'n Gadeirydd Bwrdd yr Iaith a Chyfarwyddwr OFCOM yng Nghymru).

• Cyhoeddi *Dyddiadur Dyn Dŵad* gan Goronwy Jones ym mhapur bro Caerdydd *Y Dinesydd*. Cwynion bod hanesion llanc ifanc yn diota a gamblo yn ymddangos mewn cylchgrawn mor barchus â phapur bro ac y dylai'r cyfraniadau hyn gael eu gwahardd. Yn dilyn y ffrae mae Siân Edwards, golygydd *Y Dinesydd*, yn ymddiswyddo a daw Goronwy Jones yn un o ffigurau diwylliannol pwysicaf Cymru.

• Cân Y Trwynau Coch, *Merched dan Bymtheg*, yn cael ei gwahardd gan orsaf radio Sain Abertawe.

• Tecwyn Ifan yn rhyddhau ei record hir gyntaf *Y Dref Wen*.

LOL

Am y tro cyntaf ers 1965 ni chafwyd rhifyn o *Lol* yn Eisteddfod Genedlaethol Wrecsam.

Yn ôl Robat Gruffudd ac Elwyn Ioan y rheswm am hynny oedd diffyg arian, a rhoddwyd y bai yn sgwâr ar y Cyngor Celfyddydau gan ddatgan mai diben system grantiau arian cyhoeddus y KKK i gylchgronau yn y Gymraeg oedd 'ei chyfyngu'n fwriadol i gylch bach crachaidd, addysgedig, mewnblyg y bobl wedi'u hynysu oddi wrth drwch y boblogaeth.' Ychwanegwyd y byddai'r Lolfa bellach yn canolbwyntio ar gyhoeddi deunydd ysgafn yn y Gymraeg mewn llyfrau.

Mewn ymateb tynnodd Meic Stephens, Cyfarwyddwr Llenyddiaeth y Cyngor Celfyddydau, sylw at y ffaith nad oedd *Lol* wedi gwneud cais am gymorth felly nid oedd y KKK wedi gwrthod rhoi grant i'r cylchgrawn. Rhoddwyd cefnogaeth i'r Lolwyr gan Dafydd Elis-Thomas yn ei araith fel Llywydd y Dydd yn yr Eisteddfod; gan ddadlau bod gormod o arian cyhoeddus wedi mynd i noddi cylchgronau

diwylliannol uchel-ael a hynny ar draul diwylliant poblogaidd. Rhaid troi at dudalen 3 papurau poblogaidd Lloegr os am weld merched noeth, meddai, gan ychwanegu nad oedd hawl bellach i weld merched noeth Cymraeg eu hiaith – wel, ddim yn gyhoeddus o leiaf…

Mae'n debyg mai cymryd cyfle i wneud pwynt am drefn gymorthdaliadau'r KKK a wnaeth golygyddion *Lol* ond, mewn gwirionedd, roedd rhesymau eraill dros beidio cyhoeddi. Efallai bod angen tynnu anadl a chanfod cyfeiriad newydd wrth i fwrlwm degawd cyntaf *Lol* bylu. I raddau, roedd diflaniad *Lol* yn adlewyrchiad o hinsawdd economaidd a gwleidyddol anoddach canol y ddegawd yn dilyn elwch ffrwydradau cymdeithasol lliwgar y blynyddoedd cynt.

Ni ildiodd Y Lolfa i lwydni anobaith yn llwyr yn y cyfnod oherwydd yn y blynyddoedd hyn cyhoeddodd y wasg y cyfrolau cyntaf yng *Nghyfres y Beirdd Answyddogol*. Rhwng 1976 a 1996 cyhoeddwyd 25 o gyfrolau gwych, gwael a goganllyd – oedd i ryw raddau yn fynegiant, mewn cyfrwng arall, o'r meddylfryd Lolaidd.

Beth bynnag oedd y rheswm, roedd yn amlwg fod *Lol* wedi llwyddo i ennill ei blwyf ar y Maes, dros y deuddeg mlynedd cynt, ac roedd Steddfodwyr yn gweld colled ar ei ôl. Doedd Eisteddfod ddim yn Eisteddfod bellach heb bresenoldeb y cylchgrawn gwamal. Aeth Dic Jones mor bell â chyfansoddi *Cywydd Marwnad Lol* yn galaru am ei absenoldeb, a chwyno 'Aeth yn rhacs bethau'n Wrecsam', a 'Heb ei lais hoff, ba les ha'?/ ba hwyl? Ba Ŵyl? Ba Walia?'

The National Welsh Newspaper   DYDD MAWRTH, MAI 24, 1977   Tel: Oswestry 5321/4004   24-5-77

DIM LOL ELENI

Ni fydd "Lol" yn ymddangos yn yr Eisteddfod Genedlaethol eleni. Ar ôl ymddangos yn ddi-dor am ddeuddeng mlynedd, cyfnod a welodd un achos o enllib yn cael ei ddwyn yn erbyn y cylchgrawn, yn ogystal a nifer helaeth o fygythiadau cyfreithiol eraill, gorfodwyd i'r Golygyddion, Robat Gruffudd ac Elwyn Ioan roi'r ffidil yn y to.

Y rheswm, yn ôl y ddau, yw diffyg arian, a beirniadant yn hallt agwedd Cyngor y Celfyddydau yn arbennig am ei ddiffyg cefnogaeth i gylchgronau ysgafn.

O hyn ymlaen bydd y Lolfa yn rhoi'r gorau i gyhoeddi cylchgronau, gan ganolbwyntio ar gyhoeddi deunydd ysgafn ar ffurf llyfrau.

Mewn datganiad swyddogol a wnaed yn arbennig i'r CYMRO dywedodd y ddau ar ran y Lolfa, cyhoeddwyr "Lol":

"Trist gennym ddatgan na chyhoeddir 'Lol' eleni, am y tro cyntaf ers deuddeng mlynedd, am resymau ariannol. 'Nid yw 'Lol' erioed wedi cael yr un ddimai o grant gan neb. Y mae'n anhygoel adwy i feddwl, yn ystod y deuddeng mlynedd diwethaf, yn wyneb y prinder aruthrol — yn wir, yr absenoldeb llwyr — o gylchgronau ysgafn i ddynion, i ferched, i'r arddegau, nad oes yr un corff yng Nghymru sy'n rhoi unrhyw gefnogaeth i'r cyhoeddiadau hyn.

"Er mawr glod iddynt, mae'r Urdd a Merched y Wawr wedi defnyddio peirianwaith eu mudiadau i geisio cyhoeddi rhywbeth o'r fath, ond yn anffodus cylchgronau 'mudiadol' yw'r rhain, nid rhai poblogaidd yn yr ystyr fasnachol.

"Yn hytrach, y mae'r £294,000 a gafodd Pwyllgor Llenyddiaeth Cyngor Celfyddydau Cymru eleni i gyd yn mynd i gefnogi 'llenyddiaeth' a 'chelfyddyd' yn yr ystyr Seisnig; a £62,470 ohono i gylchgronau fel 'Barn' a'r 'Faner', nad oes neb yn eu darllen.

"Dyma'r ffordd gyfrwysaf, effeithiolaf o ladd iaith a ddyfeisiwyd erioed, sef ei chyfyngu'n fwriadol i gylch bach crachaidd, addysgedig, mewnblyg y bobl wedi eu hynysu oddi wrth drwch y boblogaeth. Ar yr un pryd tanseilir annibyniaeth ariannol a syniadol y weisg, a throi'r holl ddiwydiant cyhoeddi yn glwb i lyfu a seboni.

"Y felltith fwyaf a ddigwyddodd i'r iaith Gymraeg yw nid yr elyniaeth agored a gafodd gan Lywodraeth Loegr, ond y 'gefnogaeth' ddieflig hon sy'n gofalu na chyhoeddir yn yr iaith ddim byd gwirioneddol boblogaidd, deniadol a hwyliog.

"Dylid pwysleisio nad oes ychwaith yr un ddimau o arian y Llywodraeth i lyfrau Cymraeg i oedolion (y £25,000 a ddosberthir gan Wasg y Brifysgol) yn mynd tuag at gylchgronau o unrhyw fath. Ni all dyn lai na dychmygu bod cynllwyn bwriadol ar waith yn rhywle.

"Hyd nes y bydd modd cyhoeddi cylchgronau ysgafn Cymraeg yn fasnachol, nid oes inni ddewis fel gwasg ond canolbwyntio ar geisio cyhoeddi deunydd o'r fath ar ffurf llyfrau".

CYWYDD MARWNAD LOL

Dic Jones

Aeth yn rhacs bethau'n Wrecsam,
A gŵyr pawb o'r gorau pam, —
Y mae y wlad heb ddim Lol
Yn rhyfedd o ddifrifol.

Mwy ni welir manylwaith
Bron na thor na chedor chwaith,
Na chydwenu uwch deunydd
Cartwnau sgandalau'r dydd.

Pwy'n awr rydd i lawr lên
A hiwmor pwll y domen?
Pa lais i hyfforddi'r plant
Yn nhrymion bethau rhamant?

Mwyach 'does angen Senswr,
Aeth i giw'r di-waith y gŵr,
Wedi cael gwneud gormod c'yd
Ai pris gŵr pres seguryd?

Mwrnio mae mawrion mwyach
Ar wely'r hen bapur bach,
Pwy a ddwg yn amlwg nawr
Dorf eu gwendidau dirfawr?

Ar wedd yr Orsedd ers tro
Mae galar am ei gilio,
Yn afon hallt llifo wnaeth
Ar ruddiau'r archdderwyddaeth,
Ac aeth y loes, does dim dau,
Yn wlith drwy'r etholaethau.
Mae'r Private Eye lonnai Lys
A'i ddidwylledd deallus?

Y mae'n hirlwm yn Harlech,
A'r Bî Bî Sî heb rudd sech,
Mae'r beirniad adeiladol?
Mae'r rhywiol lais os marw Lol?

Mae'n wag heb y miniogwit,
Heb Lol a'i arloesol wit,
Llanwai dwll ein diwylliant
A byw yn gry heb un grant,

Walia Rydd! i ble y rhêd
Os gwel eisiau rôls closed?

'Does fun dlos o'n hachos ni
Yn dal annwyd eleni,
Na'r un er mwyn yr heniaith
Yn bwrw'i bra i hybu'r iaith.

Trydar o alar yn haid
Mwy ei gnul mae gwenoliaid,
Rhoi saliwt yr isel wib
Uwchben ar gyrch buanwib,
Ba ryw haf heb ei bryfed?
I'r glaw daw, mae Lol yn ded.

Darfu Cynan â chanu,
Aeth Jac El i'w dawel dŷ,
Wil Edwards — anweladwy,
Ac Elystan Morgan mwy.
Heb darged ba fwled fydd?
Ba ddiddanwch heb ddeunydd

Pa rin i'r Par Brenhinol
Eu lwbili hwy heb Lol?
Ba ddathlu heb ei ddoethlef?
Sut y bydd Awst hebddo ef?
Heb ei lais hoff; ba les ha'?
Ba hwyl? Ba Wyl? Ba Walia?

73

Arts Council blamed as magazine misses Eisteddfod

Joint editors Elwyn Ioan (left) and Robat Gruffydd at their printing works at Talybont, near Aberystwyth, with a copy of Lol.

THE WELSH satirical magazine "Lol" — the first of its kind to feature a full frontal nude — will not appear at this year's National Eisteddfod.

The magazine has appeared annually for the past 12 years at the Eisteddfod, but the joint editors issued a statement yesterday explaining why it will not be distributed at Wrexham in August.

Mr. Robat Gruffudd and Mr. Elwyn Ioan blamed heavy losses they had faced in recent years.

They said that in future the publishers of the magazine Lolfa, of Talybont, near Aberystwyth, and many other Welsh publishers of books and magazines, would be forced to abandon all their ideas of publishing light-hearted material because of the Arts Council's attitude.

They said they had not applied to the Arts Council for a grant because they did not feel it was worthwhile. They also explained that they would now have to concentrate on publishing light-hearted material in book form alone.

"The £294,000 given to the literary committee of the Welsh Arts Council this year all goes towards backing literature and art in the English sense and £62,470 of it to Welsh magazines like Barn and Y Faner," the editors said.

"This is the most cunning and effective way of killing a language that was ever devised in that it is deliberately restricted to a small, highbrow clique of academics, inward-looking people who have been insularised from the people.

"The biggest curse that has ever happened to the Welsh language is not the open enmity from the Government but this devilish 'support' which ensures that nothing really popular, attractive and effervescent is ever published in Wales.

"Until the time when it will be possible to publish light Welsh magazines commercially, we have no choice as a Press other than to concentrate on publishing this type of material in book form only," added the joint statement.

The Welsh Arts Council's assistant director in charge of literature, Mr. Meic Stephens, said last night it would be unwise to treat seriously a magazine or a publication which did not wish to be treated seriously.

"There are, nevertheless, substantial misrepresentations in the publishers' statement which are so ridiculous as to be not worthy of argument. There has not been in recent years an application from this publisher in respect of this magazine and the Arts Council has therefore never had the opportunity of considering it.

"At the same time, the Welsh Arts Council allocation to the literary committee in the current financial year is spent in such a variety of ways that books in the 'popular' categories do receive Arts Council support on a wide and substantial scale."

Yr ailddyfodiad

Y byd

• Mrs Thatcher yn dweud bod perygl i ddiwylliant Prydain gael ei foddi gan ddylanwad estroniaid.

• Ioan Pawl I yn marw ar ôl dim ond 33 diwrnod fel Pab. Ethol Ioan Pawl II yn ei le – y Pab cyntaf o Wlad Pwyl.

• Yr Arlywydd Sadat o'r Aifft a Phrif Weinidog Israel, Menachem Begin, yn ennill Gwobr Heddwch Nobel.

• Dechrau 'protest fudur' carcharorion Gweriniaethol yn Mlociau H, carchar y Maze, Gogledd Iwerddon, dros yr hawl i gael statws carcharorion gwleidyddol.

• Bom gan genedlaetholwyr Llydewig yn achosi difrod i Balas Versailles. Erlidiwyd llawer o genedlaetholwyr Llydewig o ganlyniad i'r ymgyrch fomio.

Cymru

• Derbyn Mesur Cymru ynghylch sefydlu Cynulliad ond gyda gwelliannau. Y pwysicaf o'r rhain oedd y gwelliant oedd yn mynnu bod rhaid i 40% o'r etholwyr bleidleisio o blaid ffurfio Cynulliad.

• Papur Gwyn y Llywodraeth yn rhoi addewid pendant i sefydlu Sianel Gymraeg.

• Achos Cynllwynio Blaenplwyf – ar ôl dau achos llys carcharwyd Wynfford James a Rhodri Williams am 9 mis am gynllwynio i ddifrodi offer ym mast Blaenplwyf fel rhan o ymgyrch ddarlledu Cymdeithas yr Iaith.

• Ymgyrchu gan fyfyrwyr Cymraeg ym Mhrifysgol Gogledd Cymru Bangor yn erbyn Seisnigo gogledd Gwynedd gan gynlluniau'r Coleg i ehangu. Canlyniad hyn yw diarddel a gwahardd 7 aelod o UMCB o'r Coleg am eu rhan mewn protestiadau.

• Neil Kinnock, AS yn atgyfnerthu ei hygrededd gwrth Gymraeg drwy wneud cyhuddiad cyfeiliornus yn erbyn un o ysgolion cynradd Gwynedd bod athrawon yn rhwystro plant rhag mynd i bi-pi oni bai eu bod yn gofyn yn Gymraeg.

• Cyrch Operation Julie yr heddlu yn erbyn rhwydwaith dosbarthu cyffuriau yng nghefn gwlad Cymru.

• Y Ganolfan Iaith yn agor yn Nant Gwrtheyrn.

• Geraint Jarman yn rhyddhau ei albwm *Hen Wlad Fy Nhadau*.

LOL

Dychwelodd *Lol* i'r byd hwn yn ystod gaeaf 1978.

Roedd y fformat yn gwbl wahanol i'r rhifynnau blaenorol. Nid cylchgrawn sgleiniog ond papur tenau oedd *Lol* ar ei newydd wedd, ac nid oedd merch noeth ar ei gyfyl (ac eithrio bronnau plastig Dr Hywel Ffiaidd). Roedd peth deunydd cyfarwydd – hiwmor a chartwnau dwl, rhai yn fwy doniol na'i gilydd – ond yr hyn oedd yn nodweddu cynnwys y cylchgrawn yn fwy na dim oedd straeon a dychan gwrthsefydliad, gan osod y cywair am y degawdau i ddod. Efallai bod y ffurf a'r cynnwys yn newydd, ond roedd rhai o'r targedau yn gyfarwydd, ac yn dal i adlewyrchu rhagfarnau a safbwyntiau'r golygydd, megis y KKK, yr Urdd a'r Cyngor Llyfrau.

Yn y rhifyn yma hefyd y cafwyd colofn newydd gan geidwad buchedd y genedl, Gwladys Whitehouse Jones. Roedd yn amlwg bod y *Lol* newydd yn bwriadu dilyn trywydd llawer mwy

moesol, Cristnogol a syber na'r hen *Lol,* oherwydd fel dywedodd y golygyddol:

'Yn yr ugeinfed ganrif fondigrybwyll hon, ni raid imi ymhelaethu nag esbonio'r argyfyngau moesol, dirfodol a ieithyddol sy'n rhychwantu'r rhychwantau. Creisis yr iaith Gymraeg yw creisis dyn. Fy nghonsýrn moesol a'm dyletswydd felly yw trawsnewid LOL o fod yn gylchgrawn arbenigol i leiafrif esoterig i fod yn BAPUR POBLOGAIDD TEULUOL CRISTNOGOL, yn lledaenu newyddion da am y gwerthoedd moesol sylfaenol sy'n ymhlyg yn ein hysyniad am Gymru, am ddyn, ac am Dduw.'

Amen i hynny.

"I beth ma nhw'n codi'r estyniad newydd 'ma te?"
"O wedi clywed ma nhw bod Jane Edwards yn meddwl sgrifennu nofel arall."

LLAW DWYFOL YN ARWYDDO
BEIBL Y CHWANT
MEWN LLIW

Yn y gwasanaeth a gynhaliwyd yn Seilo, Aberystwyth i lawnsio Beibl y Chwant, cafwyd tystiolaeth derfynol mai â llaw Dwyfol y'i ysgrifennwyd. Dyma roi taw ar ganrifoedd o ddadlau diwinyddol ynglyn ag awduraeth y Llyfr Sanctaidd. Derbyniodd rhai aelodau o'r wasg gopiau wedi eu llofnodi'n bersonol gan yr Awdur. Sef wrth gwrs, Alan Llwyd.

Diau y bydd miloedd o Gymry nawr yn tyrru i'r gorlan Efengylaidd yn wyneb y prawf hwn o blaid awdurdod Dwyfol y Gair.

Ond nid dyma'r unig ffaith syfrdanol yn hanes rhyfedd Beibl y Chwant (Mewn Lliw). Os yw yn garreg filltir diwinyddol, mae hefyd yn garreg filltir lachar yn hanes Cyfalafiaeth Gymreig. Ystyriwch y ffeithiau hyn:

1. Sicrhaodd Christopher Davies (Wales) Ltd. grant o £5,000 gan Gyngor y Celfyddydau a £8,000 gan y Cyngor Ysgolion Sul.

2. Y dasg nesaf oedd sicrhau'r elw mwyaf posibl i bocedi Christopher Davies (Wales) Ltd. eu hunain a'r elw lleiaf posibl i bawb arall. Y cynllun cyntaf a drafodwyd oedd y posibilrwydd o gael pobl i ddosbarthu'r Beibl ledled Cymru o dan y Cynllun Creu Gwaith. Byddai'r gost i C.D. yn ddim a'r gost i'r llywodraeth (sef i ni) yn filoedd lawer o bunnau, ond cwympodd y cynllun yma drwyddo.

3. Aeth C.D. wedyn at y prif ddosbarthwyr llyfrau yng Nghymru, sef y Cyngor Llyfrau Cymraeg. Y telerau a gynigiwyd iddynt oedd: rhaid cymryd nifer anhygoel o gopïau (rhyw 5,000); gostyngiad o 25% + 5% am ddosbarthu —sef 30% yn unig o'i gymharu â'r gostyngiad arferol o 43%–45%; a —hyn sy'n anhygoel— rhaid TALU LAWR. Mae hyn yn hollol groes i arfer y fasnach lyfrau, a'r Cyngor, o ganiatau tan ddiwedd y mis ar ôl y bil, i dalu. Gwrthododd y Cyngor y telerau afresymol hyn.

4. Wedyn daeth y Brein-Wêf! Sef, fel y gwyddom, i ddosbarthu'n uniongyrchol i'r Ysgolion Sul. Cai'r rhain ostyngiad o 25% (£3.75 o'i gymharu â'r pris gwerthu "swyddogol" o £5); gallai'r Ysgolion Sul wedyn eu gwerthu am £4 sef am yr elw aruthrol o 25c y copi iddynt hwy! Ond y fantais fawr i gyfalafwyr Christopher Davies (Wales) Ltd. oedd —caent yr arian YMLAEN LLAW. Hyd yn hyn gwerthwyd

gwerth dros £50,000 o'r Beibl o dan y cynllun yma.

5. Yn hytrach na lawnsio'r llyfr yn onest fel menter gyhoeddi fasnachol, trefnwyd gwasanaeth grefyddol gyfoglyd yn Seilo, Aberystwyth, ac eitem deledu yn Siop y Pethe, Aberystwyth. Yr unig broblem ynglŷn â hyn oedd—doedd y siopau (sef asgwrn cefn y diwydiant gyhoeddi) heb gael copïau eto! ! Buan y goresgynwyd y broblem hon trwy i C.D. roi dyrnaid o gopïau i Gwilym Tudur cyn dechrau'r telediad —a'u cymryd yn ôl wedyn!

6. Rhoddwyd copïau gyda hyn i'r Cyngor Llyfrau. Llwyddasant i berswadio C.D. i aros y mis arferol am eu harian ond gorfodwyd iddynt dderbyn yr un gostyngiad ag o'r blaen —sef dim ond 25% + 5%.

7. Un pwynt bach diddorol i gloi. Yn y gwasanaeth yn Seilo roedd y pregethwr yn diolch yn ddagreuol iawn i fab bach John Phillips, rheolwr C.D., am gael y fath syniad athrylithgar yn ei wely un bore etc. etc. OND pwy mewn gwirionedd gafodd y syniad y lle cynta, a'i roi i wasg C.D. —ai y mab bychan —neu Gwilym Tudur? ?

Prun bynnag gobeithio wir fod penderfyniad C.D. (Wales) Ltd. i

fynd â'r ail argraffiad i Loegr yn mynd i olygu na chaiff rhagor o ddagrau crocodeil eu colli yng Nghymru dros y fenter farus hon.

*MWY am Christopher Davies yn "Rhwng y Colofnau"—tudalen 2......

DR HYWEL A BLODWEN

Lluniau o berfformiad y Dr yn y Pier, Aberystwyth ddechrau'r flwyddyn

Prys Eds a Brenin Efyresd

Y byd

- Refferendwm Datganoli yn yr Alban. Y bleidlais Ie yn ennill o 51.62% i 48.38%. Ond ni chaiff Senedd ei sefydlu oherwydd bod angen i 40% o'r rhai sydd ar y rhestr etholwyr gefnogi'r bwriad.

- Blwyddyn 'y gaeaf anniddig', gydag anghydfod diwydiannol yn y sector cyhoeddus yn arwain at sbwriel heb ei gasglu, ysbytai yn gwrthod cleifion a thoriadau yng nghyflenwadau bwyd a phetrol.

- Y Torïaid yn manteisio ar y canfyddiad o anhrefn cymdeithasol i ennill yr Etholiad Cyffredinol, a chychwyn teyrnasiad Margaret Thatcher fel Prif Weinidog.

- Chwyldro Islamaidd yn Iran yn disodli unbennaeth y Shah a daw'r Aiatola Khomeini i rym.

- Gwrthryfelwyr y Sandinista yn cipio grym yn Nicaragua ac yn disodli'r unben Somoza.

- Damwain yng ngorsaf niwclear Three Mile Island ym Mhennsylvania, lle bu bron i graidd yr adweithydd doddi'n llwyr.

- Yr Ynys Las (Grønland/Kalaallit Nunaat) yn ennill elfen gref o hunanlywodraeth oddi wrth Denmarc.

Cymru

- Cymru yn gwrthod Datganoli o bedwar i un mewn refferendwm a gynhaliwyd ar Ddydd Gŵyl Ddewi. Y cyfanswm a bleidleisiodd Ie oedd 243,048 (20.26%) a'r rhai a bleidleisiodd Na oedd 956,330 (79.74%).

- Cyn yr Etholiad Cyffredinol cafodd Aelodau Seneddol Plaid Cymru addewid gan y Llywodraeth o iawndal i chwarelwyr a glowyr.

- Yng Nghymru enillodd y Torïaid 11 sedd yn San Steffan, y nifer mwyaf ers dros ganrif. Collodd Gwynfor Evans sedd Caerfyrddin a daeth Keith Best yn AS Torïaidd dros Ynys Môn.

- Y Llywodraeth Dorïaidd yn mynd yn ôl ar ei gair o ran sefydlu Sianel Gymraeg, gan esgor ar brotestiadau a gweithredu gan Gymdeithas yr Iaith.

LOL

Am y tro cyntaf erioed cyhoeddwyd *Lol* yn y gwanwyn. Ymddangosodd y rhifyn rai wythnosau cyn y Refferendwm enwog ar Ddatganoli, a'r prif gynnwys yw erthygl ddychanol ar helyntion Coleg Prifysgol Gogledd Cymru Bangor, a'r gwrthdaro fu yno rhwng Undeb Myfyrwyr Colegau Bangor (UMCB) a sefydliad Seisnig y Coleg dan arweiniad y Prifathro, Syr Charles Evans (mynyddwr a fu bron â chyrraedd copa Everest (ond ddim cweit)). Awdur yr erthygl yw Iwan Edgar, un o'r myfyrwyr a waharddwyd gan awdurdodau'r Coleg.

Mae'r rhifyn yn gofiadwy hefyd am gynnwys slip papur y tu mewn yn nodi ymddiheuriad hir i Prys Edwards, Urdd Gobaith Cymru, am eitem fer amdano a ymddangosodd yn y rhifyn hwnnw. Roedd yr eitem wreiddiol yn haeru bod Mr Edwards yn gweithredu ar ran Bwrdd Datblygu Cymru Wledig i ddewis tendrau ac ar yr un pryd mewn modd i gynnig y tendrau hynny i'w gwmni penseiri ei hun. Gorfodwyd *Lol* i syrthio ar ei fai ac roedd yr ymddiheuriad ar y ddalen arbennig yn helaeth, gan gydnabod bod 'y

ffeithiau a argreffir yn gwbl anghywir a di-sail' ac yn cynnwys datganiadau hefyd gan Brif Weithredwr Bwrdd Datblygu Cymru Wledig a Cyril Hughes, Cyfarwyddwr yr Urdd, yn pwysleisio na fu unrhyw gamymddygiad gan y Bonwr Edwards.

Er gorfod ymddiheuro, roedd stori Prys Edwards a hanes 'Brenin Efyresd' yn eu ffyrdd gwahanol yn arwyddion pendant o'r llwybr yr oedd y *Lol* newydd am ei droedio yn y blynyddoedd i ddod, drwy geisio cadw'r elfen ddychanol, wirion ond gan hefyd hwylio'n agos i'r gwynt drwy fynd ar ôl straeon caletach oedd yn ceisio dinoethi mwy o ragrith y 'Sevydliad' yng Nghymru.

THE DAY THE WELSH ROSE
A Farcical Comedy in Three Acts
(Drama yn Theatr y Werin, Aberystwyth)

Petai y Cymry'n codi —dyna ffars:
Tebycach chwyldro ar y blaned Mars.
Pwy caech chi i neud y job —cenedlaetholwyr?
—Mae'r rheini i gyd yn selog ddatganolwyr.
Falle caech chi lenor, yn cael grant
I **sgwennu** dyle'r Saeson gachu bant—
Neu Athro Coleg, falle, i chwifio'r ddraig,
Ond gallwch fod yn siŵr —dim un Cymraeg!
Pwy arall sy'? —rhyw Ddysgwr diletantaidd,
Neu ganwr pop, neu Efengylwr sanctaidd?
Ond... cefais ateb, do, os yw'n ffantastig:
Milwyr Mistar Urdd o fflwff a phlastig
Yw'r unig bosibilrwydd, yng Nghaerdydd
I hawlio adeiladau'r Gymru Rydd!
O, chwarter gwlad o bobol hanner pan,
Pa ddisgwyl i'r fath giwed godi lan!

Sgrifennwyd cyn y Refferendwm (petai gwahaniaeth am hynny)

R.G.

Llun gan Elwyn Ioan ar gyfer cyfweliad hirwyntog rhwng Lol *a Henri Crappe, y llenor Ffranco-Welsh*

Y Brenin Efyresd a'r Myfyrwyr Drwg

Chwedl o'r Ugeinfed Ganrif

GAIR O GYFLWYNIAD

Mae'r chwedl hon yn sôn am rai o'r pethau ddigwyddodd yng ngholeg Bangy o fis Tachwedd, y flwyddyn 1978, O.C., ymlaen. Fel pob chwedl dda, nid yw'n ceisio catalogio pob digwyddiad yn beiriannol. Yn wahanol i adroddiad papur newydd neu deledu, y mae'n neidio o ddarlun i ddarlun, o le i le, o amser i amser, fel pryf yn jolffa am ei damaid o gachu i gachu ar adladd doreithiog, warthegog.

CEFNDIR

Yr oedd gwŷr mawr coleg pwysig UCNW yn ninas Bangy yn ceisio â phob tegwch amddiffyn ei sefydliad hyglod yn erbyn ymosodiadau difaol carfan fechan o fyfyrwyr drwg, drwg, anghyfrifol. Yn cynorthwyo awdurdod y coleg, wrth reswm, yr oedd bôn-braich cyfraith ein gwlad yn ffurf yr enwog Heddlu Gogledd Cymru, neu a rhoi ffurf anwes ar yr enw, Contbastardiwlari Gogledd Cymru. Ond ynghyd â'r Contbastardiwlari yr oedd ar waith i'r un perwyl garfan fwy nerthol o'r hanner sef haid o Ddewiniaid grymus. Cyflogwyd y rhain ar frys gan y coleg i ymddangos yn rhith darlithwyr nes eu bod yn ymdoddi'n esmwyth i blith gweithwyr eraill yn y coleg.

Yr oedd ffydd awdurdodau'r coleg yn y Dewiniaid ystrywgar yn gryf tu hwnt, a'u henw ydoedd Cylch (Cyfrin) y Darlithwyr Cymraeg (Y Majic Syrcl). Gwŷr hynod oeddynt o wlad a elwid yn Dir Canol —y tir fel Annwfn gynt nad ydyw yn unman, eto fyth y mae yn bod ar ryw ffin yn y dychymyg, ar ryw ffens yn nyfnderoedd y darfelydd.

****

CYFARFYDDIAD TRI CHRYFION WR UCNW

a'r Brenin Efyresd.
Darth Yr Arglwydd Kelnayg a Syr Efyresd Y Br...

"Iw shwd gif ut yp et wons, Syr ...

Jeli —troellwr recordiau mor esmwyth â sebon.

Yr Athro O'Vaughan: Cymro hynod o dras Gwyddelig fel yr awgryma ei enw. Cyfarwyddwr corfforaeth grio ryng-wladol.

Al Institiwshons: gŵr sy'n cenhadu i achub sevydliadau ac yn barod iawn i warchod UCNW annwyl. Gŵr craff ac uchelgeisiol yn gorfod ymgodymu â'r anfaintais o fod yn Gymro. Da was, da a ffyddlon, crafa ddigon a chei fod yn Athro ryw ddydd.

R.Tremion Jòs: gŵr a fu'n gyfaill mynwesol —neu dînwesol? — i gadeiriau esmwyth ar hyd ei oes ac yn glynu'n selog atynt. Er hynny y mae'n ŵr tra diwyd yn trefnu chwyldroadau mawr ar draws y byd o'i stydi.

Docdor Gwyn Swpyrman: croeswr traeth mynych er mwyn cael bod mewn man heb fod yn dir na môr.

GWYN GWAS BACH A'R CYLCH CYFRIN

Yr oedd Gwyn yn siarad yr un iaith â'r Cylch ac aeth at y Cylch i ddarlithfa dywyll i ddweud beth a fynnai'r Tri Chryfion Ŵr.

Ar ôl derbyn y neges gan y Gwas Bach, sibrydodd y Cylch rhyw eiriau o hud a chyfaredd, cyn llafarganu truth ledrithiol, cyn trafod y gorchmynion yn fanwl a chwym, cyn dwys-ystyried pob agwedd arnynt, cyn ffyrnigo atynt, cyn tyngu llŵon dychrynllyd-arswydus-ddamniol yn eu herbyn — cyn ufuddhau yn llwyr iddynt.

Parhad—tudalen ôl...

Tudalen 5!!
Barn
MARY MILLINGTON

4ydd Ebrill 1979

Dymuna *Lol* ymddiheuro i Prys Edwards am yr erthygl a gyhoeddir yn y rhifyn hwn. Deallwn fod y ffeithiau a argreffir yn gwbl anghywir ac yn ddisail. Derbyniwn y gweithreda Prys Edwards yn gwbl broffesiynol yn ei waith fel pensaer ac yn gwbl wirfoddol yn ei gysylltiad â'r Urdd. Deallwn fod Prys Edwards yn aelod o Bwrdd Datblygu Cymru Wledig, ac nad yw ar y Pwyllgor Adeiladu nac ychwaith y Pwyllgor Ariannol. Nid yw mewn sefyllfa i ddewis tendrau nac ychwaith mewn modd i'w cynnig hwy.

Nodir odditano ddatganiadau gan Bwrdd Datblygu Cymru Wledig ac Urdd Gobaith Cymru.

Bwrdd Datblygu Cymru Wledig

Ni fu unrhyw gamymddygiad ar ran Mr Edwards, Y Bwrdd, Swyddogion y Bwrdd na Phwyllgor Adeiladwaith y Bwrdd. I'r gwrthwyneb, dilynwyd yr holl reolau yn gywir.

Dr Skiwis *(Prif Weithredwr)*

Urdd Gobaith Cymru

Nid yw Ifan Prys Edwards yn "gyfarwyddwr Cwmni Urdd Gobaith Cymru". Ar hyn o bryd ef yw Cadeirydd Cyngor yr Urdd, swydd gwbl wirfoddol a di-dâl. Nid yw erioed wedi gofyn am gostau teithio, bwyd, cynhaliaeth nag unrhyw gostau arall am ei fynych deithiau yn enw'r Urdd ledled Cymru a thuhwnt. Ar ben hyn oll, cyfranna'n flynyddol i goffrau'r Urdd trwy Gyfamod.

Yn y dyddiau pan oedd Prys Edwards yn bartner mewn ffyrm o benseiri, byddai'r Urdd yn talu i E.Francis-Jones, Prys Edwards a Chymrodyr am bob gwaith cynllunio ac yna fe gyfrannai Prys ei ran ef o'r elw i'r Urdd. Gan nad oedd yn hawlio unrhyw fath o gostau teithio nac fel arall am arolygu'r gwaith adeiladu ni aeth yr un geiniog o arian yr Urdd i'w boced ef.

Ers sefydlu Uned Penseiri Prys Edwards ni ofynnwyd i'r Urdd dalu am y swmp mawr o waith a gyflawnwyd gan Prys Edwards a'i staff ar gais yr Urdd.

Yn fy mhrofiad i, costio'n ariannol i Prys Edwards wnaeth ei gys[...] ac ystyriaf fod y mudiad yn arbennig o ffodus i dderbyn gwasana[...] gyda'r fath barodrwydd, a hynny'n gwbl wirfoddol.

J.Cyril Hughes *(Cyfarwy[...]*

Ymddiheurwn os achosodd yr erthygl unrhyw bryder i Prys Edwa[...] staff Uned Penseiri Prys Edwards, Aberystwyth, swyddogion a sta[...] Gobaith Cymru ac aelodau o staff Bwrdd Datblygu Cymru Wledig[...]

Lol issues apology

Western Mail Reporter

THE SATIRICAL Welsh-language magazine Lol will appear with a special insert because of an alleged libel on the chairman of Urdd Gobaith Cymru, said the publisher yesterday.

Mr. Robat Gruffudd, of Talybont, Dyfed, owner of Y Lolfa, the printing company, agreed to insert a leaflet after being threatened with a writ and injunction by solicitors acting for Mr. Prys Edwards.

Mr. Gruffudd said, "No copies had reached the shops, but a number were awaiting distribution from the Welsh Books Centre in Aberystwyth. They will go out now that we have included this sheet containing an apology, plus a statement from the Development Board for Rural Wales about the connection between the board and Mr. Edwards, who is an architect in Aberystwyth.

"The leaflet also contains a statement from Mr. Cyril Hughes about the financial connection between Mr. Edwards and the Urdd."

Lol appears three times a year and advertises itself as a "magazine of libel."

Alun Aflan i'r adwy

Y byd

• Yr Arglwydd Mountbatten, ewythr y Tywysog Siarl, yn cael ei ladd gan yr IRA ar wyliau pysgota yn Iwerddon. Airey Neave, AS Torïaidd ac un o gyfeillion pennaf Mrs Thatcher hefyd yn cael ei ladd gan Weriniaethwyr Gwyddelig ym maes parcio'r Tŷ Cyffredin.

• Cytundeb Lancaster House yn dod ag UDI yn Rhodesia i ben. Prydain yn caniatáu annibyniaeth i wladwriaeth newydd Zimbabwe.

• Datgelwyd mai Anthony Blunt, yr hanesydd celf a chyn Geidwad Darluniau Ei Mawrhydi oedd y "pedwerydd dyn" yng nghylch ysbïwr Philby, Burgess a Maclean. Dywedwyd iddo fod yn ysbïo ar ran yr Undeb Sofietaidd ers yr Ail Ryfel Byd.

• Byddin yr Undeb Sofietaidd yn ymosod ar Affganistan gan ddechrau'r rhyfel cartref yn y wlad.

Cymru

• Ym mis Rhagfyr ceir yr achosion cyntaf o losgi tai haf yng Nghymru pan losgir pedwar tŷ gwyliau – dau ym Mhen Llŷn a dau yn Sir Benfro.

• Meredydd Evans, Ned Thomas a Pennar Davies yn torri i mewn i fast Pencarreg ger Llanbedr Pont Steffan mewn protest yn erbyn tro pedol y llywodraeth ar Sianel Deledu.

• Nicholas Edwards yn Ysgrifennydd Cymru, a'r Llywodraeth newydd yn sefydlu Pwyllgor Dethol ar Faterion Cymreig.

• Y Trwynau Coch yn perfformio'n fyw ar faes yr Eisteddfod mewn protest yn erbyn diffyg darpariaeth i bobl ifanc. Amharodd y perfformiad ar ddarlith y Gymdeithas Wyddonol a rhuthrodd Dr Eirwen Gwynn draw i dynnu'r plwg yn llythrennol ar gitarau trydan y band.

• Cyhoeddi cyfrol gyntaf y bardd ifanc cyffrous Derec Tomos a aeth ymlaen i gyhoeddi clasuron barddoniaeth Gymraeg cyfoes megis *Ar Dân dros Gymru* (Gwasg y Fatsien Ddu, 1980); *Magnifikont*, *Crap a Chân* a'i hunangofiant ffrwydrol *Myfi Derec*.

LOL

Er gwaethaf y newid cyfeiriad a'r ymdrech i gorddi'r dyfroedd drwy gyhoeddi mwy o straeon 'caled' nid oedd y *Lol* newydd a gyhoeddwyd yng ngwanwyn a gaeaf 1978/79 wedi gwerthu'n arbennig o dda. Felly, roedd ychydig o ansicrwydd o ran dyfodol y cylchgrawn, nid yn unig oherwydd cyfeiriad ond hefyd o ran gwerthiant a hygrededd.

Ond, fel dywedodd Robat Gruffudd, 'yn y cyfnod hwn o ansicrwydd cyfeiriad daeth eto gymorth rhagluniaethol ar ffurf bygythiad difrifol o achos enllib gan Syr Alun Aflan Davies'. Roedd Syr Alun Talfan Davies yn gwrthwynebu stori a ymddangosodd yn rhifyn gwanwyn 1979. Roedd y stori yn ffeithiol anghywir gan awgrymu cysylltiad rhwng Syr Alun fel Llywydd yr Eisteddfod Genedlaethol ac Adran Newyddion HTV. Digon diniwed a charbwl ei mynegiant oedd y stori, ond roedd yn ddigon i'r marchog erlid *Lol* a'r Lolfa yn y llysoedd, gyda'r bwriad yn ôl Robat Gruffudd o geisio 'cau ceg *Lol* unwaith ac am byth'.

Gwariodd Syr Alun swm mawr ar lythyrau a chyngor cyfreithiol ond anwybyddodd Robat Gruffudd y rhan fwyaf ohonynt. Pen draw'r mater oedd gorfodi Robat i fynd i Ferthyr Tudful i arwyddo dogfen ar gyfer achos Uchel Lys gyda Recordydd Llys Merthyr,

Gwilym Prys Davies (yr Arglwydd bellach). Unig dacteg amddiffynnol *Lol* oedd gwrthod cymryd y peth o ddifri a chyhoeddi mai Eirwyn Pontshân fyddai *amicus curiae* (ymgynghorydd cyfreithiol) y cylchgrawn. Cyhoeddwyd posteri, gyda chartŵn Elwyn Ioan o Syr Alun yn ei bortreadu fel 'Erlidiwr Gweisg Bychain Cymru' a'u dosbarthu mewn cyfarfod o Lys yr Eisteddfod.

Ymddangosodd rhifyn gaeaf olaf *Lol* yn 1979 a'r brif eitem oedd un am 'ysbiwyr yng Nghymru' yn y 1960au adeg yr Arwisgo. Ysgrifennwyd y stori newyddion yma gan Arfon Gwilym a dywedir bod *Y Cymro* wedi gwrthod ei chyhoeddi oherwydd y cynnwys. Ynddi dangoswyd sut yr oedd *agents provocateurs* yn cael eu defnyddio gan y gwasanaethau cudd adeg yr Arwisgo i bardduo a cheisio fframio cenedlaetholwyr Cymreig.

Ar dudalen flaen rhifyn y gaeaf hefyd oedd y diweddaraf am achos enllib 'Aflan v *Lol*'. Rhygnu ymlaen fyddai tynged y mater yma am ddwy flynedd arall heb unrhyw argoel y byddai'r holl beth yn dod i'r Llys. Ond, yn eironig ddigon, fe lwyddodd Syr Alun i gyflawni'r union beth oedd yn gwbl groes i'w fwriad gwreiddiol oherwydd yn sgil yr holl helynt atgyfnerthwyd hygrededd *Lol* fel cylchgrawn oedd yn barod i herio pileri'r Sefydliad yng Nghymru, a thros y blynyddoedd nesaf mynd o nerth i nerth fyddai ei hanes.

YRD–1

Mae'r Refferendwm Ddatganoli yn hen hanes erbyn hyn. Ond mae un digwyddiad gogleisiol yn werth ei nodi, er rhoi ar gof a chadw ddewrder gwleidyddol mudiad Urdd Gobaith Cymru.

Yn ystod yr ymgyrch bu rhai aelodau o'r staff mor ffôl a ffanaticaidd â gosod glynyn ar eu ceir, "Ie Dros Gymru''. Nid cynt y digwyddodd hyn nag y daeth cyfarwyddyd pendant o'r pencadlys: I LAWR Â NHW. Roedd caniatâd iddynt roi'r glynyn ar eu ceir personol, ond *nid* ar un o geir glân gwyryfol y Mudiad Gobaith.

YRD–3

Cwestiwn: pwy sy'n ennill £300 yr awr? Ateb: Mistar Urdd!

Roedd rhai gwragedd da yn ardal Castell Nedd yn meddwl yn ddiweddar am ffordd o godi arian i'r Ysgol Feithrin leol. Daeth y syniad o gynnal Noson Lawen fechan gyda Mistar Urdd yn "ŵr'' gwadd. Ffonio Swyddfa'r Urdd a chael mai'r pris fyddai £50 am hanner awr. Cytuno wedyn iddo ddod i Gastell Nedd erbyn 7.30 ar y noson a drefnwyd.

7.30 —dim sôn am Mistar Urdd. O'r diwedd, erbyn 8.30, dyma fe'n dod. Ond Och! erbyn 8.40 roedd e wedi diflannu eto, yn hapus, mae'n debyg, ei fod wedi cyflawni ei briod "waith''.

£50 am 10 munud —dyna £300 yr awr. Cymharer hyn â £80 am ddwy awr gan, er enghraifft, y Trwynau Coch, sy'n cynnwys 4 neu 5 o bobl.

YRD–5

Golygfa: Llys y Goron, Abertawe.
Clerc y Llys, i un o'r rheithwyr: *Take the Bible in your right hand and say the words on the card in English or Welsh.*
John Lane, Trefnydd Urdd Gobaith Cymru, Gorllewin Morgannwg: *I plead by Almighty God that the evidence I shall give...*

SYR ALUN AFLAN AM WAED 'LOL'

Mae Syr Alun Talfan Davies, QC, TTPS, Llywydd y Steddfod, Dyn Pwysig etc. etc. yn parhau i erlid *Lol*, a rhyw bythefnos yn ôl wedi anfon gwŷs (uniaith Saesneg wrth gwrs) at Robat Gruffudd, perchennog Y Lolfa. Anfonwyd y wŷs yn ôl gyda'r troad, ond mae person hyddysg yn yr iaith Saesneg, a oedd yn digwydd bod wrth law, yn dweud wrthym fod y wŷs yn crybwyll gwrandawiad rhagbaratoawl yn Llys Pontypridd, gyda golwg ar Achos Enllib yn yr Uchel Lys yng Nghaerdydd yn fuan wedyn.

Mae'r "enllib" honedig yn y stori yn y rhifyn diwethaf o *Lol* (Rhif 15, Gwanwyn 1979) o dan y pennawd "Steddfod" ar dudalen 2. Eitem ysgafn, gogleisiol ydyw yn "dyfalu" pwy allasai fod wedi datgelu Adroddiad Deloitte i'r wasg rai dyddiau cyn pryd. Os darllennwch y stori, fe welwch ar unwaith ei fod yn gwbl ddiniwed.

ANHYGOEL

Mae'n gwbl anhygoel fod person yn breuddwydio mynd i Uchel Lys am stori mor ddiddim. Hyd yn oed a bwrw ei bod yn dechnegol "enllibus" (ac nid ydym am eiliad yn dweud ei bod), pa fath "iawn" a ellid ei hawlio am y "niwed" a allai stori o'r fath ei wneud i gymeriad rhywun?

Fel bydd rhai yn cofio, gorfodwyd *Lol* i gyhoeddi ymddiheuriad i'r Br Prys Edwards am stori arall yn yr un rhifyn. Yn yr achos yma, nid oedd gennym brawf o wirionedd rhai ffeithiau arbennig, a gallai'r Br Edwards ddadlau fod y stori yn niweidio ei fusnes fel pensaer. Nid oedd dewis gennym ond ymddiheuro.

Mae'r achos yma'n hollol wahanol. Nid yw'r eitem yn ymwneud â "feithiau" sydd i'w profi neu eu gwrthbrofi. Nid oes ystyr mewn ymddiheuro ac ni fwriadwn wneud hynny dan unrhyw amgylchiadau. Ni fwriadwn chwaith wario dimau ar gyfreithwyr a bargyfreithwyr. Efallai y byddwn yn talu costau'r Br Eirwyn Pontshân os bydd yn cytuno i fod yn *amicus curiae*.

PAM?

Y cwestiwn sy'n codi yw hyn. Gan fod y stori mor ddiniwed —PAM fod Syr Aflan yn mynd â ni 'mlaen? Ai'r stori hon mewn gwirionedd a'i cythruddodd —neu stori arall? Beth yw ei gymhelliad? Ai ei amcan yw niweidio'r wasg, sydd, mae'n debyg, mewn cystadleuaeth â gwasg ei fab ef?

A yw'n dychmygu y gallai gau'r Lolfa i lawr?

Os ydyw, ac os yw Syr Alun Aflan yn darllen y geiriau hyn, yna fe'i cynghorwn yn garedig i ddewis stori well. Bydd Y Lolfa wrth ei fodd yn cael achos mewn Uchel Lys ar gorn yr eitem yma, ac yn wir gobeithiwn yr â'r achos yn ei flaen. Fe wnawn yn siŵr y bydd pawb, ac yn arbennig haciau'r Wasg, yn cael y fodfedd olaf o hei leiff ohono. Byddwn yn trefnu Dawns Fawr Aflan ar noson yr achos i helpu tuag at unrhyw gostau a allai godi, ac atyniadau eraill i'w datgelu cyn bo hir.

PA IAITH?

Pwynt arall sy'n codi yw iaith yr achos. Mae Syr Aflan fel

parhâd—tudalen ôl

(parhâd o'r dudalen flaen)

y gwyddom oll yn fawr ei gariad at yr Eisteddfod a'r iaith Gymraeg. Pam felly fod ei wysion i gyd yn Saesneg? Pam y mae am gynnal yr achos trwy gyfieithydd, ac am sicrhau, ymlaen llaw, ddilysrwydd cyfieithiad o'r eitem dan sylw? Ai dyma fydd yr Achos Enllib cyntaf yn hanes y byd lle bydd iaith yr achos (ac efallai iaith y Barnwr) yn wahanol i iaith yr "enllib" honedig? Os oes un rhyw fath o achos y mae'n *hanfodol* ei chynnal mewn un iaith, achos enllib yw hwnnw, gan mai asgwrn y gynnen yw ystyr geiriau mewn iaith arbennig.

Dyma fater y byddwn yn ei ymladd i'r pen ac yn wir ni fyddwn yn caniatáu i achos "dwyieithog" fynd yn ei flaen nac yn cymryd rhan ynddo.

DYNION PWYSIG

Onid yw'n bryd dysgu gwers i rai o "Ddynion Pwysig" Cymru. Honnant garu'r "pethe" ond y munud mae Cymro arall, neu wasg fach Gymraeg, yn meiddio eu beirniadu, pa mor ysgafn bynnag y cywair, ânt yn wenfflam. At ba beth y mae eu cariad mwyaf?

Eto teg yw dweud fod yna "Ddynion Pwysig" eraill sydd wedi bod yn ddigon maddeugar i *Lol*, hyd yn oed os oedd y ffeithiau a gyhoeddwyd yn anghywir. Fel mater o ffaith yr ydym fisoedd yn ôl wedi cynnig lle yn *Lol* i Syr Alun i wneud unrhyw sylwadau a fynn, ond mae'n amlwg nad oedd hyn yn ddigon i dawelu ei ddicter mawr.

EFALLAI...

Rwy'n awdur sawl cyfrol
O farddoniaeth ragorol
Dwi'n trin a thrafod amryw betha
O Siecoslofacia i'r Unol Daleithia
Dwi hefyd yn sgwennu a malu cachu
Am yr unigolyn sy'n cael ei sarnu
A chwant rhai pobloedd i fod yn rhydd
O afael trais a Heddlu Cudd...

Ond eto—
Ni all hyn ddigwydd yn fy ngholeg—
A phe buasai —onid yw Rhesymeg
Yn dweud y dylwn gilio yn dra handi
I sgwennu cerddi yn fy stydi?

Oblegid yno mae hi yn llawer saffach
Yno mae f'enw yn llawer glanach
Ac yno i bawb y mae'n dra hysbys
Fy mod i'n ddarlithydd digon parchus
Breuddwydiaf: rhyw ddydd caf slochian tonic water
O gadair Syr Charles yn hollol ddifater
Efallai y caf innau yr OBE
Yna caf fy ngweld ar y BBC a chael enw da, parch
Efallai, efallai syr ac arian a chofgolofn a breintiau
A grant neu ddau neu dri
Neu bedwar.
                    Claerwyn Tomos

86

GWRTHODODD "Y CYMRO" EI ARGRAFFU. DYMA AM Y TRO CYNTAF MEWN PRINT HANES GWIR AM

YSBIWYR yng NGHYMRU

Aeth 10 mlynedd heibio ers yr Arwisgo, gyda'i holl gyffro a'i holl gythrwfl. Bellach mae 1969 yn rhan o hanes a chawsom gyfle eisoes eleni i edrych yn ôl ac i ail-ystyried.

Dewisodd y BBC nodi'r achlysur drwy drefnu cyngerdd rhwysgfawr yng Nghastell Caernarfon a thrwy sensro cyfweliad gyda John Jenkins a rhaglen o atgofion, "Eira Ddoe".

Cyn i'r flwyddyn 1979 hithau fynd i ebargofiant fe gawn ninnau nodi'r achlysur yn ein ffordd ein hunain —nid trwy ddathlu, yn sicr ond trwy ddatgelu nifer o ffeithiau nad oes neb hyd yn hyn wedi mentro eu cyhoeddi'n agored.

Er gwaethaf y cyffro gwleidyddol mawr yng Nghymru ar ddiwedd y chwedegau a dechrau'r saithdegau, profiad diflas a chwerw i lawer oedd byw trwy gyfnod yr Arwisgo ym 19

Un o'r pethau diflasaf, yn sgil gweithgarwch mawr yr heddlu yn ys y cyfnod hwnnw, oedd fod pobl ddi niwed yn cael eu hamau o fod yn gweithio i'r Heddlu Cudd.

Ar un olwg roedd hi'n gwbl natur fod pobl yn ymwybodol o'r peryglo wrth drafod gwahanol gynlluniau —diniwed a fel arall— ond gallai hyn aml droi'n obsesiwn ac yn baranoia dyna'r adeg y byddai amheuon yn c eu taflu o gwmpas am bob math o b amheuon sydd wedi aros fel cwmwl uwchben rhai hyd y dydd heddiw.

AMHEUON

Does dim byd gwaeth nag amheuon na ellir eu profi; y peth callaf mewn achos felly, er lles pawb, yw eu anghofio. Ond mewn un achos mae gennym ddigon o ffeithiau i allu bod yn hollol siwr ac mae'n iawn i'r ffeithiau hynny gael eu cyhoeddi er bod cymaint â deng mlynedd wedi mynd heibio.

Yr achos y cyfeiriwn ato yw achos RONALD CURTIS, gŵr ifanc a ymddangosodd yng Nghymru gryn 18 mis cyn yr Arwisgo ond a ddiflannodd yn sydyn ar ôl Gorffennaf 1969. A'r rheswm dros dynnu sylw ato ef yn arbennig yw, nid am ei fod yn un arall o'r cannoedd o Heddlu "Cudd" arferol oedd yn tynnu lluniau ac yn cadw gwyliadwriaeth ym mhob twll a chornel —pobl y gallem yn hawdd brofi eu swyddogaeth petai angen— ond am ei fod yn fath gwahanol, mwy sinistr o lawer.

Yn ychwanegol at ei waith yn casglu gwybodaeth am "eithafwyr" roedd gan Curtis swyddogaeth arall beryclach, sef annog cenedlaetholwyr pybyr i ddefnyddio trais: *agent provocateur* mewn geiriau eraill.

AFLAN v 'LOL'

Mae'n awr yn sicr yr â'r achos anhygoel hwn yn ei flaen i Uchel Lys yng Nghaerdydd yn y dyfodol agos. Dylai fod yn Theatr Fyw o'r safon uchaf, ac yn amser da i bawb yn ddiwahân. Ond er na fydd gan Lol unrhyw gostau ei hunan (fel y crybwyllwyd o'r blaen), rhaid wynebu'r posibilrwydd o leiaf, os collir yr achos, o orfod talu costau uchel, ac iawndal, i'r Aflan.

Gan ei bod yn bosibl y cynhelir yr achos cyn i'r rhifyn nesaf o Lol ymddangos, teimlwn mai gorau po gynta yr agorwn ni

GRONFA VAWR AFLAN.

Gwahoddwn felly gyfraniadau i'r Gronfa hon, ar y ddealltwriaeth y dychwelir yr arian ar unwaith os na fydd arnom unrhyw ddyled i'r Aflan/en gyfreithwyr/y Llys. Cydnabyddir pob rhodd ac fe gyhoeddir pob enw yn y rhifyn nesaf o Lol.

Yn ychwanegol at hyn, byddwn yn trefnu

NOSON VAWR AFLAN

yn un o glybiau nos mwyaf moethus Caerdydd ar noson yr achos, dag Artistiaid o Fri ac atyniadau eraill. Y mae ein Cynghorwr rithiol, Y Br Eirwyn Pontshân, QC wedi addo ein hanrhyd-edd presenoldeb, ac hefyd Dafydd Elis Thomas, AS. Mae rhai artistiaid eisoes wedi cynnig eu gwasanaeth a gwahoddwn yn awr eraill i anfon eu henwau ymlaen atom, ar y ddealltwriaeth y telir costau yn unig, ac yr aiff pob elw i'r Gronfa Vawr Aflan. Buasem yn hoffi clywed gan o leiaf un grŵp dawns.

Cofiwch mai mawr fydd eich braint (neu anfri) oherwydd fe roddir y cyhoeddusrwydd helaethaf i'r Noson ar bob cyfrwng ac nid oes raid dweud y dylai fod yn noson tra chofiadwy ac alcoholaidd, o bosib, gyda Cholovnau'r Genedl yn bresennol etc. etc.

O.N. Rydym hefyd yn trefnu DAWNS VAWR AFLAN ar gyfer nos Iau Steddfod Dyffryn Lliw mewn clwb nos yn Abertawe. Cadwch y dyddiad yn rhydd —mwy o fanylion yn y rhifyn nesaf o Lol.

I MARY MILLINGTON
(a fu farw'n ddiweddar)

Un addfwyn ei chyneddfau —er mosiwn
    grymusol ei llwynau;
    Cymar oes y cameráu
    Mor llonydd mwy â'r lluniau.

Lluniau fu mor gyforiog —o faswedd
    ei gwefusau beichiog;
    A'i chnawd cynnes tymbestlog
    Yn llithro, ffrydio o'i ffrog.

A ffrwd go anghyffredin —o'i lluniau
    a fu'n llonni'r werin;
    Y medd yn llaith ar ei min
    A'i thafod ar boeth ddeufin.

Ond ar ei deufin mae'r rhos yn crino
    Pob ffydd ac awydd o'i threm yn gwywo;
    Y mae'r ddwygoes a'r croeso fu ar led
    Yn llawn adduned mor llonydd heno.

Mae cyffro'n ei hosgo o hyd —diamwys
    ei hystumiau hefyd,
    Ac o'i charu rhwng cloriau clyd
    Diogelwyd ei golud.

Ond mae'r golud fel gwydr —a'i nwydau
    fel fflachiadau prysur;
    Gweld ei siâp ar y papur
    Yn crino, a chofio'i chur.

Cofio'i chur yn sarnu'r swyn —a'r syndod
    yng nghresendo'i gwanwyn;
    Rhoid arch, a phedwar i'w dwyn
    I orweddfa'r rhai addfwyn.

                GWYNFOR AB IFOR

"Gollwng rech arall fatha honna a mi wasga i dy geillia
nes bo chdi'n gwichian."

GWARTHUS! GWARTHUS! —I ba beth mae'r byd yn dod?

roger sanders and cotsen

Sarhad erchyll ar yr hil fenywaidd —darllenwch sylwadau Gwladus
Whitehouse Jones ar dudalen 7.

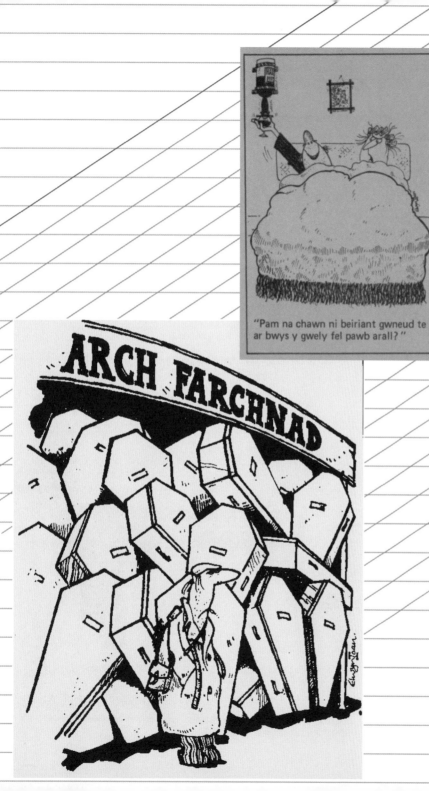

"Pam na chawn ni beiriant gwneud te ar bwys y gwely fel pawb arall?"

ARCH FARCHNAD

Llyfrau'r Nadolig

Y DEG UCHAF

DETHOLIAD ARBENNIG I DDARLLENWYR "LOL"
Casglwyd gan Beiros Owen

Brad. Saunders Lewis.　　　　Gwasg y Brifysgol, £7.00
"Dim byd i neud â fi."—Alun Talfan yn *Antur.*
"Ga i weud......na fi chwaith."—Alun R.Edwards yn *Deryn.*

Brewer's Dictionary of Fable　　　Cyhoeddiadau HTV, £15.50

Barbariaid De'r Affrig. Wilf Wooler.　Gwasg y Dde Wen, £5.75
"Llyfr lliwgar iawn, ond, ar y llaw arall, llyfr lliwgar iawn."—J.B. G.Thomas yn y *Western Wail.*

Astudiaeth Hanesyddol o Arferion Toiled yng Nghymru, 1978—1978. Neil Kinnock.　　　　Pan Books, £1.05
"Better than Winnie the Pooh."—Clive James yn yr *Observer.*

Cofiant Robat Gruffudd. Gol.Meic Stephens.　KKK. Am Ddim.
"O'r diwedd."—Llefarydd ar ran Yr Urdd ar *Heddiw.*

Ffurf y Fannod yn Rhifyn 90 Taliesin　Rhifyn 91 Taliesin, £0.75
(Ail argraffiad) "O fudd mawr i mi."—Golygydd *Taliesin.*

Jackanory. Tom Ellis, AS.　　Gwasg San Steffan, £0.50
"Spoken leic e trŵ spoker."—George Thomas yn *Now.*

Y Piser Trwm (Atodiad i'r Guinness Book of Records)
Gwasg y Bragdai, £7.50

Y Swyddfa Gymreig. John Le Carré. H.M.S.O., £6.75
"I didn't understand the Welsh passages."—Nicholas Edwards yn *Exchange & Mart.*

Cynghanedd a Rhyw. Jennie Eirias. Tŷ John Penry, £18.75
Llyfr swmpus bwrdd coffi, 100 o ffotograffau lliw sy'n dangos popeth, hyd yn oed proest ddwbl.
"O'n i ddim yn gwbod bod hi'n gwbod 'mod i'n cynganeddu."—Eirias Davies yn *Penthouse.*

Jôc Newydd. Max Boyce.　　　Glyn Nedd Graphics,
Trydydd Argraffiad, £215.00
"Gwell na'r ail argraffiad a'r cyntaf."—Cadeirydd Clwb Rygbi Treorci.

Ystwythder Meddwl a Chyfrinach y Bydysawd. Anhysbys.
Llyfrfa'r Efengylwyr, £0.20
"Rwtsh."—*Watchtower.*

500 o Ganeuon Ifed. (Sic.) Christopher Daviesh, £1.50
"Pardwn?"—T.J.Davies yn *Private Eye.*

Barddoni yn y Wers Rwym. Allen Ludd.　Christopher Davies, £10.50. "Hyfryd."—Dolores Rydd yn *Mynd.*

Cywydd y Gal/Codiad ym Mis Mai　Y Lolfa/Gwasg yr Arab Coch, £25.00 "Argraffiad aruchel iawn."—P.Seud.

Protest bitw bersonol

Y byd

- Ethol Ronald Reagan yn Arlywydd yr Unol Daleithiau.

- 2 filiwn o bobl yn ddi-waith ym Mhrydain.

- Gweithwyr yng Ngwlad Pwyl yn sefydlu undeb llafur Solidarność dan arweiniad Lech Wałęsa, gan gynnal cyfres o streiciau yn iard llongau Gdańsk.

- Cynnal refferendwm ar annibyniaeth yn Quebec. Yr ochr Na yn fuddugol o 60% i 40% ac felly Quebec yn aros yn rhan o Ganada.

- Sefydlu seneddau rhanbarthol yng Nghatalwnia a Gwlad y Basg o fewn gwladwriaeth Sbaen.

Cymru

- Gwynfor Evans yn bygwth ymprydio hyd farwolaeth oni bai fod y Llywodraeth Doriaidd yn cadw at ei haddewid i sefydlu sianel deledu Gymraeg.

- Arweiniodd hyn at ymgyrchoedd tor-cyfraith eang gan Gymdeithas yr Iaith a Phlaid Cymru. Yn wyneb y bygythiad o anhrefn yng Nghymru darbwyllwyd y Llywodraeth i newid ei meddwl a chaniatáu sefydlu S4C.

- Dur Prydain yn cyhoeddi y byddai gwaith dur Shotton, Clwyd, yn cau a hynny'n golygu colli tua 6,000 o swyddi. Yn Ionawr, cychwynnodd streic genedlaethol y gweithwyr dur ond daeth i ben ym mis Ebrill.

- Sefydlu Mudiad Sosialaidd Gweriniaethol Cymru.

- Yn dilyn yr ymosodiadau ar dai haf, yr heddlu yn cynnal cyrch yn oriau mân y bore ar Sul y Blodau. 50 o genedlaetholwyr Cymraeg yn cael eu harestio ond rhyddheir y rhan fwyaf yn ddigyhuddiad.

LOL

Ni fu cyhoeddi *Lol* deirgwaith y flwyddyn yn llwyddiant mawr, felly erbyn Eisteddfod Genedlaethol Dyffryn Lliw yn 1980 penderfynwyd mynd yn ôl i gyhoeddi *Lol* yn ystod yr Eisteddfod yn unig.

Roedd rhifyn Prifwyl Dyffryn Lliw yn adlewyrchu'r newid hinsawdd gwleidyddol a gafwyd yng Nghymru ers Refferendwm 1979. Bellach roedd yr ymosodiadau ar dai haf wedi cynyddu'n sylweddol, a rhoddwyd olew ar y fflamau gan fwriad Gwynfor Evans i ymprydio er mwyn gorfodi'r Llywodraeth Geidwadol i anrhydeddu ei haddewid i sefydlu Sianel Deledu Gymraeg.

Adlewyrchir hyn ar glawr *Lol* gyda stori a chartŵn am dai haf, a hefyd nodyn difrifol yn anfon cefnogaeth *Lol* at rai a garcharwyd yn sgil cyrchoedd yr heddlu ar Sul y Blodau 1980. Roedd Robat Gruffudd a'i wraig Enid ymysg y rhai a arestiwyd yn oriau mân y bore gan yr heddlu. Y tu mewn i'r cylchgrawn mae'r golofn olygyddol yn erfyn ar Gwynfor Evans i roi'r gorau i'w 'brotest bitw bersonol', gan ddatgan mai'r hyn sydd ei angen ar Gymru nawr yw nid protest 'amherthnasol' ond 'dadansoddiad amlweddog gyda chomitment a chonsýrn'.

Ond wedi dweud hynny, er y sôn am Gymru'n troi'n wenfflam pe bai Gwynfor yn ymprydio, ac er y dychryn o wybod mai Ronald Reagan oedd â'i fys ar y botwm niwclear, roedd blaenoriaethau *Lol* yn glir – roedd rhaid cael gofod i ladd ar yr Urdd, y Cyngor Celfyddydau a'r Cyngor Llyfrau…

Mwy o gartwnau gwreiddiol gan Elwyn Ioan

PERYGL TÂN!

Nwy yn Gollwng!

Vehilion cymdeithas, llysnafeth a baw! Achubwch anadl ein hiaith. Cynganeddwch a phrynwch o'r rhestr isod.

CLWB LLYFRAU
KINKHANEDD GENERALAN

	Awdur
Mein Kampf unt Mein Kampau 'Lyffli!' Martin Bormann	Generalan Llwyd **Cyh:** Gwasg y 4edd Rhech. **Arg:** Christopher Deufys
Siwtiau streip, sbectol aur a'r Kinkhanedd 'Hmm. Neis.' Leo Abse yn 'Pais'	Generalan Llwyd **Cyh:** Moss Bros.
Beth ydyw barddoniaeth? (Astudiaeth o ddylanwad Treth ar Werth ar gynganeddu cyfoes.)	Max ap Niwcs (Cyfrifydd mygedol (crafwr) i'r Generalan.) **Cyh:** Preifat
Ein dyled i'r Generalan Gwerthir mewn clawr plastig: anaddas i un-rhywun dan 18 oed. 'A thros 18.' Frau Jonesen	Herr Dic Jonesen **Cyh:** Gwasg y Cilie
Gwalia'r Llaeth a'r Mêl, Moses a minnau 'Nyni sydd â'r hawlfraint!' War Cry	Generalan Llwyd **Cyh:** Gwasg yr Hen Destament
Myfi, minnau a'r ego mewn Kinkhanedd Casgliad o lythyrau'r Generalan i Mr Mennars.	**Gol:** Peirion Mennars **Cyh:** Gwasg y Masocistiaid
Ysgol Farddol Spandau 'Dylem ryddhau unrhyw gynganeddwr ar un-waith.' Arglwydd Longford	Rudolf Hess **Gol:** Generalan Llwyd **Cyh:** Reichstag
Fforchawdl a Rwtshenbaw 'Moses annwyl!' Frau Moses	Eva Braun **Cyh:** Baunhaus
'Barn' y Bôrs 'Blyti grêt!' Frau Whitehouse	Komm Guyn ap Guilym **Rhagair:** Generalan Llwyd **Cyh:** Gwasg y Byncar
Cywydd Deuair (Ja wedyn Nein)	Wilhelm Whitelaw **Cyh:** Gwasgfa Arian
Y Groes Ddur Ddisgynedig a charthu arall	Keith Josephensen **Cyh:** H.M.S.O. (Weinyddiaeth Gwikhanedd)
Cerdd Dafod a Rigor Mortis	Hun O.D. Stiff **Cyh:** Llwyd a Guyn.
Esboniad ar 'Esboniad Cerddi Eurosen Bowenhausen' 'Fel y fagddu' Eurosen Bowenhausen	Generalan Llwyd **Cyh:** D.C. Thompson

---

NEWYDD!! —Colofn adolygu newydd crasboeth ac unigryw...

CRAP AR Y LLYFRAU

gan John Leavis Morgan

AR DÂN DROS GYMRU gan Derec Tomos, Gwasg y Fatshen Ddu, Bangor; pris 60c.
Fel fy nghyfaill dysgedig a thalentog, Ned Levin-Rowlands yn ei Ragymadrodd hynod dreiddgar i'r gyfrolig syfrdanol hon, rhaid yw i minnau ategu fod yma, yn ail gasgliad Derec Tomos, weled aedd-fedu dawn farddonol ysgytwol ei gomitment a llachar ei dechneg semitegol. Y neges a'r dweud. Nid yn unig y consyrn —ond y concrit hefyd.

Prin iawn yng Nghymru heddiw y gwelir bardd mor ifanc (21 oed ydyw, yn enedigol o Leicester) —a dysgwr hefyd, mae'n ddios, gan mor ddisglair yw— a feistrolodd mor orchestol fesurau mor amrywiol â'r Englyn, y Soned, y Faled, yr Hen Bennill, a Dolur Rhydd, ac hyd yn oed y Cwpled Cornwydog, y tybiasom, hyd yma, i'r diweddar T. H.Parry-Williams ei ddatblygu i eithaf ei raison d'être. Mewn penill-ion cyfoes, bachog i "Kiff" (Keith Best, AS), wele'r odl ddwbl par excellence, eto nad yw'n odl ddwbl chwaith:—

> Wedi seithmis o lyfu pawen y beunes Thatshyr
> Troes y cocoen bach o sais yn Nashi Bashyr.

Terfyna'r "hanner parodi" hwn i "hanner pan" â:

> Os ffolodd ar gam-ynganu a chroesi pont
> Chwarae teg i Kiff, nid yw pawb yn (gwirioni run fath?).

Y mae odli "pont" â "fath" yn ddios yr odl mwyaf blaengar a welais erioed yn Gymraeg, ac yn gosod Derec Tomos ysgwydd-yn-ysgwydd ag avant-garde yr ysgol Neo-Wirion yn Ffrainc, e.e., Godot Coque a Niqueurs Pinque.

Ond os yw hyn y tu hwnt, efallai, i rai o ddarllenwyr y cylchgrawn hwn, pwy na all werthfawrogi ei feistrolaeth benigamp o fesur arall agos iawn at galon T.H.P.-W., sef yr Hen Bennill (t.13):

> Mae'r cops yn taeru ac yn sôn
> Mod i'n llosgi tai Sir Fôn.
> Minnau sydd yn llosgi'n ffyddlon
> Dros y dŵr yn Sir Gaernarfon.

Union gyferbyn (t.12) mae Derec Tomos eto wedi defnyddio hen fesur Cymreig ond wedi sgrifennu cerdd Saesneg, peth blaengar na allaf ond ei gymeradwyo, gan bwysiced ydyw pontio'r agendor trist rhyngom ni Gymry Cymraeg, a'r dysgwyr a'r Saeson deallus, y mae cymaint angen i ni eu cael o'n plaid:

> I've got a bit of a lovely house
> a lovely house
> a lovely house
> I've got a bit of a lovely house
> The wind blows on it each morning.

EPISTOL AT WYRYFON Y NORMAL

Dyma hi'n wythnos Steddfod arall arnaf pan fydd cannoedd os nad miloedd o saint yn fy stopio ar y Maes i'm llongyfarch yn wresog am fy mrwydr ddiflino dros burdeb. Hwb i galon hen apostol goleuni fel myfi yw clywed geiriau caredig fel yr hyn a ddywedodd Cynghorydd Sir nid anenwog wrthyf ar faes Caernarfon llynedd: "Tasa pawb cystal â chi Mrs Jones bach mi fasa'r cyngor 'cw yn arbad miliynau. Fysan ni ddim angen system garffosiaeth o gwbl." Er, mae'n rhaid i mi ddweud i'r eiliad hon o glod gael ei difwyno'n anadferadwy i mi pan gerddodd rhyw hen larbad meddw o Adferwr heibio a gweiddi'r hen derm aflan hwnnw "malu cachu!"

Anelaf fy sylwadau'r tro hwn at y gwyryfon ieuainc hynny sy'n gadael fy hen goleg annwyl, y Normal, eleni i ymgymryd â'r dasg enbyd o addysgu plant ym mis Medi. Gwyn eich byd ond byddwch ar eich gwyliadwriaeth bob munud awr rhag yr halogedig rai. Gwylier yn arbennig y disgyblion hynny a honnant fod yn gefnogwyr y bêl gron. Nid yw hyn ond esgus ar eu rhan i gael naddu'r graffiti aflanaf ar eu desgiau gan gynnwys yr "arse" yn Arsenal a'r "cunt" yn Scunthorpe. Yr arfer diweddaraf gan elynion clwb Manceinion Unedig (Man U) yw eu galw'n "manure". Disgrifiad digon addas o garthion y Stretford End yn ôl Maldwyn fy nghydymaith hoff yn yr Adran Gymraeg ers talwm; ond egwyddor yw egwyddor; Yn waeth na dim, ar garnau arfau miniog y bechgyn, ceir lluniau noeth o Vera Lynn.

Blwyddyn neu ddwy yn unig y bu'n rhaid i mi ddioddef o'r Gyfundrefn Gyfun felltith hon a ddinistriodd safonau addysgol mor drwyadl ac mor erchyll mewn byr dro. Wyryfod ymarferogwch! Y fath sioc enbyd i mi yn hen ferch sensitif dros ei hanner cant oedd dinistrio'r system ramadeg. Y naill

funud yr oeddwn yn dysgu cyfrinion yr iaith i angylion o blant a'r tymor wedyn yn cael fy amharchu bob siâp gan ryw 'sguthanod digwylydd o ferched duaf a thwpaf dinas Caerdydd.

Yr oedd cyneddfau'r negro yn gryf iawn yn rhai ohonynt ac ofer oedd ceisio'u cannu'n wyn. Cefais reswm i geryddu un gnawes eboni am ddawnsio'r "rumba" yn fy nosbarth, a buan y gwelais yr ysbryd Kunt a Kinta trofannol yn cyniwair ynddi. "If my Momma's the 'Mother' in 'Mother's Pride', miss," medda'r hulpan o huddug, "guess who you is?" Ni chymerais sylw ohoni ond gwaetha fi'n nannedd gosod mynnodd dddywedyd wrthyf: "You be the 'cunt' in 'Country Maid'!" Erasmus Dafydd bach! a Brenin Gwyn y Gogoniant Mawr! Dim ond brandi'r prifathro ddaeth â fi ataf fy hun. 'R y unig achlysur meddaf innau â'm llaw ar fy mheth mawr i'r un dafn o ddiod gadarn wlychu fy ngwefusau erioed. Dyma'r unig achlysur hefyd mewn trigain mlynedd imi wlychu fy mlwmar.

Efrydwyr y gwyddorau —argymhellaf ofal neilltuol rhag brifo eneidiau sensitif a phur. Wn i ddim a ydych chwi athrawon ffiseg yn parhau i ddefnyddio llyfr gosod "Cox"? Adroddaf hyn o rybudd rhag ofn. Byth nid anghofiaf y gwaradwydd a ddioddefais yn groten pan ddywedodd yr athro ffiseg wrthym ar ddechrau'r tymor: "Homework tonight is to cover your 'Cox' in brown paper." Chwi wyddoch am feddyliau beudy-aidd hogia ffermydd cystal â finnau.

Efrydwyr daearyddiaeth, chwithau, ymdriniwch yn ofalus iawn â'r ddwy drefn cloddio mwyn haearn, y naill ar y Cyfandir Tywyll a'r llall ar Ynysoedd di-Dduw Siapan, sef tref Wanking yn Rhodesia a Kutchan yng ngwlad Hirohito. Yr un budr feddyliau a glywais droeon yn galw Anialwch Kalahari yn

Coc Harold Wilson. Mae 'na Uffern boethach cofiwch chi na hyd yn oed Llywodraeth Lafur.

Edwino gwaetha'r modd y mae Lladin fel disgyblaeth yn yr ysgolion cyfun. Ond i'r rhai sydd yn parhau i ymhyfrydu yn yr ardderchog bwnc, —gwyliwch rhag i rywrai digwylydd ymhlith y disgyblion fynd dros ben llestri efo'r "hic haec hoc". Gwn i nifer o enethod diwair o athrawesau gael trafferth efo "le bras" a "le coq" wrth ddysgu'r iaith Ffrangeg; ond nid yw hynny'n ddim o'i gymharu ag un enghraifft o'r Lladin, sef yr hyn a geir yn ystod declension y ferf "duco", h.y., ducis, ducis, ducunt. (D.S. DW—CWNT yw'r ynganiad cywir. DW—CWNT.)

Iaith goeth, gain ei llên yw'r Saesneg. Bûm unwaith yn ei dysgu i blant yr ysgol ganol, a rhan naturiol o drefn pethau oedd egluro'r term "Spoonerism" i ehangu gorwelion yr hen blant. Pe gwyddwn am y brofedigaeth a ddeuai i'm rhan am fy nhrafferthion, ni fuasai'r un o'm gwefusau erioed wedi ynganu'r gair. Os nad oedd anacademaidd fechgyn y trydydd dosbarth yn camddefnyddio'u "Adventures of Robin Hood" ei hochr hi gan

droi'r hen Friar Tuck druan yn Triar Fuck, yr oedd clefar-dics y pumed yn difetha'r darlleniadau o gyfrol ardderchog Mark Twain, "The Adventures of Tom Sawyer", drwy droi Huck Finn yn Fuck Hinn. Gadewch i mi'ch sicrhau chwi mai Fuck Hyn ddywedais innau gan ymadael â'r Gomorah hwn o ddosbarth ar ganol gwers i gymryd dôs o fy "Smelling Salts".

Yr wyf fel chwithau yn gryn edmygydd o'r Fam Frenhines, ac rwyf yn sicr y bydd llawer o athrawesau ieuainc yn awyddus i ddefnyddio achlysur ysblennydd ei phenblwydd yn bedwar ugain fel testun cywaith yn ystod y tymor a ddaw. Bu'n weithgar fel finnau drosto Ef, ac mae ei buchedd yn un arwrol. Ond a gaf i'ch rhybuddio rwan hyn rhag cymryd y cam gwag digon naturiol o dreiglo tŷ ei merch annwyl yn feddal. Mi wêl y cythreuliaid mewn crwyn eu cyfle yn y fan hon eto, marciwch chi be' dwi'n ddeud, i ganfod y gyfathrach rywiol yn llechu yn holl erchylltra ei sillafiad Saesneg— "I Fuckingham Palace." Nid oes ball ar eu pechu. Mae eu dychymyg yn ddihareb. Ond genod bach, cofiwch chi hyn: bid gen bid gont.

GWLADUS Whitehouse JONES

Priodas Vawr Vrehinawl

Y byd

- Streiciau Newyn aelodau'r IRA yn cychwyn yng ngharchar y Maze mewn ymgais i ennill statws carcharorion gwleidyddol. Un o'r carcharorion, Bobby Sands, yn ennill isetholiad seneddol Fermanagh a De Tyrone.

- Bobby Sands yn marw ar 5 Mai. Bu farw deg o'r dynion a gymerodd ran yn y streiciau newyn.

- Priodas Charles a Diana.

- Terfysgoedd yn Toxteth, Brixton, Handsworth ac amryw o drefi eraill ledled Lloegr.

- Pedwar cyn-aelod o'r llywodraeth Lafur, y 'gang o bedwar', sef Shirley Williams, Bill Rodgers, David Owen a Roy Jenkins yn ffurfio plaid newydd yr SDP.

- Arthur Scargill yn cael ei ethol yn arweinydd Undeb y Glowyr.

Cymru

- Gwynfor Evans yn ymddeol o fod yn llywydd Plaid Cymru ar ôl 36 mlynedd. Ethol Dafydd Wigley yn llywydd newydd y Blaid.

- Ffigurau'r Cyfrifiad yn dangos mai Gwynedd bellach yw'r unig sir yng Nghymru lle mae mwyafrif y boblogaeth yn siarad Cymraeg.

- Carchar i Wayne Williams am ei ran yn ymgyrch ddarlledu Cymdeithas yr Iaith.

- Meri Huws yn Gadeirydd Cymdeithas yr Iaith (ymhen rhai blynyddoedd mi fyddai hi'n Gadeirydd Bwrdd yr Iaith ac yna'n Gomisynydd Iaith Cymru).

- 36 o ferched yn cychwyn gorymdaith o Gaerdydd i gomin Greenham i wrthwynebu cadw taflegrau *cruise* yr Unol Daleithiau yno. Parhaodd y brotest am 19 mlynedd.

- Y Babell Roc gyntaf ar Faes yr Eisteddfod Genedlaethol a gynhaliwyd ym Machynlleth.

- Cynnal Noson Wobrwyo gyntaf y cylchgrawn roc a phop *Sgrech* ym Mhafiliwn Corwen.

LOL

Wrth i ardaloedd tlawd Lerpwl a Llundain losgi ac wrth i streiciau newyn aelodau'r IRA yng Ngogledd Iwerddon gynyddu'r tensiwn yno, digwyddiad mwyaf 1981 i bob Prydeiniwr gwerth ei halen oedd priodas Carlo a Ledi Di. Roedd hyn wrth gwrs cyn i chwalfa'r briodas fygwth seiliau'r frenhiniaeth ac roedd y cyfryngau Cymraeg yn un yn eu mawl wrth fawrygu'r pâr priodasol – ac nid oedd *Lol* am adael i'w ddarllenwyr golli mas ar y dathlu, ac felly y bu, gyda chartŵn coeglyd o'r briodas ar y dudalen flaen.

Cafwyd ychydig o stŵr yn Eisteddfod Genedlaethol Machynlleth pan gyhuddwyd *Lol* o gyhoeddi cartŵn hiliol (arall!). Yr un a wnaeth y cyhuddiad oedd un o gyn-gyfranwyr y cylchgrawn sef Gareth Miles, a ddisgrifiodd y cartŵn fel un 'hyll' ac fe welir o'r cartŵn sy'n darlunio dau godwr reiat yn ardal Toxteth, Lerpwl, fod y cyhuddiad yn hollol gyfiawn a theg!

Aeth Miles ymlaen i gyfeirio at 'agwedd ddilornus' y cylchgrawn tuag at ferched a'r posibilrwydd o foicotio *Lol* os nad oedd pethau'n newid. Newid wnaeth pethau ond nid am flynyddoedd, oherwydd plentyn ei oes fu *Lol* erioed mewn gwirionedd, ac mae'r hiwmor a'r dychan a'r cynnwys yn adleisio

hynny, o'r lluniau merched noeth i'r cartwnau hiliol a'r sylwadau fymryn yn homoffobig (e.e. y pennawd 'Pwff, Pwff y Trên Grefi' wrth drafod rhai o ffigurau amlwg y byd darlledu). Wedi dweud hynny, doedd *Lol* ddim gwaeth na chylchgrawn dychanol *Private Eye* oedd yn cyfeirio at y mudiad hawliau hoyw yn y 1970au fel 'Poove Power', ac at ymweliad yr Ymerawdwr Hirohito o Siapan fel 'A nasty Nip in the Air', gyda'r isbennawd 'Piss off bandy knees'.

A bod yn deg, mae hiwmor rhai o gartwnau amheus *Lol* yn debychach i arddull tafod mewn boch abswrd cylchgrawn fel *Viz*, ond does dim dwywaith bod *Lol* wedi methu'r targed yn arswydus ar ambell adeg. Erbyn y 1990au serch hynny roedd yr esgid ar y droed arall a'r jôcs wedi troi i wneud hwyl am ben crefyddwyr homoffobig a hiliol. Yr hyn sy'n gyffredin efallai yw bod y targedau – Cristnogion hunangyfiawn, ffeministiaid piwritanaidd a llenorion siwdaidd – i gyd yn euog i ryw raddau neu'i gilydd o gymryd eu hunain llawer gormod o ddifri.

Myfi ..."ac eto nid myfi"...!

Gwyn Erfyl

* * *

"Weles di *Lol*?"

"Do"

"Wel?"

"Mi ges fwy o lonydd nag arfer diolch am hynny".

"Rwyt ti ar dy ffordd allan, mae'n amlwg".

Yna:

"Be wyt ti'n feddwl o ————?"

"Celwydd"

"Pam ei gyhoeddi te?"

"Newyddiaduriaeth anghyfrifol"

"Mater o gyfraith?"

"Be di'r pwynt?"

Ac felly o flwyddyn i flwyddyn.

"Ond pwy ydy'r gohebwyr? Mae'n rhaid fod yna fwy nag un twrch y tu fewn i HTV a'r BBC. Cliw. Sylwa pwy sydd ddim yn cael eu henwi..."

"Wel, does gen i fawr o feddwl o'u teyrngarwch nhw. Hen sinach dan din sy'n gneud peth felly — a dôs go lew o rwystredigaeth ac o eiddigedd yn rhan o'r clefyd".

"Dyna un ffordd o edrych arni. Ond mae gormod o bwysigion o gwmpas — tithe yn 'u plith — yn cerdded y maes fel pebaech chi'n berchen y sioe. Cyfalafwyr a Sais-addolwyr yn tyfu'n fras ar ddiwylliant eich gwlad. Chwarae teg i Robart a'i griw ddeда i".

"Ond be tase rhywun yn palu clwydde cyffelyb amdano fo a'i debyg?"

"Dydi o ddim yn ffigiwr cyhoeddus"

"Ond mae o'n adnabyddus"

"Mae hynny'n wahanol".

* * *

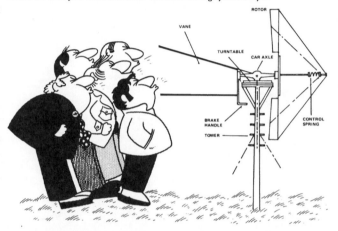

Cornel y DECHNOLEG ARALL

Yn wyneb yr Argyfwng Ynni, pris petrol, diwedd y byd etc., daeth galw eang i *Lol* gynnwys eitem perthnasol a chonsyrnol er helpu'r darllenwyr yn yr Argyfwng cyffredinol hwn. Dechreuwn y gyfres gyda

SUT I WNEUD TRYDAN ALLAN O WYNT

Mae'r eitemau canlynol yn angenrheidiol: *1. Echel car; 2. Lastic bands (ar gael mewn unrhyw gangen o'r Cyngor Llyfrau); 3. Caib; 4. Rhaw; 5. Pump aelod o'r Chwyth Cenedlaethol.* Gosoder at ei gilydd fel hyn:

Rhaid i'r pump aelod sefyll o flaen y *vane* a chwythu â'u holl nerth. Er sicrhau eu bod yn aelodau dilys o'r Chwyth Cenedlaethol, rhoddwch gaib a rhaw (Eitemau 3 a 4 uchod) yn eu dwylo ac os na fydd dim clem gyda nhw sut i afael ynddynt, yna maent yn aelodau dilys o'r Chwyth Cenedlaethol. *DALIER SYLW.* Nid yw'n ddoeth i storio'r trydan hwn mewn batri gan fod y Chwyth Cenedlaethol yn mynd yn fflat yn sydyn iawn.

LOL HILIOL

Beirniadwyd y cylchgrawn 'Lol' am fod arlliw hiliol ar beth o'i gynnwys eleni, mewn cyfarfod gwrth - apartheid yn yr eisteddfod.

Gareth Miles ... arlliw hiliol ar Lol, meddai.

Disgrifiodd Gareth Miles, Trefnydd Cenedlaethol UCAC, un cartŵn yn y cylchgrawn fel "cartŵn hyll" a dywedodd ei fod yn gobeithio y byddai 'Lol' yn diwygio ei hun.

Cyfeiriodd hefyd at "agwedd ddilornus" y cylchgrawn tuag at ferched ac awgrymodd y dylid trefnu boicot o'r cylchgrawn os na fyddai'n diwygio.

Cenedl 'dwp'

Cyfeirio yr oedd Gareth Miles at gartŵn lle mae dyn tywyll ei groen yn cyfarch 'skinhead' ar stryd yn Lerpwl, ac un yn dwed wrth y llall, "Iawn ddyn. Toxteth heno a Twrw Tanllyd nos Lun".

Penderfynodd y cyfarfod groesawu datganiad Llywydd Llys yr Eisteddfod, Mr Emrys Evans, a feirniadodd aelodau Côr Cwmbach a Chôr Orffiws y Rhos am dderbyn y gwahoddiad i gymryd rhan mewn gŵyl yn Ne Affrica. Dylid annog corau eraill hefyd i wrthod unrhyw wahoddiadau tebyg.

Dywedodd Dafydd Elis Thomas, A.S., ei fod ef, yn ystod y sesiwn seneddol, yn byw mewn ardal yn Llundain lle mae 40 y cant o'r boblogaeth yn dywyll eu croen. Mae hiliaeth yn beth cyson, dyddiol yn yr ardal, fel mewn llawer o ardaloedd eraill tebyg.

"Mae'n bwysig i ni ddeud fod ein brwydr ni fel lleiafrif Cymraeg yn un â brwydr lleiafrifoedd du ym Mhrydain" meddai.

Bellach, Cymr 'soft touch' Prydai bwynt De Affric wydd ein bod ni' dwp sy'n cred wahanfur rh iant a gwlei canlyniad sy'n sylw gwleidy yn ein nion e

Dy Iwan wrth Cymr Sel Aff yr a

"Iawn ddyn. Toxteth heno a Twrw Tanllyd nos Lun."

Croeso cynnes i glywed neges pwysig Proffwydi y Beibl:

AIL-YMDDANGOSIAD IESU GRIST AR Y DDAEAR

Nos Sul. 6-30p.m   28 North Parade.

Yr Iesu yn ymddangos drachefn i gyflawni gair yr Arglwydd Dduw.

Rhodder cyfle i ofyn cwestiynam yngnghymraeg ar ddiwedd y cwrdd

Cabalol

Y byd

- Rhyfel y Malfinas – byddin yr Ariannin yn goresgyn Ynysoedd y Falklands, trefedigaeth Brydeinig bellennig yn Ne'r Iwerydd.

- Margaret Thatcher yn penderfynu anfon tasglu milwrol i ailgipio'r ynysoedd i Brydain. Yn y brwydro, 655 o filwyr yr Ariannin a 255 o Brydeinwyr (llawer o Gymry yn eu plith), yn cael eu lladd.

- Yn Bluff Cove yn Rhyfel y Malfinas caiff llong y *Sir Galahad* ei bomio gan awyrennau'r Ariannin. Caiff 48 o filwyr eu lladd neu eu hanafu yn yr ymosodiad, gan gynnwys 32 o filwyr o'r Gwarchodlu Cymreig.

- 3 miliwn o bobl yn ddi-waith ym Mhrydain.

- 20,000 o ferched yn clymu dwylo ac yn amgylchynu gwersyll comin Greenham mewn protest yn erbyn gosod 96 o daflegrau *cruise* Llu Awyr yr UDA yno.

Cymru

- 700 mlynedd ers lladd Llywelyn ap Gruffudd. Am y tro cyntaf yn ei hanes, Gorsedd y Beirdd yn ymgynnull y tu allan i brif seremonïau'r Eisteddfod drwy fynychu cyfarfod coffa i Lywelyn ger y gofeb yng Nghilmeri.

- Cychwyn S4C.

- Helynt ciosg Talysarn pan rhoddwyd offer bygio mewn ciosg yn Nyffryn Nantlle gan yr heddlu mewn ymgais i ddal y llosgwyr tai haf.

- Wayne Williams yn ymladd i gadw'i swydd fel athro yn Ysgol Uwchradd Llanidloes. Cafodd ei wahardd o'i waith gan Lywodraethwyr yr ysgol a Chyngor Sir Powys am iddo fod yn y carchar dros Sianel Gymraeg. Cafwyd ymgyrchu o'i blaid ac yn ei erbyn, ac yn y diwedd cafodd ei swydd yn ôl.

- Cyhoeddi papur newydd Cymraeg dydd Sul ar gyfer Gwynedd, sef *Sulyn*. Ymddangosodd 14 rhifyn rhwng Medi 1982 a Ionawr 1983. Dylan Iorwerth ac Eifion Glyn oedd sylfaenwyr y papur.

- Y Pab yn ymweld â Chymru.

- David R. Edwards a T. Wyn Davies yn ffurfio'r grŵp Datblygu a rhyddhau eu casét cyntaf *Amheuon Corfforol*.

- Gerallt Lloyd Owen yn ennill y Gadair yn Eisteddfod Genedlaethol Abertawe am ei awdl ar y testun *Cilmeri*.

LOL

1982 oedd blwyddyn sefydlu S4C, gan agor trysorfa o straeon a dychan i *Lol* am lygredd a barusrwydd y dosbarth cyfryngol yng Nghymru am ddegawdau i ddod. Roedd *Lol* y flwyddyn hon yn un o'r rhifynnau gorau ers tro ac yn cynnwys 'gêm newydd iasoer' yn gwneud hwyl am ben y Cyngor Llyfrau 'Y Ffordd i Gastell Brychan', a threfniadau'r cyfryngau Cymraeg i alaru'n daeog ar farwolaeth aelodau'r teulu brenhinol.

Roedd yr ymrafael cyfreithiol gydag Alun Talfan Davies yn parhau ac yn y *Lol* cyfredol cafwyd stribed 'Anturiaethau Siwpyr Tal' gan Elwyn Ioan yn dychanu'r marchog a rhai o hoelion wyth y genedl. Yn Eisteddfod Abertawe cynhaliwyd cabare Cabalol mewn Clwb Nos mawr yn y ddinas gyda Hywel Ffiaidd, Dewi Pws ac eraill mewn ymgais i godi arian i dalu am gostau'r achos arfaethedig yn erbyn 'yr Aflan'.

Mae'n debyg bod y clwb yn orlawn ar y noson a bod Robat Gruffudd wedi colli cyfeillion oes am wrthod gwerthu tocynnau iddynt. Ar ben hynny, roedd rywsut wedi ennyn cynddaredd perchennog y clwb nos. Meddai: 'Derbyniais alwad ffôn hir a rheglyd gan berchennog y clwb nos, a oedd wedi rhoi'r lle inni am bris rhesymol. Nid y noson ei hun a'i cythruddodd, ond yr ymosodiad manwl arno ef a'i wleidyddiaeth a ymddangosodd yn y rhifyn cyfredol o *Lol*. Nid am y tro cyntaf fe'm galwyd yn fastard dau wynebog a gwaeth. Tyngais na thywyllwn ei blydi glwb byth eto.'

'Steddfŵs '82

Bargen y ganrif yn cynnwys:
* hyd at 6 eisteddbeint bob nos!
* eisteddgnych mewn pabell neu garafan!
* eisteddchwyd go iawn bore wedyn!
* eisteddfaw ac eisteddlaw DILYS CYMREIG.

Ac yn rhad ac am ddim:
EISTEDDLIFFT drwy'r wythnos dim ond codi bawd.

Archebwch fel a ganlyn:				
Chwisgis:				
DWBL				
SENGL				
SAFON "A"				
SAFON "B"	£189	£234	£521	£1,002

MYNNWCH Y PROFIAD EISTEDDFODOL CYFLAWN!!

* eisteddfôrs bob man i'w hosgoi
* eisteddben aruthrol bob bore
* eisteddlaeth i leino'r stwmog
* eisteddbei i ginio bob dydd

CERDYN CREDYD

Dylid llanw y darn hwn yn unig os archebir drwy'r post

Tynnwch oddi wrth fy nghyfrif ACCESS/BARCLAYCARD Visa

BARCLAYCARD VISA

E I S T E D D S W I N D L ? ? ?

Llofnodwyd ....

Dewch ar y Trên Bach...

s4C

BYDDAI HUNANGOFIANT STEAM-OF-CONSCIOUSNESS TEGELL DRYDAN YN CHWYTHU CAEAD BEIRNIADAETH FODERN...

GRANT KKK + GRANT AWDUR + BREINDAL o 15% = £3,750.

HALE—FFYCIN—LIWIA...

One of a series of Writing Workshops arranged by Yr Academi Gymreig.

"MAE UN PETH YN BLYDI SIŴR —DOEDD NEB YN GWRANDO AR NEGES HEDDWCH YR URDD 'LENI ETO..."

Emlyn Davies, Golygydd

Subject: Y TEULU BRENHINOL

To: Pawb.

Cawsoch gopi o'r cyfarwyddiadau i'w dilyn pe bai rhywbeth yn digwydd i un o aelodau'r teulu brenhinol. Carwn ail-bwysleisio bod y manylion hyn yn gwbl gyfrinachol.

Dyma grynhoi:

1.   Y Frenhines

    A. Mewn achos o ddamwain lle mae pryder am ei bywyd.

       Dylid torri ar draws unrhyw raglen i gyhoeddi'r newydd. Bydd y rhaglenni'n cario ymlaen wedyn. Fe ddaw'r neges oddi wrth G.M.S. (Os nad yw Radio Cymru'n darlledu ar y pryd, dydyn ni'n gwneud dim)

    B. Marwolaeth.

       Dylid torri ar draws unrhyw raglen i gyhoeddi'r newydd. Ar ol hynny, bydd Radio Cymru'n ymuno a Radio 4 i glywed awr o glychau. Bydd Llundain yn ail-adrodd y cyhoeddiad o dro i dro. (Os nad yw Radio Cymru'n darlledu ar y pryd, dydyn ni'n gwneud dim).

       Ar ben yr awr, byddwn yn cario rhaglenni arbennig yn Gymraeg am y Frenhines.

2.   Y Fam Frenhines/Dug Caeredin/Tywysog Charles.

    A. Damwain.

       Yr un drefn ag yn achos y Frenhines.

    B. Marwolaeth.

       Torri ar draws unrhyw raglen i wneud y cyhoeddiad, a bydd yr Adran Gyflwyno yma yng Nghaerdydd yn chwarae disc o glychau am hanner awr.

       Ar ol y clychau, byddwn yn cario rhaglenni arbennig yn Gymraeg.

3.   Y Dywysoges Margaret, y Dywysoges Anne, Tywysog Andrew, Tywysog Edward, Y Prif Weinidog.

    A. Damwain.

       Torri ar draws rhaglen lle bo hynny'n gyfleus. Os nad yw'n gyfleus, dylid gwneud y cyhoeddiad rhwng dwy raglen.

    b. Marwolaeth

       Dylid cyhoeddi'r newydd rhwng dwy raglen, neu dorri ar draws rhaglen pan fo hynny'n gyfleus.

Pwyntiau Ychwanegol

Os digwydd rhywbeth fel yr uchod, dylid cysylltu ar frys a'r canlynol, unrhyw awr o'r dydd neu'r nos:

Meirion Edwards,   Caerdydd 563177
Harwel Ellis Owen,   Caerdydd 890561
Emlyn Davies,   Caerdydd 891344

Diolch,

Emlyn.

Sioe bypedau Cymru

Y byd

- Margaret Thatcher yn ennill yr Etholiad Cyffredinol gyda mwyafrif sylweddol o 144 sedd.

- Neil Kinnock, AS Bedwellte, yn dod yn arweinydd y Blaid Lafur.

- Gerry Adams, llywydd Sinn Fein, yn cael ei ethol fel Aelod Seneddol dros Orllewin Belffast.

- 38 o garcharorion Gweirniaethol yn dianc o garchar y Maze yng Ngogledd Iwerddon.

- Yr IRA yn ffrwydro bom y tu allan i siop Harrods yn Llundain gan ladd 6 o bobl.

- Bom gan eithafwyr Islamaidd yn lladd dros 200 o filwyr Americanaidd yn Beirut.

- Y taflegrau *cruise* cyntaf yn cyrraedd canolfan y Llu Awyr yng nghomin Greenham. Tua 400,000 yn protestio yn Llundain yn eu herbyn, a ffurfiodd miloedd o ferched gadwyn brotest 14 milltir rhwng comin Greenham, Aldermaston a Burghfield.

- Microsoft yn rhyddhau'r fersiwn gyntaf o raglen prosesu geiriau Word.

Cymru

- Yn yr Etholiad Cyffredinol, y nifer o etholaethau yng Nghymru yn codi i 38, a'r Toriaid yn ennill 14 ohonynt – un o'u canlyniadau gorau erioed mewn Etholiad Cyffredinol yng Nghymru.

- Dafydd Elis-Thomas yn cael ei ethol yn llywydd Plaid Cymru yn dilyn ymddiswyddiad Dafydd Wigley.

- Gŵyl y Cestyll yn cael ei chynnal, wrth i Fwrdd Croeso Cymru ddathlu saith canrif ers i Edward I goncro Cymru.

- Cynnal achos llys yn erbyn 6 o bobl wedi'u cyhuddo o osod bomiau mewn adeiladau yng Nghymru a Lloegr yn enw'r Workers Army of the Welsh Republic (WAWR). Dim ond un diffynnydd yn cael ei ddyfarnu yn euog, a chwestiynau'n codi am ymddygiad swyddogion heddlu De Cymru fu'n gysylltiedig â'r achos.

- Dafydd Iwan yn rhyddhau ei gân enwog *Yma O Hyd*.

LOL

Roedd *Lol* Eisteddfod Genedlaethol Llangefni 1983 yn rhifyn arbennig ac yn 'ymgorffori Cymru'r Plant' gyda chartŵn ar y clawr blaen yn darlunio 'Sioe Bypedau' sefydliadau Cymraeg Cymru i gyd dan reolaeth Nicholas Edwards, yr Ysgrifennydd Gwladol Ceidwadol. Y cefndir i hyn oedd y gŵyn gynyddol bod llawer o sefydliadau Cymraeg, trwy dderbyn arian gan y Llywodraeth, yn cyfaddawdu ar eu Cymreictod a'u hegwyddorion ac yn ufudd hyd at waseidd-dra i'r wladwriaeth Brydeinig ac i'r Blaid Geidwadol yn arbennig. Ymysg y 'pypedau' honedig oedd dau o hen gyfeillion y cylchgrawn – Prys Edwards oedd yn cael ei bortreadu fel Mistar Urdd, ac Alun Talfan fel Wil Cwac Cwac.

Bellach, roedd S4C yn flwydd oed ac wedi hen ennill ei le ymysg targedau *Lol*. Roedd colofnwyr y cylchgrawn yn eu helfen, gan hel clecs a straeon a dychanu'r cyfryngis wrth i arian mawr

lifo i gyfeiriad y cwmnïau teledu yn nyddiau cynnar y sianel. Ar ôl aberth ymgyrchwyr y blynyddoedd cynt, roedd y rhuthr yma am arian mawr yn cael ei weld fel 'brad y swyddi breision'.

"Maen nhw'n mynd i wneud rhagor o actorion Cymraeg. . ."

Llun ecscliwsuf o Mr Alan Wyn Jones yn tywys Ei Fawrhydi Charles O'Windsor o gwmpas Nant Gwrtheyrn yr wythnos ddiwethaf.

*NEW FROM SAIN RECORDS!

—Songs for Visitors and Immigrants Sung Specially for YOU by Wales' Leading Exponent of the Ancient Art of Welsh Popsinging. . .

INCLUDING THE GOLDEN OLDIES:

* One Dime at a Time
* Come Back O My Father
* Sheppe, Ye Olde Shaggy Welsh Sheepe Dogge
* A Little Peace (of Silver)
* Come Back O My Mother
* Put Your Hand (In My Pocket) –
   (copyright Rothschild & Hammerstein)
* Ye Little White Hairs
* Ye Welsh Gifts Kiosk of Tallysarn

—BACKED BY the angelic voices of the Llangevny Comprehensive Bilingual School from Ynnis Mone, Mother of Wales.

Price—only £1.99

BUY! BUY! BUY!

CYFARWYDD YW EIN GWLAD

neu
Torf y Cyfryngau

Çyfarwydd yw ein gwlad
A Brad y Swyddi Breision,
A thorri clymau bro
Wrth ruthro am fanteision;
O ddysgu llyfu llaw
Fe ddaw gwobrwyon helaeth,
Ceir gwisgo coler aur
Nid beichiau'r etifeddiaeth.

Os parwn hyd yn hyn
I wrthwynebu'n 'styfnig
Ymlediad dull y Sais
A'i adlais o'r Amerig,
Mae Llundain hir ei phwyll
'Di trefnu twyll i'n drysu,
Seisnigrwydd sy' ar waith
Trwy gyfrwng iaith y Cymry.

O chwennych bri a nawdd
Mae'n ddigon hawdd ei prynu,
O gynnig cyflog hael
Mae llu ar gael i'w llygru;
Diwreiddir hwy o'n plith
I wisgo rhith arweinwyr,
A'r enw "Hoelion Wyth"
Yw mwgwd llwyth o lyngyr.

Y gelod oll ar râs
I'r weirlas a'r teledu,
Pob pwped efo'i ran
A llwyfan i'w ddyrchafu;
Dynwared Sais yw'r nod
Mewn 'steddfod a cholegau,
A nofio efo'r lli
Sy'n boddi gwahaniaethau.

Rhoi'r werin oll yn gaeth
I bob barbariaeth torfol,
Cyn troi o drin y trwch
At gyd-ddifyrwch dethol;
Pwysigion yn mwynhau
Cael gwau ymysg ei gilydd,
Heb ddirnad hyd a llêd
Y golled a'r cywilydd.

Y cywion yn y berth
Ar chwys ac aberth pesgant,
Ac o'r cynefin bach
I frig ehangach hedant:
Canlynir pob rhyw ddull
Ar ledu esgyll gwychion,
Wrth ganu yn gytun
Yr un hen ddeunod estron.

WALES4CYMRU

EISTEDDFOD GENEDLAETHOL
LLANBEDR PONT STEFFAN A'R FRO 1984

4—11 AWST 1984

Rhestr Testunau

ADRAN PROTESTIO

Mae'r Eisteddfod am warchod yr hen gelfyddyd o brotestio sydd bellach bron â marw o'r tir am wahanol resymau. Dyma Steddfod Llambed yn cynnig cystadlaethau i hybu'r hen grefft felly:

Cystadleuaeth 1:
Parti Protestio heb fod o dan 12 mewn nifer. Targed: malu unrhyw babell sy'n perthyn i fudiad neu sefydliad sy'n rhoi grant i'r Steddfod. Gwobr: eich llun yn y *Western Mule*, a gwely a brecwast yn rhad ac am ddim mewn ystafell sengl gyda chyfleusterau personol.

Cystadleuaeth 2:
Protest unigol —yr uchaf ei lais wrth weiddi 'Na' pan ofynnir 'A Oes heddwch'. Gwobr —cael ei sbaddu efo cledd yr Orsedd.

Beirniaid: Drylliwr Llwyd Morgan a'r Rec-a-Recars.

Bore o Haf '79

Portread Elwyn Ioan o Peter Davies, Goginan, ar gyfer ei lith atgofus am yr Eisteddfod Genedlaethol yng Nghaernarfon

Ymosodiad brawychus y ffeministiaid

Y byd

• Blwyddyn streic fawr y glowyr yn cychwyn ym mis Mawrth ac yn parhau am flwyddyn gyfan.

• Yr IRA yn gosod bom yng ngwesty'r Grand yn Brighton lle'r oedd Margaret Thatcher ac aelodau amlwg eraill o'r Blaid Doriaidd yn aros yn ystod eu cynhadledd. Lladdwyd 5 o bobl gan y ffrwydrad.

• Prydain a Tsieina yn dod i gytundeb y byddai Hong Kong yn cael ei drosglwyddo yn ôl i Tsieina erbyn 1997.

• Ailethol Ronald Reagan yn Arlywydd yr Unol Daleithiau.

• Ffrwydrad yn ffatri gemegau Union Carbide yn Bhopal yn yr India yn lladd dros 3,000 o bobl ar y pryd. Byddai pobl yn dioddef ei effaith am ddegawdau wedyn, a dywedir bod dros 25,000 o bobl wedi marw o ganlyniad i effeithiau'r ddamwain.

• Y newyn yn Ethiopia yn dwysáu, gyda miliwn o bobl yn marw erbyn diwedd y flwyddyn.

• Llofruddio'r ymgyrchydd gwrth-niwclear Hilda Murrell ar ôl iddi gael ei chipio a'i lladd o'i chartref yn yr Amwythig, ac ensyniadau bod a wnelo'r gwasanaethau cudd â'r achos. Dadorchuddio carreg goffa iddi ger Llanrhaeadr ym Mochnant yn 2004.

• Y cyfrifiadur Apple Mac cyntaf ar werth.

Cymru

• Ar gychwyn brwydr y glowyr, dim ond 10 o'r 28 cyfrinfa yn Ne Cymru sy'n pleidleisio o blaid gweithredu diwydiannol, a dywed Emlyn Williams, Llywydd Glowyr De Cymru, nad oedd yn cytuno â thactegau Arthur Scargill. Er hynny, De Cymru fydd un o gadarnleoedd y streic.

• Cyflwyno cwotâu llaeth, gan gael effaith ddifrifol ar ffermydd yng ngogledd a gorllewin Cymru.

• Awdurdod Iechyd Gwynedd yn cyhoeddi polisi iaith, ond nid heb lawer o ymgyrchu a phrotestio gan aelodau Cymdeithas yr Iaith ac Adfer a gweithwyr yr Awdurdod.

• Sefydlu Cymdeithas y Dysgwyr (CYD) yn Eisteddfod Genendlaethol Llanbedr Pont Steffan.

• Steve Eaves (a'i Driawd) yn rhyddhau ei gasét cyntaf *Viva la Revolucion Galesa!*.

• Daeargryn yng Ngwynedd, y canolbwynt oddi ar arfordir Pen Llŷn.

LOL

Rhifyn Hawliau Merched oedd *Lol* Eisteddfod Llambed, o bosib y rhifyn lleiaf gwleidyddol gywir yn hanes y cylchgrawn – cartŵn hiliol (arall) yn dangos rhai o drigolion Affrica yn cynnal 'jyngl sêl', cartŵn yn dangos toiledau'r Steddfod gyda lle i Ddynion, Merched a 'Sosialwyr Ffeministaidd Radical', gan bechu holl garfannau'r 'chwith trendi' yr un pryd!

Ond does dim dwywaith bod y Lolwyr wedi mynd allan o'u ffordd i gythruddo ffeministiaid yn benodol, gydag eitem digon gwachul 'Pwy Biau'r Bronne?' Roedd yr eitem yn gwahodd darllenwyr i ddyfalu pa fardd ffeministaidd oedd biau pa fronnau. Fel y dywedodd Robat Gruffudd: 'Nid oedd yn eitem rhy

glyfar ac fe'i gwnaed, rhaid cyfaddef, yn y gobaith pell o ennyn yr union gynddaredd a ddaeth.'

Arweiniodd hyn, yng ngeiriau Robat at 'ymosodiad brawychus y Ffeministiaid'. Rhwygwyd rhifynnau o *Lol* ym mhabell Y Lolfa ar y Maes ac ar nos Iau wythnos yr Eisteddfod peintiwyd slogan ar adeilad y wasg yn Nhalybont oedd yn haeru, 'Mae'r wasg hon yn sarhau menywod'. Yn ôl adroddiad *Y Cymro* gwadodd y mudiad Hawliau i Fenywod unrhyw gyfrifoldeb am y weithred gan briodoli'r peintio i 'unigolion oedd wedi gwylltio'. Cysylltodd Robat yn syth â'r cyfryngau gan weld cyfle gwych i gael cyhoeddusrwydd i *Lol*.

Rhoddwyd gorchymyn i staff Y Lolfa beidio â glanhau'r slogan ar unrhyw gyfri, er mwyn i bawb weld pa mor wirion ac absŵrd oedd y peth. Yn y *Western Mail* cwynodd Robat Gruffudd fod y ffeministiaid yn pigo ar wasg fechan Gymraeg adeg yr Eisteddfod pan oedd deunydd llawer iawn mwy pornograffig ar werth yn siopau papurau newydd Llambed.

Ond does dim mo'r fath beth â chyhoeddusrwydd gwael, medden nhw, ac roedd hynny'n wir yn yr achos yma oherwydd bu'n rhaid ailargraffu'r rhifyn ar ôl i bob copi gael ei werthu.

SOFRANIAETH

Ynghanol y Gwanwyn fe hwyliodd y fflŷd
O Bortsmouth a Phlymouth i ben draw y byd.
Brasgamodd y werin o bentre a thre
Ar longau Brittania tua moroedd y de.
Hwylio yn dalog a'r Deyrnas o'u hôl
Er mwyn rhoi i'r Falklands sofraniaeth yn ôl.

Aeth Jac o Gasnewydd a Wil o Bwlltrap
I ymladd y gelyn ym mhen draw y map.
Eu bysbryd yn eofn a'u calon fel cawr
A'u ffydd yn yr Arglwydd a Phrydain Fawr
Gadael y cymoedd a'r ciwiau dôl
Er mwyn rhoi i'r Falklands sofraniaeth yn ôl.

Yn nhiroedd y Dwyrain ymhell dros y don
Mae ynys sofranol talaith Hong Kong;
Ond nid aeth y Cymry i'r tiroedd pell
I gynnal sofraniaeth a bywyd gwell.
Roedd grym byddin Tseina yn llawer rhy gry
I gartrawd gyntefig ein hogiau ni.

A heno 'Mhorth Talbot mae glowyr y ffâs
Yn herio Brittania a'u milwyr glâs,
Er mwyn cadw'n agor ein pyllau glo
A chynnal ein hurddas fel Cymry am dro.
A chredaf y llwyddant, —drannoeth y drîn
I chwalu'n yfflon sofraniaeth y Cwîn.

Eurig Wyn

MILIYNAU NAWR YN GWYLIO S4C

Mewn datganiad i'r wasg ddoe, gwadodd Mr Owen Edwards, Pennaeth S4C, bod y ffigwr "weekly reach" a gyhoeddwyd yr wythnos diwethaf gan BARB, o gyfartaledd o 2.1 o bersonau y rhaglen yr eiliad yn gwylio S4C, mewn unrhyw ffordd yn anghyson â'r ffigwr o 42.37 o wylwyr (cyfanswm, y pen) ar gyfer y pum rhaglen mwyaf poblogaidd, a gyhoeddwyd gan MORI dros y cyfnod Chwefror-Mai 1983.

"Mae'r ffigwr 'weekly reach' hwn yn cymharu'n ffafriol iawn â'r ffigwr o 5,732 (y rhaglen, y pen) sy'n gwylio Sianel Pedwar Lloegr," meddai Mr Edwards. "Os edrychwn ni ymhellach ar yr oedran 65-90, fe welir bod cyfartaledd o 92.8% yn gwylio S4C o leiaf unwaith yr wythnos.

Cynydda'r ffigwr hwn i 99.1% pan gymerir i ysgyriaeth y Sundown Factor, —pwynt elfennol nad yw MORI wedi ystyried o gwbl.

Digwydd y Sundown Factor bob nos yn ddiffael a hyn sy'n esbonio pam fod cymaint o bobl yn mynd allan ar ôl swper, e.e., i'r ardd i balu tatw, i olchi'r car, neu i glebran dros ben clawdd, gan lwyr esgeuluso eu gwylio.

O ystyried y Ffactor anochel hwn, mae'r ffigyrau'n wych. Does gyda ni ddim i bryderu amdano. Mae ein rhaglenni mor boblogaidd ag erioed.

Ond, er mwyn cael ffigyrau tecach fyth, a mwy gwrthrychol eto, rydym wedi comisiynu arolwg gan gwmni annibynnol newydd sbon o'r enw Ffeithiau Cywir i'r Sianel (FFICS). Bydd y cwmni hwn yn amcangyfrif y cyfartaledd gwylwyr yn ôl y dull cydnabyddedig y Gallop Sample, mewn nifer o gartrefi dethol a gaiff eu dewis yn ofalus a gwyddonol iawn. Hefyd, trwy gymorth dyfais electronig chwyldroadol, nid annhebyg i alcohometer, a osodir ar ben y set deledu, byddir hefyd yn cofnodi'r union adeg y bydd gŵr y tŷ yn vmestyn am y swits ac yn dweud wrth ei wraig, 'Mari, rwy'n mynd am beint.' Bydd cyfrifiadur wedyn yn gweithio allan faint o swing a fu yn ystod yr wythnos tuag at yfed Allbright —a hysbysebir yn eang ar y Sianel— gan brofi y tu hwnt i bob amheuaeth pa mor bwerus ac effeithiol yw S4C fel cyfrwng masnachol."

Aeth gohebydd Lol ar y ffôn i'r Athro Alwyn N. Whitehead, Pennaeth yr Adran Fathemateg Gymhwysol ac Uwch ym Mhrifysgol Cymru, Aberystwyth, i gael eglurhad pellach ar y ffigyrau.

"Yn anffodus," atebodd Syr Alwyn, "dyw'n compiwtar ni ddim yn gallu delio â hyn eto ond rwy'n deall bod gan fy ffrind Syr Clive Sinclair gyfrifiadur addas a fydd ar y farchnad yn 1990 ac rwy'n deall ei fod yn derbyn archebion nawr ar flaendal o 20% yn unig."

Mae Mr Owen Edwards yn frawd i'r Arglwydd Pwrs Edwards, Aberystwyth ac Abersoch.

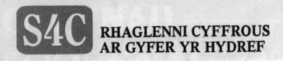

S4C — RHAGLENNI CYFFROUS AR GYFER YR HYDREF

CERDD YN Y COED
Barddoniaeth ar ei orau gan actorion enwog sy'n methu siarad Cymraeg.

O'R NEUADD GYNGERDD
Rhaglen chwe awr gyffrous gyda Beti Parry Jones yn cyflwyno simffoni goll gan Ludwig Watsianhini.

TEULUFFWL
Sbort i blant o bob oed. Gwobrau fil am ateb beth ydi enw Robin Jones.

Y TYWYDD
Gêm gwis fwya llwyddiannus S4C. Gair newydd y nos 'cafn y trobwynt ffressssssss'.

TÎN AR Y SGRÎN
A'r camp heno fydd nabod y jôc a chlywed y chwerthin mwyaf annidwyll ar unrhyw sianel.

MAE'N BORING BORROW
Y rhaglen sy'n gwneud i Gwyn Erfyl ymddangos fel Groucho Marx.

O'R WLADFA
Cyfle arall i fwynhau gweld y Gymraeg yn edwino yn Ne America.

'AVEZ VOUS DU CRAP'
Trosiad o'r Ffrangeg a chyfle arall i wrando ar leisiau cyfarwydd rhai o'n hactorion talentog.

DILYN TRÊN
Sgwrs am gartrefi enwogion sydd i'w weld o drenau bach Cymru.

Sianel Pedwar Cymru

Cystadleuaeth Haf Arbennig Lol

Pwy Bia'r Bronne?

1. Ms MENNA GAHAN
2. Ms MANON ELFYN
3. Ms CARMEL RHYS
4. Mr DAFYDD ELIS
5. Ms SIÂN DAFYDD
6. Ms MEG EDWARDS

ENILLWCH METRO

Chwedi cyplysu'r llythrennau gyda'r rhifau, cwblhewch, mewn dim mwy na 12 o eiriau, y frawddeg ganlynol, sy'n nodi eich rheswm dros ddewis eich HOFF BAR:

Credaf mai Ms ——————— yw'r person mwyaf boring a hunangyfiawn yng Nghymru heddiw oherwydd ———————

Robat Gruffudd lle bu'r menywod yn ymosod.

TARO LOL

Gwerthwyd pob copi o'r cylchgrawn "Lol" yn Eisteddfod Llambed ac mae cyfarwyddwr y wasg, Robat Gruffudd yn priodoli'r llwyddiant i brotestiadau mudiad Hawliau i Fenywod.

Argraffwyd 3,000 o gopïau o "Lol" eleni, mwy nag erioed o'r blaen, a dywed Y Lolfa mai wythnos yr Eisteddfod eleni fu'r mwyaf llwyddiannus yn hanes y cylchgrawn.

Ond denodd ei gynnwys brotestiadau oddi wrth aelodau o'r gwahanol fudiadau Hawliau i Fenywod. Yr hyn a'u cythruddodd fwyaf oedd cystadleuaeth yn dangos merched noeth. Gwahoddai'r cylchgrawn y darllenwyr i ddyfalu i bwy oedd y bronnau yn y lluniau yn perthyn, gan nodi enwa merched amlwg yn y mudiad i fenywod, gyda'r enwau hynny wedi eu cymysgu.

Rhwygodd rhai o'r merched protestgar rifynnau o "Lol" ym mhabell Y Lolfa ar y Maes ac yn hwyr nos Iau, peintiwyd sloganau ar adeilad y cwmni yn Nhalybont.

Gwadodd y mudiad Hawliau i Fenywod unrhyw gyfrifoldeb am y weithred gan briodoli'r difrod i "unigolion oedd wedi gwylltio."

Condemniwyd y weithred gan Robert Gruffudd. "Mae 'Lol', o'r cychwyn, wedi ymosod ar ddegau o fudiadau ac unigolion, a hynny naill ai'n ddychanol neu'n ddifrifol," meddai, "ond dyma'r tro cyntaf erioed i unrhyw un ateb mewn ffordd dreisiol.

"Yn achos y dychan ar fudiad y menywod eleni, jôc oed ycyfan. Ond mae'n amlwg nad yw hiwmor yn rhan o gyfansoddiad y merched hyn."

Peintiwyd drysau a ffenestri'r Lolfa ynghyd â'r palmant gerllaw, ac amcangyfrifir y bydd y gost o lanhau'r sloganau yn costio rhai canned o bun-noedd.

Oes newydd radical sosiolwni

Y byd

- Streic y Glowyr yn dod i ben ym mis Mawrth.

- Mikhail Gorbachev yn arweinydd newydd yr Undeb Sofietaidd.

- Cytundeb Eingl-Wyddelig rhwng llywodraethau Prydain a Gweriniaeth Iwerddon, gan roi llais i Ddulyn yng ngweinyddiad Gogledd Iwerddon am y tro cyntaf erioed.

- Terfysgoedd yn Tottenham yn Llundain. Lladd y plismon Keith Blakelock mewn terfysg ar stad Broadwater Farm. Dedfrydu tri o bobl dduon o'r ardal am y llofruddiaeth yn 1987 ond fe'u rhyddhawyd yn 1991 ar ôl i dystiolaeth wyddonol awgrymu bod cyffesiadau'r tri wedi cael eu ffugio gan yr heddlu.

- Helynt llyfr *Spycatcher*. Llywodraeth Prydain yn cymryd camau cyfreithiol yn Awstralia i atal y cyn-ysbïwr Peter Wright rhag cyhoeddi llyfr am ei fywyd yn MI5. Haerai'r llyfr bod aelodau o'r gwasanaethau cudd wedi cynllwynio i ddymchwel y Prif Weinidog Llafur, Harold Wilson, yn y 1970au. Y llyfr ar werth o dan y cownter mewn sawl siop lyfrau yn Mhrydain yn y cyfnod, gan gynwys amryw o siopau llyfrau Cymraeg.

Cymru

- Gyda'r glowyr wedi dychwelyd i'w gwaith ar ôl y streic, a'r Undeb wedi'i threchu, y Bwrdd Glo yn cau 11 o byllau yng Nghymru cyn diwedd 1985, gan ddiswyddo chwarter y gweithwyr.

- Dwy wraig yn ennill achos tribiwnlys yn erbyn polisi iaith Cyngor Gwynedd. Roeddent yn honni nad oedd adran gwasanaethau cymdeithasol y Cyngor wedi'u cyflogi oherwydd nad oeddent yn siarad Cymraeg a bod hynny yn 'hiliol'.

- Streic saith mis gan chwarelwyr Ffestiniog yn cychwyn.

- Yn dilyn llwyddiant Band Aid a Live Aid wrth godi arian i newyn Ethiopia, rhyddhau record *Dwylo dros y Môr* a chynnal cyngerdd gan brif artistiaid pop Cymraeg ar lwyfan Eisteddfod Genedlaethol y Rhyl.

- Y cylchgrawn pop a roc *Sgrech* yn dod i ben.

- Rhyddhau'r record amlgyfrannog tanddaearol *Cam o'r Tywyllwch*, sy'n cynnwys cyfraniadau gan Y Cyrff, Yr Anhrefn, Tynal Tywyl a Datblygu gyda Gruff Rhys yn chwarae'r drymiau ar un trac.

LOL

Roedd dylanwad helynt sloganau Llambed yn drwm ar y *Lol* nesaf, gyda'r clawr yn cyhoeddi mai 'Rhifyn Hoyw Loyw Sosio-lŵni ffemino-Wancol' fyddai *Lol* Eisteddfod Genedlaethol y Rhyl, ac roedd llond gwlad o eitemau yn dychanu safbwyntiau 'gwleidyddol gywir' ac fel sy'n arferol yn *Lol* rhai yn fwy doniol na'i gilydd...

Dyma oedd cyfnod anterth Cynghrair yr SDP (cyn-aelodau o'r Blaid Lafur a drodd eu cefnau ar unhryw fwriad i gynrychioli'r werin datws) a'r Rhyddfrydwyr, ac roedd sôn ystrydebol am 'wleidyddiaeth newydd' a 'thorri'r mowld gwleidyddol' ar y cyfryngau byth a hefyd.

Dafydd Elis-Thomas oedd llywydd Plaid Cymru yn y cyfnod yma ac roedd gan y cylchgrawn sgŵp gwleidyddol ar y clawr cefn yn awgrymu bod 'Aleians' newydd ar droed. Dywedwyd bod arweinydd y Monster Raving Loony Party, Screaming Lord Sutch, wedi estyn gwahoddiad ffurfiol i Dafydd Êl a'r Blaid i ymuno ag ef mewn Ffrynt Newydd Radical Sosio-Lŵni.

"Bob blydi nos Sadwrn 'run fath —un yn gryf dros Ffeministiaeth Ddialectaidd Wrthbatriarchaidd a'r llall wastad dros fwy o ddadansoddi Aml-ddimensiynol ar lefel Ysbrydol. . ."

New from SIGN RECORDS

The Anjelic Vois of Aled Jones

SIDE WYN

Accompanied by the BBC State Orchestra & Chorus, Berlin
with Elizabeth Schwarzkopf (soprano)
Helen Schapiro (mezzo-soprano)
Carlo Bergonzi
Julian Hodge (bass)
& The National Westminster Baroque Chamber Ensemble
St.Martin-in-the-Red
with Guest Appearance of Syr Jeraint Evans, Bart.
led by Syr Leonard Bernstein
with the Staatskapelle Musikverein, Liechtenstein

FUGUE & SARABANDE in F.MINOR, op.297
(G.F.Spaghetti, 1624-1635)
PENNIES FROM HEAVEN (© Sign Records)
BRIDJ OVER TROUBLED WATERS (© Sign Records)
CHARADE
ONE NOTE SAMBA*
BIG BLACK MOMMA
JESUS CHRISTUS, GOTT IM HIMMEL HOCH
(J.Sebastian Bach)
THE SECOND TIME AROUND
JINGLE BELLS
* Fflint solo by J.Galway

SYID TŴ

OLDE WELSH HYMNS

sung by the Sign Male Voice Madrigal Barbershop Four
(leader: D.Iwan)
& accompanied by the Midland Bank (Penygroes Branch)
Palm Court Orchestra

DAETH GWAREDWR GWIW I DDYNION
O IESU, PRYNWR MAWR Y BYD
THE STREETS OF LONDON
WELE CAWSOM Y MESELA (© Sign Records)
IT'S BEEN A HARD DAY'S NIGHT
I WILL SURVIVE (tenor solo: D.Iwan)
THEME FROM GOLDFINGER
I DAWEL LWYBRAU GWEDDI
THE JOINT IS JUMPIN'

Arrenjments by Andrew Lloyd Webber
Special effects by O.P.Huws
Subtitles by 20th Century Fox
A TRANSWEST NATIONAL MIDLAND SIGN PRODUCTION
World copyright Hammerstein, Goldsmith & Hart
Helicopter by S4C Amenities Plc
Drinks All Round at Goat, Llanwnda

SIGN RECORDS

I ETHIOPIA

Golchaf eto
lestri fy mhrofiadau
yn sinc fy enaid
Fy ymwybod yn glanhau
cyllyll a ffyrc
fy nghaethiwed
Fy ffedog
yn wregys diweirdeb
yn cadwyno
fy ngholomen wen

Eheda eheda
agora agora
i'm chwiorydd
yn Ethiopia
mewn neges
o gyd-chwaeroliaeth
ac ymwybyddiaeth
gymunedol.

Menna Gahan

Y BYD HEDDIW

Weiren niwclear bigog
gormes dyn
Ethos y gwn a'r fidog
Ffalws
grym y wladwriaeth
fel tŵr uchel gwridog
yn gwylio
llongau Madog
ein gobeithion llwythog
a'n cyd-gonsyrn
Ar fôr tymhestlog
teithio rwyf
yn
wystl
i'r
Nawdegau.

Caramel Elfyn

"Dim ond rhywbeth bach dros dro, gobeithio, Mr Wilias."

Y RADICALIAETH NEWYDD

Yn Chwyldro
ein Hymwybyddiaeth Newydd
Yn Chwaeroliaeth
y cyd-ddyheu
a'i cododd HI
Gwn yw fy nghroth
a'm bronnau
yn ddau
Molotov
    cock
        tail.

Manon Gahan

Newydd! Newydd! o wasg

BARDDAS

Cyhoeddwyr Trwy Apwyntiad i Brif Brifeirdd Cenedl y Cymry

Y Flodeugerdd Genedlaethol Gymreig o Gywyddau Safonol. Croen llo.
£29.99
Y Flodeugerdd Genedlaethol Gymreig o Englynion Safonol Iawn, (50 gan
A.Llwyd). Croen llewpart. £39.99
Y Flodeugerdd Genedlaethol Gymreig o Epigramau Safonol. Gol. A.Lloyd.
Croen rhino. £29.99
Y Flodeugerdd Genedlaethol Gymreig o Limrigau Glân. Gol. Alan Lloyd.
Croen Winwns. £49.99
Y Flodeugerdd Genedlaethol Gymreig o Rechiadau Cynganeddol. Gol. Alan
Lloyd Roberts. Mewn potel. £39.99
Y Flodeugerdd Genedlaethol Gymreig o Flodeugerddi Cenedlaethol Cymreig.
Stock clearance. All items must go. Buyer colects with own Transport. Open
Sundays. No itinerants. £99.99 ddy lot, O.N.O.

Kate Roberts, un o ffeministiaid mwyaf
Cymru yn y ganrif hon, a fu farw'n ddiwedd-
ar. Roedd hi'n arloesol yn ei harweiniad
parthed safle'r ferch mewn cymdeithas, pro-
blemau PMT &c. Ysgrifennodd hefyd nifer o
lyfrau. Bydd teyrnged lawn yn ein rhifyn
nesaf.

FFRYNT NEWYDD EANG SOSIO-LŴNI

Yn dilyn cryn weithgarwch diplomataidd y tu ôl i'r llenni yn ystod y dyddiau diwethaf, yr ydym yn gallu cadarnhau'r si bod Screaming Lord Sutch wedi estyn gwahoddiad ffurfiol i Dafydd Elis Thomas, Llywyddberson Plaid Cymru, ymuno ag ef mewn Ffrynt Newydd Radical Sosio-Lŵni.

Gan gyfeirio at ganlyniad is-etholiad Brycheiniog a Maesyfed, dywedodd Lord Sutch, mewn llythyr cyfrinachol: "Mae'n arwyddocaol dros ben bod dy 400 bleidlais di a'm 200 i yn ddigon i roi Llafur i mewn. Rhaid i ni ddod ar ein gilydd mewn pact etholiadol i sicrhau buddugoliaeth i'r ffrynt Sosio-Lŵni lle bynnag y bo. Fe'th wahoddaf i ymuno â mi yn y Wleidyddiaeth Newydd Allseneddol Aml-ddimensiynol Ffeminowancol. Dere reit mlân mewn, coc!"

CONSYRN

Dywedodd Dafydd Elis Thomas wrth ein gohebydd ddoe: "Dyma gynnig na allwn fforddio'i anwybyddu. Mae polis-ïau'r Blaid Wallgo Lŵni heb os yn flaengar ac adeiladgar. Fel ninnau cynrychiolant yr elfennau mwyaf cynyddgar, iachus, hoyw, loyw, chwith, du, lesbian, gwrth-wladwriaethol a chachurwtshol ym mywyd Cymru. Ar lefel bersonol, er enghraifft, teimlaf, i'r

Llun/JOHN BAKER

Dafydd Ellis Thomas yn myfyrio'n ddwys dros gynnig Lord Sutch

byw, fel jogiwr actif, dros bolisi Lord Sutch o ddefnyddio'r ynni i gynnhyrchu gwres i'r henoed. Dyma gonsyrn a chomitment actifist sy'n esiampl i bawb. Hoffwn ychwanegu fy mod hefyd yn edmygydd o statespersonship Lord Sutch. Rwy wedi trio bihafio fy hun yn y 6 mis diwethaf ond mae e'n fy nghuro bob tro. Yn sicr mi af yn ôl â'r neges at y lefel gymunedol amlhiliol yn ein plaid yn Llundain ac yn y West Midlands."

OLTERNATIF

Meddai Kinnog Dafis: "Cytunaf yn absoliwt. Mae'r Blaid Wallgo Lŵni yn feicrocosm o'r elementau mwyaf olternatif a phrogresif ym mholitics newydd Prydain heddiw. Dywedais o'r dechrau y dylai Plaid Cymru sefyll i lawr i Lafur yn yr elecsiwn hon."

Meddai Dafydd Wigley: "Gellir rhewi embryos dynol byw mewn asid neitrogen a chyfnewid rhai o'r genynnau cyn eu hailblannu yn y groth. Pleidleisiwch i'r Aleians."

Meddai Dafydd Banjo Williams, Ysg. Cyffredinol Plaid Wallgo Lŵni Cymru, mewn llais aneglur dros y ffôn o Ibiza, Sbaen: "Mae'r cwbwl o dan reolaeth. Sdim rhaid i neb bryderu. Mae'r senoritas mas o'r byd 'ma."

Llythyr at y Golygydd

PACH

Annwyl Syr,

Ysgrifennaf i brotestio yn erbyn y rhifyn ffiaidd, rhywiaethol, heavy, hiliol, rygbi, boring, macho, cacho diwethaf o *Lol*. Roedd yr ymosodiad ar ein chwiorydd ffeministaidd, menywaidd, lesbianaidd a hoyw loyw yn wrth-adeiladol a gwrth-gynyddol a boring.

Roeddwn yn digwydd darlithio yn Rhydychen neithiwr i'r Ecogay Alternative Wholegrain Single Parent Media Network for Voluntary Surrogate Euthanasia a sylweddolais eu bod yn ymladd yr un frwydr yn union â ni. Mae'r Wleidyddiaeth Newydd yn gofyn i ni greu pontydd, creu cynghreiriau newydd, ac ailddiffinio pŵer personol a phrofiad gwleidyddol yn nhermau *rôle* ffurfiannol cyd-destun y dadansoddiad cymuniaethol ledled Prydain*.

Amrywiaeth o weithgareddau yw gwleidyddiaeth, wedi'r cwbl.

Yr eiddoch,
D.ELLIS THOMAS, A.S.

* Am esboniad pellach, gweler fy nghyfraniad i *The Socialist Question Again*, gol. J.Osmond, Gomer Press.

Sownd yn y mwd

Y byd

• Damwain gorsaf niwclear Chernobyl yn yr Wcráin yn yr Undeb Sofietaidd.

• Mikhail Gorbachev yn ceisio cyflwyno diwygiadau *glasnost* a *perestroica* yn yr Undeb Sofietaidd, a chynnal trafodaethau ar daflegrau niwclear rhwng Reagan a Gorbachev yng Ngwlad yr Iâ.

• Helynt Iran-Contra yn yr UDA. Gweinyddiaeth Reagan yn cyfaddef gwerthu arfau i Iran i geisio rhyddhau gwystlon Americanaidd o Libanus a defnyddio'r arian wedyn i brynu arfau i wrthryfelwyr Contra oedd yn ymladd y Sandinistas yn Nicaragua.

• Llofruddio Prif Weinidog Sweden, Olof Palme, wrth iddo gerdded adref o'r sinema.

• Y wennol ofod *Challenger* yn ffrwydro, gan ladd y saith gofodwr oedd arni.

• Y nofelydd Jeffrey Archer yn ymddiswyddo fel cadeirydd y Torïaid oherwydd cyhuddiadau iddo dalu putain i adael y wlad er mwyn osgoi sgandal.

• 'Llaw Duw' yn helpu Diego Maradona, arwr pêl-droed yr Ariannin, i drechu Lloegr yng nghystadleuaeth Cwpan Pêl-droed y Byd.

• Y Tywysog Siarl yn cyfaddef ei fod yn siarad â phlanhigion.

Cymru

• Gosod gwaharddiadau ar symud defaid yn ucheldiroedd Cymru o ganlyniad i ddamwain Chernobyl.

• Dafydd Wigley a Gwilym Prys Davies yn cyflwyno Mesurau Iaith yn San Steffan.

• Cyngor Gwynedd yn ennill achos apêl yn erbyn y ddwy wraig a haerodd na chawsant eu cyflogi gan y Cyngor ar sail 'hiliaeth'.

• Protestio ffyrnig yn erbyn byncar niwclear Cyngor Dosbarth Caerfyrddin. Roedd Llywodraeth Thatcher yn cynnig grant o 75% i gynghorau lleol adeiladu bynceri rhag ymosodiad niwclear. Adeiladwyd byncar absŵrd yn nhref Caerfyrddin dan Heol Spilman ar gost o £400,000.

• Dadorchuddio plac mewn seremoni ym Mhenyberth i gofio 50 mlynedd ers llosgi'r Ysgol Fomio yn 1936.

LOL

Eisteddfod y Mwd oedd Eisteddfod Genedlaethol Abergwaun 1986, ac er bod sawl Steddfodwr selog wedi cael prifwyl lwyddiannus a gwlyb digon diawen oedd *Lol* y flwyddyn honno, fel pe bai olwynion y Lol-gerbyd yn troi a throi ym mwd y maes pebyll.

Er bod *Lol* yn dal i lwyddo i dynnu blewyn o drwyn rhai oddi fewn a thu allan i'r 'Sevydliad' cyfaddefodd Robat Gruffudd fod y rhifyn yn un 'gwannach nag arfer' gan ddweud mai rhan o'r rheswm am hynny oedd ei fod wedi bod wedi treulio llawer o'i amser sbâr yn ysgrifennu ei nofel gyntaf, *Y Llosgi*. Ond fel y dywedodd Robat, rhan yn unig o'r rheswm oedd hynny, 'y gwir yw bod un mlynedd ar hugain yn llawer rhy hir, hyd yn oed i olygu cylchgrawn blynyddol'. Teimlai fod *Lol* yn sownd mewn rhigol, felly rhoddodd groeso mawr i gynnig gan yr *entrepreneur* Adferaidd, Eirug Wyn, i roi cynnig ar olygu *Lol*.

Bu Eirug Wyn yn gyfrannwr cyson i *Lol* ers rhai blynyddoedd ac roedd ei hygrededd dychanol yn

ddiguro, gan mai ef oedd y gŵr (ynghyd â chwpwl o unigolion sur a chwerw eraill) a lechai y tu ôl i *alter ego* y bardd unigryw Derec Tomos.

Felly, yn dilyn trafodaethau hir rhwng Robat Gruffudd ac Eirug Wyn, sefydlwyd Gwasg Gwalia Cyf a fyddai'n gweithredu fel cyhoeddwyr swyddogol *Lol* o 1987 ymlaen, gyda Robat yn gyfarwyddwr llawn i'r cwmni newydd, ac yn gydgyfrifol gydag Eirug am y cyhoeddi a'r argraffu. Roedd Gwasg Gwalia yn un o dri chwmni cyfyngedig llawn a gyhoeddodd *Lol* dros y blynyddoedd, gan gynnwys Y Lolfa a Chwmni Drwg. Roedd yna gyhoeddwyr eraill hefyd, megis Pendinas, oedd yn ddim amgen na llen i'r Lolfa i guddio y tu ôl iddi.

Felly, trosglwyddwyd yr awenau, gan roi cychwyn ar gyfnod newydd ym mywyd cylchgrawn salaf Cymru.

Gloywi Iaith
gan yr Athro Derec Lewis Jones

Efallai mai un o'r geiriau hwylusaf yn yr iaith Gymraeg y dyddiau hyn yw'r gair ffwc neu ffwcin, a gresyn o beth nad ydyw Golygyddion ein rhaglenni newyddion yn gweld yn dda i'w ddefnyddio.

Y mae'n air hudolus. Drwy'i ddefnyddio gellir disgrifio poen, pleser, cariad a chasineb. Yn ieithyddol, geill orffwys yn dwt mewn amryw o gategoriau gramadegol e.e. adferf "Mae Diana yn ffwc dda." Ansoddair "Mae hi'n ffwcin brydferth". Ymhellach, nid oes air mor hyblyg â ffwc.

Cyfarchion	"Sut ffwc wyt ti?"
Twyll	"Dwi wedi cael fy ffwcin gneud"
Siom	"O! ffwc!"
Trwbwl	"Mae hynna wedi fy ffwcio i"
Casineb	"Ffwcio chdi!"
Anhawster	"Dwi ddim yn dallt y ffwcin ffurflen."
Ymholiad	"Be ffwc sy'n digwydd yn fama?"
Ar goll	"Lle ffwc ydw i?"
Talu'n ôl	"Stwffia fo fyny dy ffwcin din."

A beth am eiriau olaf General Custer
"O ble ddoth y ffwcin Indians yma i gyd?"

neu eiriau olaf Maer Hiroshima
"Be ffwc oedd y glec yna?"

ac yn olaf ond nid yn leiaf, geiriau olaf Capten y Titanic
"O ble mae'r holl ffwcin ddŵr yma'n dod?"

Cwyd Ddau Fys

Cwyd ddau fys ar David Owen, dydy o'n ddim ond sais bach cas,
Blydi pyped Magi Thatcher, sy'n cael y "blues" ond fyth y glas!
Mae ganddo ffobia am yr heniaith, mae o'n ffrîc mae hynny'n ffaith
Ac fel corgi, ei ddifyrwaith yw lambastio hogia'r Iaith.

Cawsom yn ein tro fel Cymry, Gocia Wyn a chocia planc,
Aml wancar, cwd a chythral, llwyth o gyc ac aml granc;
Ond mae hwn yn tra rhagori, fe aeth hwn yn syth i'r tops
Fel y pennaf seisgi coethgar rioed arweiniodd giang o slops.

Fe gred rhai mai rhwystredigaeth am yr ymgyrch losgi tai,
Sy'n gyfrifol am ei ffobia. Hynny'n unig—a dim llai,
Mae cynddaredd hwn yn llosgi, a dwed aml leygwr doeth
Fod y Bonwr David Owen wedi landio job rhy boeth!

Plis parha â'th ddatganiadau, drwy y fflamau, drwy y gwres
D'ebychiadau seicopathig sy'n gwneud llawer iawn o les,
Stwffia'th frên i dwmpath tywod, paid a cheisio holi pam
Bydd angen mwy na phry o GONTabl i ddiffoddi grym y fflam!

DEREC TOMOS

ODE on
THE ROYAL WEDDING

*A Loyal Tribiwt ffrom the Charttopping Boy Soprano,
Aled Jones, on the Occasion of the Wedding of Lady
Sarah Furckerson wudd H.R.H. Andrew Edward
O'Windsor O'Tool.*

Words world copyright the Poet Laureate, Aled Jones Charttopping Wonder Boy Soprano (tm)
world copyright & exclusive rights the English Establishment & Capitalist System Inc.

Merrily on high the bells are ringing
  For Sarah and her Groom so grand
Peeling joyful tidings Royal
  Through England's green and pleasant land.

Tidings too I greet the couple
  Through this joyous little verse
Nor t'will either give bad tidings
  To my fulsome little purse.

Sarah, bride who art thou blesséd
  With the namesake of a tractor
Thou hast newly me, too, blesséd
  As a prof'table benefactor.

Gladness do I sing the couple
  Humbly from a Royal ffan
Also Mummy, Daddy, and my agent,
  Manager, and PR man.

Hail hail joyous halleluyah
  For the ways of Fortune's art
Turning a wond'rous Welsh soprano
  Into a moneymaking fart.

May the God of Heav'n ensure
  That this vois of mine won't pass
Else I'll lose my fame and fortune
  Licking up to England's arse.

A Welsh learner, **Mr Robert Powell**, aged 37, of Morriston, Swansea, won the Chair at the National Eisteddfod at Rhyl.

Another horrific disaster occurred when a Jumbo aircraft crashed in Japan, killing 524 people, the world's biggest air tragedy.

Tynnu Blew o Drwyn

Robat a'i Lolwyr

"Ma busnes yr Orsedd 'ma wedi mynd i'w ben e."

Cefais fy siomi llynedd. Ac nid am y tro cyntaf chwaith. Ond byddaf yno eto eleni ar flaen y ciw ar ddiwrnod cyntaf yr Eisteddfod. Yn awchus i brynu a darllen fy nghopi blynyddol o *Lol*.

Pwy sy'n gwneud beth â phwy? Dyna'r cynnwys. Neu'n gywirach pwy y mae cyfranwyr *Lol* yn credu sy'n gwneud beth gyda pwy. Wel, a bod yn fanwl gywir pwy yn union y mae'r cyfranwyr yn credu y byddai'r darllenwyr yn dymuno darllen amdano neu amdani. Scandal. A hynny heb boeni'n ormodol am gywirdeb ffeithiol.

Dyna'r fformiwla. Ac mae'n llwyddo. Oherwydd mae 'na lu o Eisteddfodwyr tebyg i fi sydd wrth eu boddau'n darllen am draffenthion pobl eraill. A llawer un, siwr o fod, fel finnau'n rhyw led obeithio y cyfrifir ni'n ddigon pwysig i'n cynnwys ymhlith y dethol rai a enllibir.

Ac os digwydd hynny ni all un dyn byw amau eich bod chwi wedi cyrraedd. Anrhydedd uwch na gwisg wen, rhuban glas neu Wobr Llwyd o'r Bryn, cadair neu goron, yw gweld eich enw yng ngholofnau *Lol*. Bellach ych chi'n perthyn i'r élite.

Anrhydedd uwch na gwisg wen, rhuban glas neu Wobr Llwyd o'r Bryn, yw gweld eich enw yng ngholofnau Lol.

Ar y lefel honno mae'r cwbl yn dderbyniol. Os ych chi'n berson cyhoeddus mae disgwyl i bobl ymddiddori yn eich hynt a'ch helynt. A'r helynt gaiff y sylw yn *Lol*. Go brin fod y bobl dan sylw yn debygol o wrthwynebu. I'r rhan fwyaf ohonynt y mae unrhyw gyhoeddusrwydd yn gyhoeddusrwydd da. A siom o'r mwyaf fyddai darganfod nad ystyrir hwy'n ddigon pwysig, bellach, i'w crybwyll.

Wrth reswm mae dychymyg creadigol yn hanfodol ar gyfer cyfranwyr i *Lol*. A'r math o bobl y creir storïau amdanynt? Yn syml ddigon, sêr y teledu (yn enwedig cyn-weinidogion), academyddion (y llenorion, y pwyllgorwyr, y rhai trendi), aelodau seneddol a phobl o'r fath. Ac yn ddiweddar gwelwyd cyfeiriadau mynych at sosialwyr, ffeministiaid a chefnogwyr pob math o grwpiau lleiafrifol.

A dyna'r perygl. Rhagfarnau Robat sy'n tra-arglwyddiaethu. Ymhlith y cyfeiriadau at gyfalafwyr, ni cheir unrhyw sôn, wrth reswm, am wasg y Lolfa. Prin fod 'na wirionedd yn y si eu bod yn barod i ddefnyddio unrhyw dacteg er mwyn sicrhau cymorthdaliadau gan y Cyngor Llyfrau ar gyfer eu defnyddiau. Ie, 'na chi, arian a ddaw o'r llywodraeth. *Hand-outs* y Toriaid. A go brin fod y Volvo a bencir y tu fas i'r Lolfa, a'r peiriannau newydd oddi fewn, yn arwyddo fod Robat yn gwneud andros o broffit ar gefn yr unigolion a'r mudiadau sy'n cefnogi'r wasg. Ond 'na fe, busnes felly yw cyfalafiaeth. A chyfalafwr yw Robat ac un llwyddiannus iawn hefyd.

Ond y dirgelwch mwyaf am *Lol* yw'r ffaith na chyfeirir o gwbl at rai pobl ar dudalennau'r cylchgrawn. Pobl y gellid disgwyl cyfeiriadau atynt ac at eu hantics. Adar go frith. Pobl amlwg. Pobl a chanddynt yr holl gymwysterau sy'n sicrhau mensh. A pham na chlywir sôn amdanynt? Wel yn syml ddigon maen nhw'n fêts i Robat. Rhai ohonynt yn gyn-gyfranwyr i *Lol*. A 'dyw dyn ddim yn enllibio'i fêts, yn nac yw?

Ydy, y mae Cymru yn wlad fechan, a pawb yn 'nabod ei gilydd. Ac mae rhywrai yn llwyddo i ddod bant â phopeth. Hyd yn oed cadw eu pechodau o dudalennau *Lol*. Ac y mae rhagfarn a ffafriaeth a llygredd yn pendersfynu cynifer o bethau hyd yn oed pwy sy'n cael sylw a phwy sy ddim yn cael sylw yn *Lol*.

Mae'n siwr taw cael fy siomi fydd fy hanes eto eleni. Ond os digwydd i'm henw ymddangos, ai'r rheswm fydd fod gan Robat, bellach, ormod o fêts?

Y Recsyn Anllad

Y byd

- Margaret Thatcher yn ennill trydydd Etholiad Cyffredinol. Ar unwaith, mae'n rhoi cynlluniau ar waith i gyflwyno treth newydd, sef Treth y Pen.

- Cytundeb rhwng Gorbachev a Reagan yn Washington i gyfyngu ar daflegrau niwclear ac atal arfau cemegol.

- Yr SAS yn lladd 8 aelod o'r IRA mewn cyrch yn Loughgall.

- Yr IRA yn ffrwydro bom ar Sul y Cofio yn Enniskillen gan ladd 11 o bobl.

- Dechrau adeiladu twnnel y Sianel.

- Cerddoriaeth Acid House a defnydd o gyffuriau fel ecstasi yn cynyddu mewn poblogrwydd.

Cymru

- Keith Best, AS Torïaidd Ynys Môn, yn cyfaddef ei fod wedi gwneud sawl cais anghyfreithlon am gyfranddaliadau BT. Cael ei arestio a'i anfon i garchar am bedwar mis.

- Ieuan Wyn Jones yn ennill Ynys Môn i Blaid Cymru yn yr Etholiad Cyffredinol.

- Peter Walker yn dod yn Ysgrifennydd Gwladol Cymru, y Sais cyntaf i ddal y swydd.

- Cais gan ddatblygwyr oedd yn dymuno codi tai yn Llanrhaeadr Dyffryn Clwyd yn cael ei wrthod oherwydd effaith y datblygiad ar y Gymraeg – y tro cyntaf i hyn ddigwydd.

- Cyngor Dosbarth Arfon yn wynebu cyhuddiad o hiliaeth mewn Tribiwnlys ym Mae Colwyn am wrthod cyflogi Saesnes.

LOL

Cyrhaeddodd *Lol* garreg filltir nodedig yn 1986. Dyma oedd y rhifyn cyntaf dan olygyddiaeth Eirug Wyn, ac roedd achos dathlu arall hefyd, sef pen-blwydd y cylchgrawn yn 25 oed. Ond nid dathlu chwarter canrif, ond yn hytrach dathlu cyhoeddi'r pumed rhifyn ar hugain!

Nid oedd y cynnwys mor wahanol â hynny i'r hyn a gafwyd yn y gorffennol. Roedd yr eitemau dychanol ac enllibus yn dal yno, ond bod llawer mwy o straeon a chlecs o Wynedd. Un peth trawiadol oedd y straeon 'caletach', oedd yn deillio o'r mewnlifiad i'r Fro Gymraeg a'r ymgyrch losgi tai haf.

Roedd yr ymgyrch losgi yn dal i fynd ynghanol y 1980au, ac mae'r erthygl ar y dudalen flaen yn haeru bod yr heddlu wedi gosod sustemau larwm mewn nifer o dai haf penodol mewn ymgais i ddal y rhai oedd wrthi. Cafwyd erthygl ddwbl yn y canol yn tynnu sylw at gyfres o ddatblygiadau arfaethedig yn Arfon i godi tai gwyliau ac atyniadau twristaidd a diffyg safiad gan Gynghorwyr hen Gyngor Dosbarth Arfon i wrthwynebu'r datblygiadau hynny. Eirug Wyn ei hun, mae'n debyg, wnaeth lawer o'r gwaith ymchwil i'r straeon yma.

Sawl tro yn ystod ei olygyddiaeth bu Eirug Wyn yn farchnatwr heb ei ail. Stýnt cyhoeddusrwydd un flwyddyn oedd cynhyrchu bathodynnau ffug swyddogol yr olwg gyda'r geiriau 'Eisteddfod Genedlaethol' wedi'u hargaffu'n dwt arnynt. Roeddent yr un ffunud â'r rhai swyddogol ac eithrio un llythyren. Yn wir, roeddent mor debyg nes i gwmni Eirug Wyn gael y cytundeb i gynhyrchu bathodynnau swyddogol y Brifwyl y flwyddyn ganlynol! Cyn hynny, cwmni o Loegr a arferai gynhyrchu'r bathodynnau, felly roedd y stýnt wedi llwyddo i ddenu busnes i gwmni Cymreig o leiaf.

Lol

1987

Fel dywed adolygiad gloyw yn rhifyn Eisteddfod Porthmadog o bapur bro *Yr Wylan*, yn dilyn newid golygydd rhoddwyd seibiant i erlid hoff gocynnau hitio'r cyn-olygydd, megis y Cyngor Llyfrau, y Cyngor Celfyddydau a'r Urdd, ond yn eu lle daeth gwrthrychau dychan a gwawd newydd fel Prif Gwnstabl Heddlu'r Gogledd, Felix Aubel a dosbarth canol ardal Caernarfon. Ond roedd Dafydd Elis-Thomas ac S4C yn dal i'w chael hi, ac os oedd darllenwyr yn poeni y byddai *Lol* dan olygydd newydd yn colli cyfeiriad neu'n newid yn llwyr, doedd dim angen iddyn nhw bryderu o gwbl oherwydd roedd yn gwbl glir fod *Lol* Eirug Wyn yr un mor enllibus, amharchus a rhagfarnllyd ag erioed!

Dyddiadur Llundain 1964 gan HAVINA CLWYD

Medi 14
Parti arall heno. Meddwi'n gachu a rhedeg ar ôl dynion fel arfer. Gweld Richard Burton ac yntau'n rhedeg draw ata' i i ddweud "Helo". Braint fawr. Dylai fod yn ddiolchgar.

Medi 17
Mynd i gapel y King's Cross a phasio nifer o ferched ar ymyl y palmant. Eu gweld nhw wedi gwisgo'n od braidd ar gyfer oedfa ond rhaid cofio mai dinas ydy hon.
Paned wedi'r gwasanaeth yng Nghlwb Cymry Llundain. Pregethwr (o dre' Caernarfon) yn dweud fy mod yn: "Hen gotsen o ferch". Finnau'n diolch iddo a gwneud nodyn ymenyddol i edrych yn y geiriadur ar ôl mynd adre'—doedd cotsen ddim yn air oedd yn cael ei ddefnyddio yn Nyffryn Clwyd ers talwm.

Medi 19
Eistedd gartre' yn y fflat yn ceisio meddwl am enwau pwysigion eraill i'w rhoi yn fy nyddiadur. Codi'r ffôn er mwyn galw ffrindiau . . . ceisio meddwl am ffrindiau. Digwydd torri ar draws sgwrs ddiddorol iawn—"crossed line" mae'n rhaid. Sylweddoli mai gwrando ar leisiau Winnie Churchill ac Alec (Douglas-Hume) yr oeddwn. Winnie yn dweud wrth Alec . . .
"Mae rhywun yn clustfeinio arnom—rhyw fuwch ar y lein."
Gwneud nodyn ymenyddol—dyna deitl da i lyfr.

ACR! AUBEL

Annwyl Olygydd,

Gwarth o beth yn ôl Norman a minnau yw fod carfan o ffasgwyr eithafol yn Arfon yn haeru'n groch nad yw'n cyn-ymgeisydd yn yr etholaeth honno yn hanfod o gyff Cymreig. O'r herwydd, ar ran y Central Office, amgaeaf ei gart achau i brofi unwaith ac am byth fod llinach y gwron hynaws hwn yn gwbl ddilychwin. Diolch fod gennym gylchgrawn di-duedd fel *Lol* i sefyll dros y gwir.
Yn gywir,
D.Elwyn Jones
(Dip. Theol. The Bala-Bangor Congregationalist College)

Satan
Damien (Omen II) = Mari Elis

R. Brinley Jones = Gracie Fields
Rhirid Flaidd = Lleian Llan Llŷr (clec)

Godot = Nora Isaac

Jiwdas Iscariot = Imelda Marcos
Martin Borman = Siân Emlyn

Moc Morgan = Jane Huw Penrhyndeudraeth

Duw
Pol Pot = Nel Gwenallt

Robin Gwyndaf = Lisa Lân
J.E.Caerwyn Williams = Bette Midler

Postman Pat = Jane Huws Penrhyneudraeth (eto)

Jean-Paul Sartre = Maggie'r Post

Dilys (No 5) = Heinrich Himmler

Merch Gwern Hywel = Iorweth Cyfeiliog Aubel

Felix Aubel

Y TAI TARGED

Sustemau larwm mewn dwsinau o dai haf a'r rheiny wedi'u cysylltu â phencadlys yr heddlu ym Mae Colwyn. A swyddi o leia ddau newyddiadurwr wedi cael eu bygwth am geisio dadlennu hynny.

Dyna ddim ond dwy o'r ffeithiau y gall LOL eu datgelu mewn cyfnod tawedog iawn o du Heddlu Gogledd Cymru ynglŷn â'r ymgyrch losgi tai haf. Gall LOL ddatgelu fod rhai tai haf wedi cael eu clustnodi gan yr heddlu fel 'targedau tebygol' ac mae'r rhain yn cael eu gwarchod mewn dwy ffordd .

* Trefnir rota o ddynion i wylio am oriau/ddyddiau yn y gobaith o ddal rhywun yn 'loetran' neu'n 'gweithredu'.

* Rhoddwyd sustemau larwm soffistigedig yn costio miloedd o bunnau mewn rhif tai haf—sustemau wedi'u cysylltu'n uniongyrchol â phencadlys Heddlu Gogledd Cymru ym Mae Colwyn.

Bu bron i hyn gael ei ddatgelu yn y wasg ond oherwydd ymyrraeth o'r brig ym Mae Colwyn welodd y stori ddim golau dydd. Bygythiwyd swyddi newyddiadurwyr.

Am y ffeithiau ynglŷn â sustemau larwm mewn dau dŷ haf, y naill ger Caernarfon a'r llall ym Mhen Llŷn, mae'r stori'n llawn ar dudalen 2 . . .

"Rhoi pen arall y weiran yn sownd mewn CLOC ddywedais i, Jones!!"

GWOBR DANIEL OWEN

Mae *Lol* yn flin dros ben fod yr Eisteddfod wedi rhoi'r gorau i'r gystadleuaeth bwysig hon. I wneud iawn am hyn ac er tegwch i'n nofelwyr penderfynwyd paratói rhestr fer ein hunain. Dyma'r nofelau, yn ein tyb ni, sy'n haeddu ystyriaeth eleni.

Pan ddaw'r Gwanwyn gan Meg Elis. Stori ddoniol am ffermwr sy'n cael cryn drafferth efo'i ddefaid am nad oes ganddo wraig i'w helpu. Er mwyn cael gwraig mae'n mynd efo Roger ei gi ar gefn beic i Gomin Geenham. Ond fe'i llabyddir gan Lesbiaid a gweneir y ci yn Llywydd CND Cymru.

'Digwyddiad y flwyddyn ac eithrio fy erthyglau i yn *Y Faner*' Rhodri Tomos.

* * * * *

Cadno Ffos y Ffin gan Jane Edwards. Nofel am gadno dosbarth canol sy'n mynnu yfed Liebfraumilch gyda chig coch. Gyrrir ef gan Derec, poodle am gwrs gwin at John Rowlands yn Aberystwyth. Mae'n llwyddiannus ond ar ei ffordd yn ôl fe'i saethir yn gelain gan Tecwyn Lloyd tra oedd hwnnw'n ffilmio 'Mwynhau'r Pethe'.

'Mae Jane yn deall teithi meddwl cadno' Dilwyn Miles.

Y Gystrawen Gam gan Aled Islwyn. Clasur am fôr ifanc sy'n penderfynu sgwennu nofel ddiflas am bobl ddiflas a digwyddiadau diflas a hynny heb dreigladau na chystrawen gywir. Ond, yn ddisymwth, mae'r arwr yn ennill un o brif wobrau'r Genedlaethol am fod HTV wedi gwario miloedd ar y gystadleuaeth.

'Nofel alla' i eindentiffio myfi 'da fo' Alan Williams AS Caerfyrddin.

* * * * *

Carry on Laughing gan Angharad Tomos. Nofel Saesneg gyntaf Angharad. Stori am Doris, digrifwraig ifanc, fudr ei thafod sy'n symud o Bolton i Rosgadfan ac yn agor clwb nos yno. Oherwydd ei hiwmor—glas gan amlaf—mae'n llenwi'r clwb nos ar draul capeli'r ardal. Daw i wrthdrawiad â Chymdeithas yr Iaith.

'Mae hon yn rhywbeth mwy doniol na Thecwyn Elis ym mlodau'i ddyddiau. O'r nefoedd, 'dw i'n sal!' Gwilym Humphreys.

EIRUG WYN

● BUM mlynedd ar hugain yn ôl, yn Eisteddfod Y Drenewydd y gwelodd *Lol* olau dydd am y tro cyntaf. Cyhoeddiad gwrth-sefydliadol a ddatblygodd i fod bron yn sefydliad ynddo'i hun.

Newydd ei gyhoeddi y mae'r gyfrol *Jiwbilol* sydd yn cronicio ei hanes. Bu *Annes Glynn* yn sgwrsio gydag un o sylfaenwyr a chylchgrawn a'r golygydd am flynyddoedd lawer, Robat Gruffudd. Mentrodd hefyd i ffau y sawl a etifeddodd fantell bwysfawr a chyfrifol cyhoeddwr *Lol*, Eirug Wyn.

ROEDD Eirug Wyn yn edrych yn flinedig. Wedi bod wrthi'n sgwennu tan oriau mân y bore, yr Awen Lolaidd yn llifo ac yntau'n cael blas arni.

Roedd llai na wythnos i fynd tan y diwrnod cau terfynol a'r angen am ymestyn y cylchgrawn o'r 24 tudalen gwreiddiol i 28, efallai i 30.

Er bod y diwyg yn para'r un y mae newid pendant yn y cynnwys eleni, meddai: "Lot mwy o ddigrifwch a doniolwch . . . mwy o gartwns ac ambell stori fer. Fe ddaeth 'na 73 o gyfraniadau i law eleni, dim ond 13 yn ddi-enw."

Mae un o'r rheini, am Eirug ei hun, yn cael ei gyhoeddi.

Y newid mwyaf sylfaenol meddai yw cynnwys straeon ffeithiol a dipyn mwy o "afael" ynddyn nhw, nifer ohonynt wedi eu hymchwilio a'u hysgrifennu gan Eirug ei hun.

Yn ei ymwneud a'r cylchgrawn yn ystod y pedair blynedd diwethaf cafodd Eirug Wyn ei fygwth yn gorfforol gan ambell un yr ymddangosodd straeon yn eu cylch ac mae'n cyfaddef na chafodd fawr o flas ar yr Eisteddfod y llynedd — mwy nag ambell un o'r rhai y cyhoeddwyd straeon amdanynt debyg!

Beth felly sydd yn ei ysgogi i gario 'mlaen?

"Dydw i ddim yn credu ei bod hi'n iawn bod pobol yn cael "get away" efo gwneud petha lle mae nhw'n defnyddio eu safle a'u grym er eu lles eu hunain," meddai gan ychwanegu fod rhyw elfen o roi pin mewn swigen pobol sydd yn cymryd eu hunain ormod o ddifri yn dal yn amlwg yng y cylchgrawn.

"Mae pobol hunanbwysig yn mynd dan fy nghroen i."

Mae'n honni mai "trio byw i fyny i'r ddelwedd, a ddaeth o rhywle, o'r 'hogyn bach drwg'" y bu yn ystod y blynyddoedd diwethaf.

Ond does dim dwywaith na fu Eirug Wyn yn dipyn o rebel erioed.

"Mae'n siwr mod i wedi gwrthryfela rhyw gymaint yn erbyn y ddelwedd o fab y Mans," meddai.

Roedd ei dad yn weinidog gyda'r Methodistiaid a bu'r teulu yn byw yn Llanbrynmair am rai blynyddoedd cyn symud i Ddeiniolen yn Arfon.

Daeth y gwrthryfel hwnnw i'r wyneb mewn modd dramatig iawn pan oedd yn fyfyriwr yng Ngholeg y Drindod, Caerfyrddin pryd y dygwyd 74 o achosion llys yn ei erbyn, pob un ond dau yn ymwneud ag ymgyrchoedd Cymdeithas yr Iaith.

Y dwy eithriad oedd un cyhuddiad o or-yrru a'r llall yn deillio o ddigwyddiad anffodus pan ddisgynnodd matras oddi ar do ei gar ar ben car plismon a oedd yn digwydd bod y tu ôl iddo!

Doedd ymddangos mewn llys ddim yn ddieithr iddo cyn hynny chwaith. Ymddangosodd gerbron llys ynadon Caernarfon pan oedd yn hogyn ysgol am iddo arddangos *D* yn lle *L* ar ei gar.

Tua'r un cyfnod y mae'n cofio cael ei arestio wrth iddo ddod allan o'r capel un bore Sul!

"Roeddwn i a dau ffrind wedi bod allan y nos Wener cynt yn peintio'r arwydd *Holyhead* ger hen wal y Faenol. Roeddan ni wedi cytuno, pe bai rhywun yn dod ar ein traws, mai ein stori oedd ein bod yn sbio dros ben wal y Faenol er mwyn trio cael cip ar yr *Household Cavalry*. Wrth lwc mi lynodd y tri ohonon ni at yr un stori!"

Ymgyrch yr arwyddion ffyrdd oedd i weithredu mor gyson tra yng Nghaerfyrddin hefyd. Wrth son am ei gyfnod yno, cofio'r digwyddiadau digri y mae.

"Roedd tri ohonon ni wedi mynd i Borth y Rhyd ac wrthi'n trio tynnu anferth o arwydd i lawr. Roedden ni'n gwybod bod lôn gul gerllaw a giat yn ei phen yn arwain i gae. Yn sydyn dyma 'na gar gwyn yn ymddangos, ninnau'n ffoi i lawr y lôn gul, dros ben y giat — a syrthio i mewn i biswail go ddrewllyd!"

Dro arall y mae'n cofio cael ei ddychryn drwyddo wrth drio tynnu arwydd *Town Centre* yng Ngaerfyrddin ar noson niwlog.

"Roeddan ni wedi bod wrthi ers sbel, yng ngolau oren Pencadlys yr Heddlu, a dyma Terwyn (Tomos) yn pwyntio'n sydyn i gyfeiriad yr afon. Fedra'i o ddim dweud gair. Y cwbl a welem ni trwy'r niwl oedd beth oedd yn edrych fel batiau tenis bwrdd ar ddwy goes — ac yn cerdded! . . . Erbyn

gweld tri neu bedwar o ddynion yn cario cyryglau ar eu cefnau oedden nhw!"

Mynd yn athro oedd i nod pan aeth Eirug i'r coleg gyntaf ond wedi i Arolygwr Ysgolion llym ei dafod dynnu ei wers gyntaf "yn gareiau" penderfynodd na ddilynai'r trywydd hwnnw.

Er hynny cafodd flas ar y darlithoedd Cymraeg ac y mae'n hael ei ganmoliaeth i un yn arbennig o'i ddarlithwyr, Ifan Dalis Davies.

"Personoliaeth hyfryd, dim cwafars o'i gwmpas o. Gŵr unplyg . . . Mi ddaru o fy nysgu i barchu'r iaith. Os bu unrhyw un yn ddylanwad arna'i, Ifan Dalis Davies fu hwnnw."

Tra'n aros yn un o garchardai ei Mawrhydi y daeth y syniad o agor siop lyfrau Gymraeg debyg i Siop y Pethe yn Aberystwyth ac ychydig fisoedd wedi gadael Coleg y Drindod dyma benderfynu mentro gyda help benthyciad personol gan ei rieni.

Bu'n llwyddiannus ac yn ddiweddarach symudodd ef a'i wraig, Gwenda, yn ôl i'r Gogledd ac agor siop arall yng Nghaernarfon.

Wrth edrych yn ôl, meddai: "Mi fydda i'n cael y teimlad weithia mod i wedi potshian mewn lot o wahanol feysydd ac heb wneud dim yn iawn."

Os nad ydi o'n "hogyn gwerthodd yn ddiweddar a sefydlu busnes cardiau Cymraeg, Cardiau'r Pentan.

bach drwg" sut felly y basa Eirug Wyn yn ei ddisgrifio ei hun?

"Fel credwr mewn cael hwyl — hyd yn oed wrth gadeirio pwyllgor! Wedi'r holl dynnu coes yr ydw i wedi ei wneud mae'n siwr gen i mod i'n haeddu unrhyw beth y mae unrhyw un yn ei daflu ata'i . . ."

Delwedd yr hogyn bach drwg...

Lol hogyn bach drwg y mans

Y byd

- Ethol George Bush yn Arlywydd yr Unol Daleithiau.

- Byddin yr Undeb Sofietaidd yn tynnu 'nôl o Affganistan.

- Bom yn ffrwydro ar awyren Pan Am dros bentref Lockerbie yn yr Alban a lladd 259 o deithwyr ar ei bwrdd ac 11 o bobl ar y ddaear.

- Yr SAS yn saethu tri aelod o'r IRA yn Gibraltar a oedd yn cynllwynio ymosodiad ar filwyr Prydeinig yno ddau ddiwrnod yn ddiweddarach.

- Arlywydd Irac, Saddam Hussein, yn gorchymyn ei fyddin i ddefnyddio arfau cemegol i ymosod ar y Cwrdiaid.

- Y rhyfel rhwng Iran ac Irac yn dod i ben.

Cymru

- Yn sgil y galw mawr am ddeddf iaith, yr Ysgrifennydd Gwladol yn cyhoeddi'r bwriad i sefydlu Bwrdd Iaith Ymgynghorol ar y Gymraeg.

- Meibion Glyndŵr yn ymosod ar swyddfeydd gwerthwyr tai yn Lloegr.

- Llofruddiaeth Lynette White, gweithiwr rhyw yng Nghaerdydd. Cyhuddo tri dyn ar gam o'r llofruddiaeth sef Tony Paris, Yusef Abdullahi a Stephen Miller, sef 'Tri Caerdydd'. Cael eu rhyddhau yn 1990 gan arwain at ymchwiliadau i ymddygiad Heddlu De Cymru sy'n parhau hyd heddiw.

- Ffurfio label recordiau Ankst gan Alun Llwyd, Gruffudd Jones ac Emyr Glyn Williams.

- Darlledu *Pobol y Cwm* bum diwrnod yr wythnos.

- Bryn Fôn a chyfeillion yn rhyddhau albym gyntaf Sobin a'r Smaeliaid.

LOL

Mewn erthygl bortread ohono yn *Y Cymro* gan Annes Glynn mae Eirug Wyn yn cyfaddef mai 'trio byw i fyny i'r ddelwedd a ddaeth o rywle, o'r "hogyn bach drwg" y bu', a chyfaddefodd ei fod 'wedi gwrthryfela rhyw gymaint yn erbyn y ddelwedd o fab y Mans'. Nodweddwyd cyfnod Eirug Wyn fel golygydd *Lol* gan eitemau chwareus a thynnu coes oedd weithiau'n mynd dros ben llestri, ac mae rhifyn Eisteddfod Genedlaethol Casnewydd yn llawn o hynny, er enghraifft parodi o golofn R. Tudur Jones oedd ond yn cynnwys y gair 'cachu' dro ar ôl tro, straeon a chlecs o 'Beverly Hills' sef cymdeithas newydd o gyfryngis oedd yn codi yn hen bentrefi llechi Arfon yn sgil twf y diwydiant teledu ym mlynyddoedd cynnar S4C.

Wrth i'r ymgyrch losgi ehangu i ymosod ar werthwyr tai yn Lloegr, roedd *Lol* 1988 yn hawlio cyfweliad egsgliwsif gyda Meibion Glyndŵr. Ar ben hynny, cafwyd cyfeiriadau mynych pryflocyd at y llosgi drwy'r 'recsyn anllad', ynghyd â gwawdio David Owen, Prif Gwnstabl Heddlu'r Gogledd ar y pryd, fel y prif gopyn mwyaf gwrth Gymraeg erioed.

Ond mewn byd ansefydlog o newid di-baid, roedd yn dda i *Lol* fod Dafydd Êl, fel y tlodion a'r taeogion, yn dal yno…

LOL — Y RECSYN ANLLAD

Ydi, mae LOL ar werth eleni eto ac yn llawn o'r sgandals arswydus arferol am fawrion ein cenedl. Er fod yr arch-Loliwr Robat Gruffydd wedi llacio ei afael ar yr awennau yr un mor hoff gan yr hwsmoniaid newydd yw paragraffau porffor am feddwi a hwrio ac nid ydynt yn swil o alw bastad yn fastad. Ceir digon ynddo i wneud i'r piwritan wylo ac i dynnu dŵr o ddannedd y miloedd hen ddynion a hen fenywod budr yn ein cymdeithas.

Hŵrs a lladron y cyfryngau sydd yn cael eu colbio gletaf o ddigon. Yn y rhifyn hwn mae mwy o hygrededd a sylfaen feirniadol i'r lygredigaeth a'r gwastraff yng nghanolfannau bois y teledu yng Nghaerdydd. Cyfaddefodd un o'r golygyddion mai anodd fu golygu a dethol y degau o straeon a ddaeth i law gan fod cymaint o dyrchod daear yn baglu ar draws ei gilydd i achwyn am lygredigaeth eu mêts.

Siom i rai fydd gweld nad oes fawr o sôn am rai o hoff gocynnau hitio y cyn-olygydd. Caiff yr Urdd, Y Cyngor Llyfrau, Y Bwrdd Croeso a'r KKK led lonydd. Yn lle Prys Edwards, Alun Creunant a Meic Stephens daw arwyr newydd i gamu'n ddrewllyd ar dudalennau LOL. Caiff Dafydd Êl, Dafydd Orwig ac Ieuan Wyn Jones eu lambastio yng nghwmni ambell un mwy haeddiannol megis David Owen, Prif Gopyn Gogledd Cymru, a'r bytholwyrdd Felix Aubel. Yn wir mae'r captions wrth y lluniau o'r byd gwleidyddol yn finiog grafog.

Nodwedd i'w chroesawu yw'r nifer o erthyglau gyda sylfaen o newyddiaduraeth ymchwil galed yn gefndir iddynt sydd yn y cylchgrawn. Ceir erthyglau dadlennol gwerthfawr am dactegau'r heddlu yn yr ymgyrch losgi tai haf ac am syms bosus Y Faner. Yn yr un cywair mae erthygl am y nifer brawychus o ddatblygiadau twristiaeth sydd ar droed a hynny gyda sêl bendith Cyngor Arfon. Mae cefndir y cynllunio hwn yn drewi o hirbell.

Yn wir mae angen mwy o lawer o newyddiaduraeth ddewr galed fel hyn yn y Gymru bwdr bresennol a thrueni yw nad yw'r wasg a'r cyfryngau arferol yn fodlon baeddu eu bysedd a mentro i fyd o'r fath. Llawenydd felly yw deall fod y stabl newydd am gyhoeddi LOL arall tua'r Nadolig.

Un feirniadaeth ar y cylchgrawn presennol yw fod hiwmor gwirioneddol ddigrif yn brin. Mae colled ar ôl cartwnau Elwyn Ioan ac yn sicr gellir cael rhwyd fwy i ddal mwy o amrywiaeth o bysgod. Un o'r ychydig bethau sy'n gwneud i rywun rowlio chwerthin yw siart achau Felix Aubel. Caiff ei achau eu holrhain drwy Satan, Lleian Llan Llŷr, Rhirid Flaidd, Jane Huws Penrhyndeudraeth, Magi'r Post a chymeriadau teilwng eraill.

Cafodd *Llais Madog* gyfle unigryw i holi enillydd gwobr Daniel Owen am ei farn am y LOL presennol a chynlluniau cyhoeddi'r cylchgrawn i'r dyfodol:

"Nid wyf fi am drafod blydi dam rwts fel yna 'to. Byddaf yn canolbwyntio fy blydi dam egnïon ar lenyddiaeth ddyrchafol — sgwennu a (hic) gwario'r ff(1? — Gol.) — dam pum can punt!"

Y DIMENSIWN EWROPEAIDD

Braint arbennig LOL, a throbwynt yn ei hanes yn wir yw iddo gael ei ddyrchafu eleni yn gyfrwng lansio'n swyddogol Ymgyrch Fawr Ewropeaidd y Br Dafydd Elis Tomos. Ymgysurwn yn y ffaith, a ninnau yn fferu yn afagddu ein hargyfwng, fod yn ein plith un a fedr sefyll ysgwydd yn ysgwydd â mawrion Ewrop trwy'r oesoedd, yn ysbrydoliaeth ac yn arweiniad cadarn mewn dyddiau dreng.

Mussolini   A. Hitler   Napoleon

Marx   Dali   Le Pen Bach

(Neges oddi wrth yr ymgeisydd)

Annwyl Etholwr,

Braint ac anrhydedd i mi yw fy mod yn cael fy nghyflwyno fy hun fel hyn i'ch sylw caredig, a gobeithio y medrwch neilltuo munud neu ddau yng nghanol eich gorchwylion beunyddiol i roi ystyriaeth neilltuol i'm maniffesto isod. Os caf fy ethol, mi wnaf fy ngorau i hybu'r canlynol:—

* gwella carthffosiaeth
* gwasanaeth milwrol gorfodol
* gwregysau diogelwch gorfodol i gwn
* crogi llosgwyr tai haf yn gyhoeddus

Mawr hyderaf y gallwyf ddibynnu ar eich cefnogaeth ac addawaf os y'm hetholir y gwnaf fy ngorau i bawb fel ei gilydd, beth bynnag fo'i blaid a beth bynnag fo fy mhlaid innau.

Auf Wiedersen,
D.E.T.

HOLIDAY HOMES AND ARSE ATTACKS

NORTH WALES POLICE
CONFIDENTIAL INFORMATION LINE
(24 HOURS) COLWYN BAY 512949

DON'T LAUGH

CRIME IS EVERYONE'S RESPONSIBILITY

" . . . A'r goron yn rhodd eleni gan fferyllydd lleol . . ."

Ma hynna hollol wrong twel Dai
- i ddifa lligod mawr rhaid
  dala'r jawled yn i tylle.

CRIMEWATCH

Gyd-genedlgarwyr
mawr yw ein braint
am fod gennym yng Nghymru
y fath gydaid o saint

Saint heddluoleg
a ddwed be di be
a rhoi eitem i'r hogia
ar Crimewatch U.K.

talu miliwn a hanner
i weld fflamau ar wal
ac actors yn deifio
rhag bomia bach smal.

a thybed ai Pershing
neu falle hen Gruise
oedd honno a daniwyd
i chwalu y drws?

Fe'i cynhyrchwyd yn sbeshal
mi fentra i roi ges
yng nghyd-destun
    heddychiaeth
à là S.A.S.

A sôn am S.A.S.-garwyr
roedd un peth yn fêl
gweld rhaglen ar losgi
heb weld Dafydd Êl!

Hoff wlad gwelsoch gops
'r egwyddorion llac
hon oedd y rhaglen
The Empire Strikes Back.

Weision yr Empeiar
er maint eich cybôl
waeth i chi gyfaddef
na chawsoch ffyc ôl!

Derec Tomos

CYFWELIAD GYDA MEIBION GLYNDWR

LOL: Ai chwi yw Meibion Glyndwr?
M.G. Ie, ni a Dafydd Elis Tomos.
LOL: Ai chwi sy'n llosgi Tai Haf?
M.G. Ie, ni a Dafydd Elis Tomos.
LOL: Pam nad ydych chi wedi cael eich dal?
M.G. Am nad oed neb yn gwybod pwy yw Dafydd Elis Tomos.

Iw nêm it, wi print it

Y byd

- Wal Berlin yn syrthio.

- Protestwyr ym Mhrâg, Tsiecoslofacia yn galw am ymddiswyddiad y llywodraeth gomiwnyddol yn y 'Chwyldro Melfed'. Yn dilyn y protestiadau daw Václav Havel yn Arlywydd y wlad.

- Chwyldro yn Rwmania a dienyddio'r cyn-arweinydd, Ceauşescu.

- Llywodraeth Tsieina yn anfon tanciau i chwalu protest y myfyrwyr ar sgwâr Tiananmen, Beijing, gan ladd cannoedd.

- Trychineb stadiwm Hillsborough yn Sheffield, lle caiff 96 o ddilynwyr pêl-droed Lerpwl eu lladd. Codi cwestiynau mawr am y ffordd y gwnaeth Heddlu De Efrog ddelio â'r digwyddiad.

- Mwslemiaid yn llosgi llyfr Salman Rushdie, *The Satanic Verses*, a'r Aiatola Khomeini yn galw am ddienyddio Rushdie am gabledd.

- Tim Berners-Lee yn creu'r porwr a'r gweinydd cyntaf ar gyfer Rhyngrwyd yn labordy CERN, Y Swistir.

Cymru

- Helen Thomas, merch 22 oed o Gastell Newydd Emlyn yn marw ar ôl cael ei tharo gan gerbyd heddlu y tu allan i faes awyr comin Greenham. Roedd yr ymgyrchydd heddwch yn cymryd rhan yn y gwersyll protest yn erbyn taflegrau *cruise* pan drawyd hi gan fan yn cludo ceffylau'r heddlu.

- Llafur yn cipio sedd Bro Morgannwg oddi ar y Torïaid mewn isetholiad. Kim Howells hefyd yn ennill isetholiad Pontypridd i'r Blaid Lafur.

- Arestio a rhyddhau naw o ddynion am wisgo lifrai Parti Lliw Meibion Glyndŵr i orymdeithio mewn rali i goffáu'r ddau a fu farw pan ffrwydrodd bom yn Abergele adeg yr Arwisgo.

- Cau gwaith dur Felindre, Abertawe. Erbyn diwedd y degawd dim ond tua 17,000 oedd yn gweithio yn y gweithfeydd dur a 4,000 yn y diwydiant glo.

- Y pumed refferendwm ar agor tafarndai ar y Sul – Dwyfor oedd yr unig ardal yng Nghymru bellach oedd yn sych ar y Saboth.

LOL

Fe nododd Eirug Wyn ar gychwyn ei gyfnod fel cyhoeddwr a golygydd *Lol* ei fod yn ymwybodol fod y 'recsyn anllad' bellach wedi tyfu'n greadur eithaf gwahanol i'r hyn a ragdybiwyd ar y cychwyn. Meddai: 'Ar ei waethaf fe dyfodd y cylchgrawn gwrth-sefydliad yn fath o sefydliad ynddo'i hun!' A dyna efallai sydd i gyfrif am y modd yr aeth y golygydd newydd ati i osod ei farc beiddgar ei hun ar *Lol,* hyd yn oed os oedd hynny'n golygu bod hen gyfranwyr a chefnogwyr *Lol* yn y dyddiau cynnar bellach yn dargedau.

Yn wir, mae'n drawiadol cymaint o bobl dros y blynyddoedd a fu'n gyfranwyr cyson i *Lol* sydd wedi cael eu gwawdio mewn rhifynnau wedyn, yn eu plith Vaughan Hughes, Gareth Miles, Dafydd Iwan, Rhodri Williams a Robyn Lewys.

Mae rhifyn Eisteddfod Genedlaethol Llanrwst yn un nodweddiadol o gyfnod golygyddol Eirug Wyn – dwy stori ar y dudalen flaen, y naill yn haeru camymddwyn yng nghoridorau S4C a HTV wrth

ddyfarnu cytundebau darlledu, a'r llall yn adrodd ar gyrch yr heddlu yn erbyn Parti Lliw Meibion Glyndŵr yn dilyn rali goffa Merthyron Abergele ym mis Gorffennaf.

Hefyd, rhwng y tudalennau ceir llun o ddyn noeth a'r pennawd anghynnil 'Ffwl Marcs', gan adael i'r darllenydd ddod i'w gasgliadau ei hun ynghylch pwy oedd yn y llun. Ffotograff a lungopïwyd o gylchgrawn noethlymunwyr o'r Almaen oedd y llun, mae'n debyg (sy'n codi'r cwestiwn beth yn union oedd deunydd darllen cyfranwyr *Lol* y cyfnod?!), ond fe dramgwyddwyd Gareth Miles gan yr ensyniad.

Roedd yr eitem yn wan a fymryn yn annifyr, a chafwyd llythyru cyfreithiol yn ôl a blaen ar y mater. Efallai mai'r unig ddaioni ddaeth o'r digwyddiad oedd nad oedd modd cyhuddo *Lol* o fod yn rhywiaethol mwyach, gan fod y rhecsyn yn awr yn argraffu mwy o ddynion noeth na merched noeth. Ac i brofi'r pwynt, argraffwyd y llun eto un ar bymtheg o weithiau yn y rhifyn nesa ond gyda phennau anfarwolion y genedl – o Ruth Parry i Lyn Ebenezer ac o Elwyn Jones i Eirug Wyn ei hun – wedi'u gludo'n flêr dros y noethlymunwyr.

(Doedd dim modd cyhuddo'r golygydd o gymryd ei hun o ddifri o gwbl, oherwydd nodwedd arall amlwg o gyfnod Eirug Wyn wrth y llyw oedd ei barodrwydd di-ffael ym mhob rhifyn i gynnwys o leiaf un eitem neu stori oedd yn gwneud hwyl am ei ben ei hun.)

Mae'r rhifyn hefyd yn cynnwys hysbyseb ar ran un arall o amrywiol fusnesau Eirug Wyn, sy'n cynnwys slogan fyddai'n hollol addas i *Lol* y 1990au cynnar: 'Iw nêm it wi print it!'

Plaid Cymru
The Party of West Britain
Welsh Devolutionists by appointment to H.R.H. the Prince of Wales

"Cheith Rhys Gethin ddim gafel arno fe nawr!"

Daiari-ia

GLENYS KINNOCK (GWRAIG Y BOS)

Dydd Gŵyl St. Dêfid's (Llun):
Cafodd y Prins of Wêls yr anrhydedd o gael yfed coffi (di-Kaffinêted wrth gwrs) gyda mi y bore 'ma wedi iddo agor y Depot newydd ar gyfer Dybl Decars Llundan. Trueni nad British Rêlwês oedd piau'r sioe, â minnau â'r ffasiwn Konnektions.

Wedyn, syth i Kinio dros y Trydydd Byd, pwyr dabs, yn y Safoi. Fawr o ginio chwaith — dim hanner digon o bwdin. Neil bach yn gwneud spîtsh ffantastig, ond dim ond Paddy Ashton wnaeth Klap-hands. Ddaeth yr hen Fagi Thatshyr na ddim—roedd hi'n gweithio.

Dydd Mawrth:
Kinio, a Garden Ffêt-al Genod CND — ond neb gyda gardd ddigon mawr, (Mae gyda ni ddigon o le ar bwys ein tŷ haf yng Nghymru, ond *nid* yn Lyndyn) — felly rhaid oedd ymgynnull tu nôl i fflat Ann Klwyd a'u Garden Knomes a'i Window Bocsys — hi a'i blydi Jerêniyms! Dwi'n siwr fod ganddi ei llygad ar fy 'Copper- Nob' bach i . . . neu ei job o. Gorau po gynta y down ni i rym, er mwyn gallu anfon Klwyd yn ôl at ei sprouts neu i Dŷ'r Arglwyddi — neu'n well fyth i Klwyd o'r ffordd . . .

Dydd Mercher:
Heddiw, Afftyrnŵn T er anrhydedd i Nelsyn Mandela (roedd o'n Admiral, n'toedd?). 'Rhen sglyfath yna, Ken Livingstone, oedd y Dî Jê, ac mi roedd o'n chwarae recordiau Paul Robinson, Duke Wellington, Lord Armstrong a Dafydd Ewing. Enillwyd y brif wobr yn y raffl — bythefnos yn Namibia — gan Mrs Paul Channon; a'r ail wobr, £10.000, gan Mrs Roy Hattersley — chwarae teg iddi — ail, fel arfer, yntê?

Dydd Iau:
O dwi'n krakyrs ar Denis Thatshyr. Mae o'n rêl Jentlman, yndi wir. Mae o'n mynnu llenwi'ch gwydr chi efo mwy o jin cyn i chi orffen yfed y dwetha. Be wnaeth Hi i'w haeddu fo dwch? — a mae ganddo fe brês . . .

Dydd Gwener:
Blydi hel. Ddy Kêring Pipyl — Fi a Prinses Deiana efo plant Doctyr Barnados! Be nesa? Ritz Hotel oedd hi bore ma — "Alternative Life Styles and Peace to all the Peoples". Ffêr plê rwan, pis on ôl ddy Pimplys faswn i'n ddweud. OND mae Neil yn mynnu'n bod ni'n ymddangos yn KÊRING . . . Diolch i'r drefn nad oedd ganddo fo ffwc o ots am Gymru — neu mi fasa hi wedi cachu arna i: yn ôl i Holyhead my'n diawl a W.I. Trearddur Bay — Wof-wî.

Diolch i drefn y Blaid Lafur, off â fi

Dafydd Elis Sutch

MONSTER RAVING LOONEY PARTY OF WALES

Os Cawn f'ethol addawaf:-
1. Grogi Meibion Glyndwr.
2. Gau i lawr busnesau sy'n darparu cyflogaeth amser llawn i Gymry (fel Tanerdy Dolgellau) a chael yn eu lle datblygiadau twristaidd sy'n cyflogi Saeson.
3. Saethu Meibion Glyndwr.
4. Werthu Cymru i Saeson.
5. Foddi Meibion Glyndwr.
6. y.......
7. Dyna fo i gyd.

Dafydd Elis Sutch

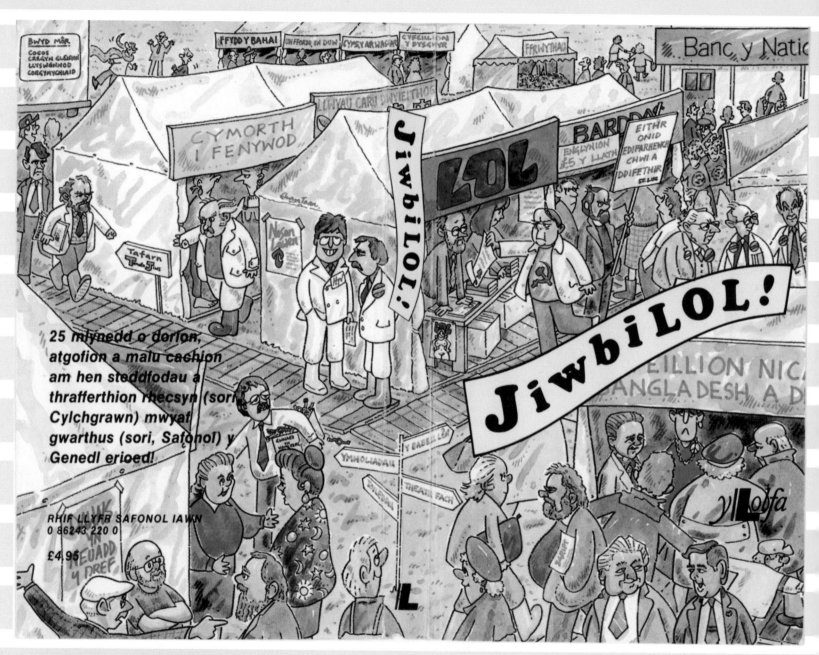

Clawr y gyfrol ddathlu JiwbiLOL *gan Elwyn Ioan*

JiwbiLol bach sensoredig

Y byd

- Rhyddhau Nelson Mandela wedi 27 mlynedd yn y carchar, ac F. W. de Clerk yn dechrau'r broses o godi'r gwaharddiad ar yr ANC ar ôl 30 o flynyddoedd.

- Gorllewin a Dwyrain yr Almaen yn uno.

- Terfysg yn Llundain wrth i Dreth y Pen gael ei chyflwyno yn y Senedd.

- Wedi ffraeo a checru ac etholiadau mewnol yn y Blaid Geidwadol, bu'n rhaid i Margaret Thatcher ymddiswyddo, a daeth John Major yn Brif Weinidog yn ei lle.

- Irac, o dan Saddam Hussein, yn ymosod ar Kuwait. Hyn yn cychwyn Rhyfel y Gwlff wrth i luoedd cynghreiriaid America ymladd Irac.

- Jimmy Savile OBE yn cael ei urddo'n farchog gan y Frenhines.

Cymru

- David Hunt yn olynu Peter Walker fel Ysgrifennydd Cymru.

- Arestio nifer o unigolion amlwg yn y byd adloniant Cymraeg ar amheuaeth o fod â rhan yn yr ymgyrch losgi gan gynnwys Bryn Fôn a Mei Jones o'r gyfres gomedi C'mon Midffild a Dyfed Thomas, actor arall. Cawsant eu cadw am 48 awr yn swyddfeydd yr heddlu cyn eu rhyddhau yn gwbl ddigyhuddiad.

- Stormydd a llifogydd difrifol ym mis Chwefror ar hyd glannau'r gogledd yn gorfodi miloedd o bobl i adael eu cartrefi yn ardal Bae Cinmel a Thywyn ger Abergele.

- Codi'r fferm wynt gyntaf yng Ngheredigion.

- Y Gymraeg yn cael ei gwneud yn bwnc craidd mewn ysgolion cyfrwng Cymraeg ac yn bwnc sylfaen yng ngweddill ysgolion Cymru.

- Mudiad Education First ac AS Caerfyrddin, Dr Alan Williams, yn ymosod yn chwyrn ar bolisi iaith awdurdod addysg Dyfed.

- Yr Anhrefn yn rhyddhau *Rhedeg i Paris*.

LOL

1990 oedd 25ain pen-blwydd go iawn *Lol,* ac i ddathlu'r achlysur cyhoeddwyd cyfrol *JiwbiLol* yn hel atgofion am rifynnau *Lol* ac Eisteddfodau meddwol ac enllibus y gorffennol. Cynhaliwyd nosweithiau Jiwbilol yn Eisteddfod Cwm Rhymni yng Nghlwb Cymdeithasol Garnlydan, Glyn Ebwy, gyda Chwmni Croeso Cymru yn cyflwyno 'Cwricwlwm C. Oen' gyda Tecwyn Ifan yn canu ar y nos Fawrth a Geraint Løvgreen ar y nos Iau.

Roedd *Lol* Eisteddfod 1990 yn rhifyn swmpus a llawn, ac yn wir cafwyd atodiad i'r rhifyn hefyd wedi'i argraffu ar bapur melyn trawiadol, sef '*Lol* Bach Arall! Rhifyn Sensoredig'. Bwriad yr atodiad oedd saethu rhagor o ergydion yn rhyfel y cylchgrawn gyda'r byd darlledu yng Nghymru ac, yn benodol, codi cwestiynau am y ffordd yr oedd S4C yn cael ei rhedeg dan oruchwyliaeth Geraint Stanley Jones, pennaeth y Sianel ar y pryd.

Ond roedd yr atodiad yn cynnwys eitem wnaeth arwain at yr ymrafael cyfreithiol mwyaf difrifol yn hanes y cylchgrawn. Ymrafael yn y pen draw a gostiodd yn ddrud i Eirug Wyn.

Y cefndir yn fras oedd bod cwmni teledu Sylw (a newidiodd ei enw wedyn i Agenda) wedi ennill cytundeb drud i gynhyrchu rhaglen gylchgrawn ar

S4C, yn dwyn y teitl *Heno*. Awgrym *Lol* oedd bod rhan o'r llwyddiant yna i'w briodoli i gyfeillgarwch rhwng cyfarwyddwyr y cwmni a swyddogion S4C. Roedd y cwmni teledu ac uwch-reolwyr S4C yn wyllt gacwn gyda'r ensyniad, a mynnwyd bod camau cyfreithiol yn cael eu rhoi ar waith. Felly, dygwyd achos enllib gan Rhodri Williams, Euryn Ogwen Williams a Ron Jones yn erbyn Eirug Wyn a *Lol*.

Mi wnaeth y *Lol* bach arall ymddangos yn yr Eisteddfod, ond rhifyn sensoredig ydoedd gyda'r darnau tramgwyddus wedi'u sensro a'u cuddio dan linellau du trwchus.

Dywed Robat Gruffudd ei fod yn cofio treulio oriau yn Eisteddfod Cwm Rhymni yn ceisio cael Rhodri Williams ac Eirug Wyn at ei gilydd, gan lwyddo yn y diwedd i'w cael i gornel llychlyd o'r maes erbyn diwedd y prynhawn dydd Gwener. Dywed Robat iddo gynghori Eirug yn gryf i ymddiheuro gan ddweud nad oedd 'ymddiheuriad yn *Lol* yn cario pwysau'r Bregeth ar y Mynydd, ond gwrthododd yn lân' a methwyd â dod i gytundeb y tu allan i'r llys.

Ariannwyd y camau cyfreithiol gan S4C ac ymhen tair blynedd collodd Eirug Wyn yr achos, a dyfarnwyd iawndal o filoedd o bunnoedd i'r tri a ddaeth â'r achos ger bron. Dywedwyd na ofynnwyd i Eirug dalu'r iawndal, ac ni ofynnodd S4C am ad-dalu ei chostau cyfreithiol chwaith, ond roedd hynny'n dal i adael y golygydd i ysgwyddo'r baich sylweddol o dalu ei gostau cyfreithiol ei hun.

Llusgodd yr holl helynt ymlaen am flynyddoedd, gan achosi pryder a straen aruthrol i Eirug Wyn a'i deulu.

Ymysg yr eitemau eraill yn *Lol* 1990 yr oedd cyfeiriadau niferus at yr ymgyrch losgi ac eitemau lu yn gwawdio Aelod Seneddol Llafur Caerfyrddin, Dr Alan Williams. Roedd Dr Alan wedi gwrthwynebu polisi addysg Cyngor Dyfed o osod ysgolion mewn categorïau yn seiliedig ar iaith yr ardal, gan olygu bod y Gymraeg yn brif gyfrwng addysgu mewn ardaloedd Cymraeg eu hiaith. Ffurfiwyd mudiad Education First i wrthwynebu'r polisi ac roedd Alan Williams a Blodwen Griffiths yn ffigurau amlwg iawn yn y mudiad. Aeth Dr Alan mor bell â galw polisi Dyfed yn Stalinaidd!

Roedd ebychiadau gwrth-Gymraeg eithafol o'r fath yn anorfod yn golygu y byddai'r 'Em Pi ffor Carmardden' yn serennu yn nhudalennau *Lol* dros y blynyddoedd nesaf.

"Da ni'n O.K. Rhys bach, Y Sun a'r Star mae nhw'n ddarllen yng Nghymru!"

DATGANIAD

Dymuna Eurig Wyn ei gwneud hi'n hollol glir nad ef yw'r Eirug Wyn sy'n cyhoeddi LOL, nac ychwaith yr Eurig Wyn oedd yn berchen Siop y Pentan, Caernarfon, ac yn sticio pennau perthnasau ar ben dynion sy'n gogwyddo i'r dde.

Dymuna Eirug Wyn gyhoeddi hefyd nad y fo ydi'r Eurig Wyn sy'n aelod o Blaid Cymru, ac a fu'n gweithio i'r BBC, yn malu arwyddion, yn sgwennu sgriptiau gwallgo ac sy'n awr efo'r Es Ffôr Si yma.

Er fod Eurig Wyn yn Lywodraethwr Ysgol Uwchradd yng Nghaernarfon, dymuna Eirug Wyn hysbysu pawb mai yn Nyffryn Nantlle mae o'n Lywodraethwr, ac er fod enw ei wraig ef yn dechrau â'r llythyren "G" cyd-ddigwyddiad hollol yw fod enw gwraig Eurig Wyn yn dechrau gydag "G" hefyd.

Mae Eirug Wyn yn ŵr parchus, ac nid y fo yw'r Eurig Wyn sy'n gyfarwyddwr teledu, nac yn gynghorydd. Y mae Eirug Wyn yn gynghorydd ond nid yn gynghorydd

Eirug Wyn nid Eurig Wyn

Eurig Wyn nid Eirug Wyn

Dosbarth fel Eurig Wyn. Mae'r Eurig Wyn sy'n gynghorydd dosbarth, yn wahanol i'r Eirug Wyn sy'n gynghorydd cymuned.

Wedi bod yn y Nat West mae Eurig Wyn, a chyd-ddigwyddiad yw fod Eirug Wyn ac Eurig Wyn bellach efo'r Midland. Nid Eirug Wyn ond Eurig Wyn sy'n aelod o Glwb Golff Caernarfon, ac Eirug Wyn mae Dafydd Iwan a phawb arall yn ei gasáu nid Eurig Wyn.

Nid Eirug Wyn, ond Eurig Wyn sy'n gwneud datganiad i'r Wasg nad y fo ydi Eirug Wyn, ac yn sicr nid Eirug Wyn, ond Eurig Wyn sydd wedi cyfrannu'n gyson i LOL gydol y blynyddoedd. (Wel, mae'r ddau wedi gwneud a bod yn onest.) Ond yn sicr, nid Eirug Wyn ond Eurig Wyn fuodd yn sgwennu barddoniaeth. Neu Eirug Wyn oedd o 'dwch?

Dymuna Eurig Wyn hysbysu pawb fod ffordd syml iawn o ddeud pa Eirug Wyn ydi Eirug Wyn. Mae un ohonyn nhw yn frawd-yng-nghyfraith i . . . William Lewis.

acen

Y PAPUR I'R RHAI SY'N DYSGU CYMRAEG THE PAPER FOR WELSH LEARNERS

Y GOLOFN BOETRI

Will it? Will it? Clue Ellen
Will it? Wide pay weigh lit in.
Hey uncall on, ganet strewn oar,
Enchore on gone gone queer whore

Bathe oon die ogg thee ogle
Ah! dead with yahoo in died Ethel
Hey Bri! the nay Kay do in eyebrow
Hey Boffal, on debehive yo
Fung lad! Fung lad! Kay Fung lathe
Uhn Ruddock Herr done rude tithe,
Oh Kath Loon! Kath Loon goalie,
Uhgua toon oath bligh giddy.

Gerry Lloyd (97)

WALES (MORFILOD)

CYMRU I ENNILL CWPAN Y BYD (Cup of the World). Dyna (that) farn ein (our) gohebydd profiadol. (full stop). Dywedodd (He said) ein goheybdd profiadol, sydd wedi astudio pob (baked) un (one) tîm sy'n cystadlu, "Gyda chwaraewyr (Woodbines) fel Ivor Allchurch a John Charles, toes (Dough) gan neb siawns (chance) yn ein herbyn.

Llwybr gyrfa Neil Kinnock

GWAHARDDIAD: DIM LOL?

Camau cyfreithiol oherwydd erthygl

HYD yn oed cyn i'r cylchgrawn *Lol* gael ei argraffu eleni yr oedd mewn helynt gyda chamau cyfreithiol wedi eu cymryd ynglyn ag un stori y bwriedir ei chyhoeddi ynddo.

Mae'r stori yn ymwneud a honiadau pur ddifrifol ynglyn a gwahanol agweddau o'r datblygiadau darlledu gwerth tua £5m sydd ar droed gan S4C yn Abertawe a 'sut y cafodd cwmni *Agenda* y cytundeb i wneud y gwaith.

Dywedod Ann Beynon, Pennaeth y Wasg, S4C, fod y mater yn nwylo cyfreithwyr pan ofynnwyd iddi hi am ei sylwadau ar yr erthygl.

Nid oedd yn fodlon ymhelaethu ymhellach.

Cadarnhaodd cyhoeddwr *Lol*, Eirug Wyn, iddo ef dderbyn llythyrau gan gyfreithwyr rhai a enwyd yn y stori yn ei fygwth gyda gwaharddiad Uchel Lys pe byddai'n mynd ymlaen a'i chyhoeddi.

Fel ag yr oedd *Y Cymro* yn mynd i'r wasg dywedod Eirug Wyn ei fod, yn dilyn trafodaeth gyda'i gyfreithwr ei hun, yn paratoi i fynd i'r Uchel Lys yn Llundain i ymladd y gwaharddiad ac i gael ei ddileu.

GEIRIADUR Y DOCTOR
ALLAN WILLIAMS B.U. (CARMARDDEN)

Digwyddiad mawr y byd cyhoeddi Cymraeg eleni wrth gwrs yw cyhoeddi Geiriadur hir-ddisgwyledig y Dr Allan Williams, Caerfyrddin.

"Fi wedi bod yn gwitho ar y Dicshynyri hyn ers twenti ffeif iars, a bydd ei gael ar shelves ein Libraries Cyhoeddus ac yn adeiladau yr Education -= megis Category B. Schools o gaffaeliad mawr, ac yn help i allowo pawb i gal fflecsibiliti wrth ddysgu yr Iaith Gwmrag.

Ceso i gompleint, gweud y gwir, ceso i lot o gompleints bod intimideshyn yn digwydd ynglŷn â lyrno'r iaith, a gweles i'r fenyw irisitabl hyn odd isho sicret balot so es i weld Cyfarwyddwr yr Education a lot o'i ddynon e. O'n i'n disapointed, o ni'n feri disapointed... gweud y gwir yn feri feri feri disapointed so hales i betishyn a gweud wrth y pwrs na fi odd y Carmardden M.P. a bo fi'n reito'r Dischynari hyn sy'n mynd i helpu Categori A. schools i ddropo i categori B.

"Wel jawl, na'r ffordd yn dife? So peintes i stand lath Blodwen Griffiths a rhoi bai ar Dafydd Iwan achos odd e'n peintio'r byd yn wyrdd yn y sefntis pan o'n i'n grwt ac yn llyo tin Gwynoro...zzzz

(Er budd dysgwyr, cyhoddwn isod rai geiriau o Eiriadur y Dr Williams. Cyhoddir gan Wasg Gonner. Pris – £99.99 2 dudalen)

allowo — helpu Sais
compleint — llythyr gan Sais
lot o gompleints — dau lythyr gan Sais
intimideto — dysgu Cymraeg
petishyn — llythyr di-enw
Welsh Wales — Lloegr
fflecsibiliti — plygu i Sais
dropo — cael cachad

---

complimento — llyfu tin
risisto — ddim yr un meddwl a fi
fi'n disapionted — ches i mo mhlesio â'r dyn
fi'n feri disapointed —ches i mo mhlesio o gwbl â'r dyn
fi'n feri feri disapointed —blydi nashynalist odd y pwrs
irisistabl — Blodwen Griffiths
titiffileriys — stondin laeth Blodwen Griffiths
sicret balot — fy marn i
Catagory B. School Gyfynyrs — pobl oleuedig
Llywodraethwyr eraill — Bwli bois
Carmadden M.P. — Twat gwirion.

134

Dial Elwyn Tori

Y byd

• Ymgais at *coup* yn yr Undeb Sofietaidd. Methiant yw'r cyrch i gipio grym, ond ymddiswydda'r Arlywydd Gorbachev. Erbyn diwedd y flwyddyn roedd yr Undeb Sofietaidd wedi diddymu ei hun.

• Refferendwm yng ngwledydd y Baltig. Etholwyr Estonia, Latfia a Lithwania yn pleidleisio'n gadarn o blaid annibyniaeth oddi wrth yr Undeb Sofietaidd.

• Lech Wałęsa yn dod yn Arlywydd Gwlad Pwyl.

• Aung San Suu Kyi yn ennill gwobr Heddwch Nobel am ei safiad yngwrthwynebu llywodraeth filwrol Myanmar.

• Operation Desert Storm, yn cynnwys milwyr America, Ewrop a gwledydd Arabaidd eraill, yn gyrru byddin Irac allan o Kuwait.

• Yr IRA yn lansio ymosodiad bomiau mortar ar 10 Stryd Downing, gan chwalu ffenestri ystafell y Cabinet. Aelodau'r Cabinet i geisio lloches dan y bwrdd. Neb yn cael anaf.

• Rhyddhau chwech Birmingham ar ôl i'w hapêl fod yn llwyddiannus.

Cymru

• Alun Llwyd a Branwen Niclas o Gymdeithas yr Iaith yn cael eu carcharu am flwyddyn (gyda chwe mis wedi'i ohirio) yn Llys y Goron Yr Wyddgrug, fel rhan o'r ymgyrch am Ddeddf Eiddo i sicrhau rheolaeth dros y farchnad dai.

• Cyfrifiad 1991 yn dangos bod nifer y siaradwyr Cymraeg dros 45 oed yn lleihau'n sylweddol, er bod y ffigurau yn awgrymu bod nifer y plant oedd yn medru'r Gymraeg wedi cynyddu ychydig.

• Agor Twnnel Conwy ar ffordd yr A55.

• Yr Eisteddfod Genedlaethol yn derbyn deiseb gan dros 2,000 o bobl yn gofyn am ddileu'r gair 'Brenhinol' o deitl swyddogol yr ŵyl.

• Y Cyrff yn rhyddhau albym *Llawenydd Heb Ddiwedd*.

LOL

Roedd rhifyn *Lol* Eisteddfod Genedlaethol Bro Delyn 1991 yn nodedig am gynnwys dyfyniadau helaeth o hunangofiant Tori – y tro cyntaf i'r 'recsyn anllad' roi sylw i farn adweithiol, bwriadol groes i un arferol y cylchgrawn. Awdur hunangofiant *Y Rebel Mwyaf?* oedd Elwyn Jones, trefnydd gyda'r Blaid Geidwadol yn y gogledd, un o elynion pennaf Cymdeithas yr Iaith yn y cyfnod ac un a ddisgrifir gan *Lol* fel 'y Ceidwadwr hoffus o Flaenau Ffestiniog'. (Flwyddyn ynghynt, serch hynny roedd *Lol* wedi cyhoeddi darnau o hunangofiant 'ffug' Elwyn Jones yn haeru mai'r Frenhines Fictoria oedd ei nain a'i fod wedi cael cyfeillgarwch agos gydag Eva Braun.)

Un o gyhoeddiadau Gwasg Gwalia oedd y llyfr, sef cwmni a sefydlwyd ar gychwyn cyfnod Eirug Wyn fel golygydd a chyhoeddwr *Lol*. Dros y blynyddoedd nesaf byddai Gwasg Gwalia yn cyhoeddi sawl cyfrol, gan gynnwys adargraffiad o glasur Caradog Pritchard *Un Nos Ola Leuad*, cofiant Hogia'r Wyddfa, *Llanw a Thrai* sef cyfrol o gerddi'r Prifardd Ieuan Wyn ac wrth gwrs hunangofiant Elwyn Jones, lle cafodd ddial ar ei elynion gwleidyddol.

Wrth drosglwyddo'r awenau, roedd Robat Gruffudd ac Eirug Wyn wedi rhoi trefniadau yn eu lle a fyddai'n diogelu *Lol* a'r cyfranwyr pe bai achos cyfreithiol yn codi yn eu herbyn. Un o amcanion sefydlu Gwasg Gwalia oedd gwneud y cwmni'n 'gredadwy' ac nid yn ffrynt yn unig i gyhoeddi *Lol*.

Ond ni lwyddodd y cynllun oherwydd, yn hytrach na dwyn achos yn erbyn y cylchgrawn neu'r wasg, pan gymerwyd camau cyfreithiol yn erbyn *Lol* dygwyd achos yn bersonol yn erbyn Eirug Wyn y golygydd.

Yn y dyfyniadau o'i lyfr mae Elwyn Jones yn cael cyfle i fwrw ei fol ar rai o'r Cymry amlwg y daeth ar eu traws. Gelwir y nofelydd John Ellis Williams yn 'John El Dew', a oedd yn athro arno ym Mlaenau Ffestiniog, a haerir iddo gymryd yn erbyn Elwyn Jones o'r dechrau, a'r dychryn a godai ym mhlant diniwed y Blaenau gyda'i 'strap ledr hyll'. Un arall oedd dan lach Elwyn Jones oedd y diwinydd blaenllaw a Phrifathro Coleg Bala Bangor, Dr R Tudur Jones gan haeru bod casineb agored yn bodoli rhyngddynt a bod 'Dr Tudur wedi ymyrryd yn bersonol i rwystro Elwyn Jones rhag derbyn galwad fel gweinidog'.

Ar ben hynny cyfaddefodd Elwyn Jones iddo achwyn wrth yr heddlu yn y 1960au adeg yr Arwisgo am ei bryderon bod rhai o'i gyd-fyfyrwyr yn Bala-Bangor 'yn sôn am drais, gwneud bomiau a chwythu pethau i fyny.' Er hynny, traethydd annibynadwy braidd yw Elwyn Jones yn y pytiau hyn, a chan ei fod yn ysgrifennu ei atgofion am bobl oedd wedi marw roedd yn amhosib profi gwirionedd ei honiadau. Ond o leiaf mi wnaeth ddarllen difyr a mynegi barn groes i'r arfer ar gyfer darllenwyr *Lol* y flwyddyn honno.

Y tu hwnt i'r hunangofiant gwahanol hynny, rhoddwyd sylw a chafwyd hwyl ar gorn sawl Williams – Euryn Ogwen Williams, Rhodri 'Biliyns' Williams, Alan Williams, Margaret Williams, ac i amrywio'r cywair Williams-aidd ychydig, Elfyn Llwyd y darpar Aelod Seneddol a chyfaill y golygydd, a ailfedyddiwyd ganddo yn 'Elfyn B'stard' (ar ôl yr Aelod Seneddol diegwyddor Alan B'stard yn rhaglen gomedi ddychanol Rik Mayall *The New Statesman*).

Y camel yn cludo'r llwyth a'r chwain yn cwyno.

Ar y Bws

Ar y bỳs i Ebargofiant
Rhown lenorion Cymru lân;
Rhown bob bardd i eiste'n ddesant
Gyda chyfarch mawl a chân.
Rhown orseddwyr sefydliadwych
Ar eu tinau un ac oll;
Rhown bob rebel a phob gledrych,
Pob cawr o fri, pob talent goll.

Ar y bỳs i Ebargofiant
Rhown y sgwenwyr clwc i gyd
A chwenychodd glod heb
    haeddiant;
Eisiau'u gweld heb wneud dim byd
Dros heniaith gloff heblaw ei
    godro;
Ceisio'u campwaith yn lle byw,
Dewis bregliach yn lle brwydro,
Gadael Lloegr wrth y llyw.

Ar y bỳs i Ebargofiant
Rhown gadeirfardd bach y llan,
Y golecddawn ar ei phrifiant,
Y sianelddawn yn ei man.
Yn eu coegwyleiddllyd fawredd,
Ar y bỳs mor deg eu stad,
Ar eu tinau mewn anrhydedd
Am na wnaethant dros eu gwlad.

Awn â'r bỳs i Ebargofiant
Ar ei daith o dow i dow;
Heibio awn i Fro Gogoniant
Lle na cheir nac och nac ow,
Yn ein blaenau at y dibyn —
Stopio'n stond rôl brathu'r brêcs,
Codi troed a neidio'n sydyn
A chan ffarwèl i'n mil mistêcs.

CYSTADLEUAETH RHECHWR Y FLWYDDYN

Cynhelir dan nawdd, amodau a rheolau'r Gymdeithas Rechan Ryngwladol, Rhos-y-bol.

Trewir y rech gyntaf am 6.30 a.m. a'r rech olaf 10.00 p.m.

Dyfarnwr: **Edwin Bryn Gwynt** — Pencampwr Rhechan Wlyb Ynysoedd Prydain a'r Eil O Man, 1990

RHEOLAU:

Ar alwad y Dyfarnwr, daw'r cystadleuwyr i'r llwyfan a gostwng unrhyw orchudd pen-olaidd.

Bydd yn ofynnol iddo afael ym "mholyn y gwthiad" gydag un neu ddwy law.

O daro rhechan sych, dyfernir yn ôl arogl, sŵn, sylwedd, hyd ac amrywiaeth

O daro rhechan wleb, dyfernir ar sail arogl, sgidmarc, bybls, ansawdd a gwlybaniaeth.

Disgwylir i bob cystadleuydd dynnu mwd, ond ni chaniateir brown ar y brethyn.

Ni chaniateir ar unrhyw gyfrif "cagl yn y rhych".

GWOBRAU
Stafell Wagiwr — £5,000 (i'w rhannu)
Ffrothan Gaglog — £3,000 (i'w rhannu)
Penfelen Sownd — £2,500 (i'w rhannu)
Cnecan Gyraints — £1,000

(Noddir y gwobrau gan Gwmni Heinz)

Manylion pellach: Cnec y Coed, Tindweiliog

Mae eich gwlad (Prydain/Lloegr) eich angen chi.
Ymunwch â'r

Royal Welch Fusiliers

Cewch deithio'r byd,
Cwrdd â phobl ddiddorol
– a'u saethu nhw
a chael angladd milwrol llawn
i gyd cyn i chi gyrraedd 21 oed

**I enlistio llenwch y ffurflen isod a'i ddanfon
i Swyddfa Plaid Cymru, Dolgellau, Meirionydd, Gwynedd**

Enw...

Cyfeiriad..

....

Ticiwch ✓ i ddangos eich diddordebau
Mae gennyf ddiddordeb mewn saethu
Gwyddelod ☐ Arabiaid ☐ Archentwyr ☐ Unrhyw wogs arall ☐

"It's a man's life in the British Army today" medd Lieutenant Brigadier David Ellis-Thomas Ph.D. D.S.O. D.V.L.C. W.A.N.C.A.R.

Yr hen ddyn budr

Annwyl Syr,
   Tybad oes rhai o readers eich papur wedi notisho y similariti rhwng y dyn sydd ar twenti pownd nôt newydd a Dyfan Roberts, oedd yn gneud y dyrti old man?
   Dwi'n wyndro os oes yna relation?
GWYNN JONES (Dr)
WDA CHAIRMAN

Dyn ar y papur £10

ac....rwy'n addo...na wnaf fyth enllibio Agenda...nac Euryn Ogwen...na dim ar sydd eiddo...

Yr Aflan Eto Fyth!

Y byd

- Cynhadledd y Cenhedloedd Unedig ar yr Amgylchedd – Uwchgynhadledd y Ddaear – yn cael ei chynnal yn Rio, Brasil.

- Ethol Bill Clinton yn Arlywydd yr Unol Daleithiau.

- Arwyddo Cytundeb Maastricht, yn dynodi'r newid o Gymuned Ewropeaidd i Undeb Ewropeaidd.

- Bosnia Herzegovina yn dilyn Slofenia a Croatia, gan ddatgan annibyniaeth o Iwgoslafia. Mae hyn yn esgor ar ryfel tair blynedd rhwng Mwslimiaid, Serbiaid a Croatiaid yn y wlad.

- Etholiad Cyffredinol ym Mhrydain. Neil Kinnock, arweinydd Llafur, yn disgwyl dod yn Brif Weinidog, ond John Major a'r Torïaid yn ennill yr etholiad.

- Achos 'Arfau i Irac' yn datgelu bod cwmnïau Prydeinig wedi bod yn gwerthu arfau i Irac gyda chydsyniad y Llywodraeth, er bod gwaharddiad ar wneud hynny ers Rhyfel y Gwlff yn 1991.

- Y Frenhines yn cael ei gorfodi i dalu treth incwm am y tro cyntaf erioed, Charles a Diana yn gwahanu, Castell Windsor yn llosgi a'r Frenhines yn cyhoeddi iddi gael twll tin o flwyddyn, sef 'Annus Horriblis'.

Cymru

- Pedwar Aelod Seneddol Plaid Cymru yn cael eu hethol yn yr etholiad cyffredinol. Syndod mwyaf yr etholiad cyffredinol yng Nghymru oedd Cynog Dafis yn dod o'r pedwerydd safle i drechu Geraint Howells yng Ngheredigion Gogledd Penfro.

- Dafydd Elis-Thomas yn cael ei wneud yn Arglwydd. Aelod cyntaf Plaid Cymru o Dŷ'r Arglwyddi. Ethol Elfyn Llwyd yn AS Meirionnydd Nant Conwy yn ei le.

- Y Llywodraeth yn cyhoeddi Deddf Iaith a hynny'n arwain at sefydlu Bwrdd yr Iaith Gymraeg yn gorff statudol.

- *Y Faner* yn dod i ben ym mis Ebrill, ar ôl cael ei gyhoeddi'n wythnosol ers 1859. Hafina Clwyd oedd y golygydd olaf. Aeth grant *Y Faner* i sefydlu cylchgrawn wythnosol newydd *Golwg*; y golygydd cyntaf oedd Dylan Iorwerth.

LOL

Adlais o'r gorffennol oedd ar glawr *Lol* Eisteddfod 1992, gyda phrif bennawd yn sgrechian am ddychweliad *bête noire* y cylchgrawn, 'Yr Aflan Eto Fyth!'. Byrdwn y stori oedd bod un o gwmnïau Syr Alun Talfan Davies a'i deulu wedi ennill cytundeb cyhoeddi gyda'r Eisteddfod Genedlaethol. Roedd ail bennawd y dudalen flaen yn ymddangos fel newyddion da i bobl fel Syr Alun, serch hynny, oherwydd roedd yn cyhoeddi 'Diwedd *Lol*'.

Go brin y byddai calonnau darllenwyr selog y cylchgrawn wedi llamu rhyw lawer wrth weld y pennawd. Onid oedd *Lol* wedi dod 'nôl o byrth marwolaeth sawl tro eisoes? O droi at dudalen tri cafwyd cadarnhad yn wir y byddai terfyn ar *Lol* oherwydd yng ngeiriau'r golygyddol 'gyda thristwch mawr yr ydym yn datgan heddiw y bydd *Lol* yn dod i ben pan gyhoeddir y rhifyn olaf un.'

Felly, doedd dim angen poeni neu ddathlu – roedd y rhecsyn, er gwaethaf y stormydd oedd yn chwyrlïo

o'i gwmpas, yn dal yn llwyddo i gadw i fynd. Roedd y cylchgrawn yn parhau dan olygyddiaeth Eirug Wyn hefyd ac er bod yr achos yn ei erbyn gan Euryn Ogwen, Ron Jones a Rhodri Williams yn bwrw cysgod hir llwyddodd i gynhyrchu rhifyn o *Lol* ar gyfer Eisteddfod Genedlaethol Aberystwyth yn llawn o'r bustl dychanol, clecs dosbarth canol a'r jôcs arferol.

Blwyddyn dyrchafu Dafydd Elis-Thomas yn Arglwydd oedd 1992 ac i nodi'r dyrchafiad cafwyd arfbais arbennig ei llunio gan ddylunwyr *Lol* a chyfansoddwyd cân arbennig i ddathlu'r achlysur gan y bardd mawr Hippocrates.

Vaughan Roderick, Guto Harri a Dewi Llwyd

— tri o'r rhai a fu wrthi drwy'r nos

"Fe ddiflannodd pob symptom ar amrantiad pan glywson nhw fod Margaret Williams yn dod yma."

ACHAU'R ARGLWYDD

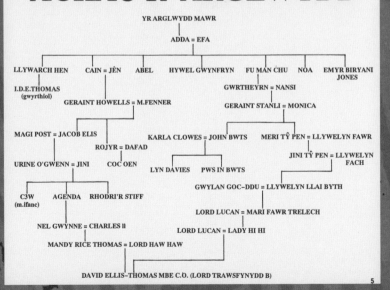

YR ARGLWYDD MAWR

ADDA = EFA

LLYWARCH HEN CAIN = JÊN ABEL HYWEL GWYNFRYN FU MAN CHU NOA EMYR BIRYANI JONES

I.D.E.THOMAS (gwyrthiol)

GWRTHEYRN = NANSI

GERAINT HOWELLS = M.FENNER

GERAINT STANLI = MONICA

MAGI POST = JACOB ELIS KARLA CLOWES = JOHN BWTS MERI TŶ PEN = LLYWELYN FAWR

ROJYR = DAFAD

JINI TŶ PEN = LLYWELYN FACH

URINE O'GWENN = JINI COC OEN

LYN DAVIES PWS IN BWTS

C3W (m.ifanc) AGENDA RHODRI'R STIFF

GWYLAN GOC-DDU = LLYWELYN LLAI BYTH

NEL GWYNNE = CHARLES II

LORD LUCAN = MARI FAWR TRELECH

MANDY RICE THOMAS = LORD HAW HAW

LORD LUCAN = LADY HI HI

DAVID ELLIS–THOMAS MBE C.O. (LORD TRAWSFYNYDD B)

5

ARGLWYDD MAWR

I roi taw unwaith ac am byth ar y dadlau, fe gomisiynodd LOL Major von Phart o Goleg yr Herodron i ymchwilio i gart achau yr Arg. Ellis-Thomas. Cyflwynwn isod ffrwyth ei ymchwil, a'r arfbais ganiatawyd i'r Arglwydd gan y Coleg.

PARADWYS FFŴL – 1

Darganfyddiadau Mawr y Byd
(i) Y rhech gyntaf

PARADWYS FFŴL – 4

"Wrth gwrs fy mod i yn eich parchu chi fel person Efa,
rwan taflwch y ffycin afal yna a dowch i'r gwely.."

PARADWYS FFŴL – 2

"Ond Efa, fy nidyms, beth sydd yn gwneud i chwi
feddwl fod yna ddynes arall yn fy mywyd?"

Huddug i botas

Y byd

• Gŵr ifanc du, Stephen Lawrence, yn cael ei lofruddio wrth aros am fws mewn ymosodiad hiliol yn ne Llundain. Arweiniodd at ymchwiliad manwl i hiliaeth yn heddlu'r Metropolitan. Carcharwyd dau yn 2012 am y drosedd.

• Yr Arlywydd Clinton yn dod â Yitzhak Rabin, Prif Weinidog Israel, a Yasser Arafat, arweinydd y PLO ynghyd i ysgwyd llaw ar lawnt y Tŷ Gwyn. Yn sgil Cytundebau Heddwch Oslo rhwng Israel a'r PLO mae'r Awdurdod Palestinaidd yn cael ei ffurfio, gan roi rheolaeth rannol dros Gaza a'r Lan Orllewinol i'r Palestiniad.

• Y Weriniaeth Tsiec a Slofacia yn gwahanu – 'Yr Ysgariad Melfed'.

• Yr IRA yn ffrwydro dau fom mewn biniau sbwriel yn Warrington, Lloegr gan ladd dau fachgen ifanc. Bedwar diwrnod wedyn, terfysgwyr Teyrngarol yn lladd 6 o Gatholigion yng Ngogledd Iwerddon.

• Prif Weinidog Gweriniaeth Iwerddon, Albert Reynolds a John Major, Prif Weinidog Prydain, yn arwyddo Cytundeb Stryd Downing ar ddyfodol Gogledd Iwerddon.

Cymru

• Achos cynllwynio yn Llys y Goron, Caernarfon, pan mae tri o ddynion yn cael eu cyhuddo o gynllwynio i achosi ffrwydradau fel rhan o'r ymgyrch losgi. Caiff Dewi Prysor a David Gareth Davies eu rhyddhau, er iddynt dreulio 14 mis yng ngharchar tra'n aros eu hachos llys. Dedfrydir eu cyd-ddiffinydd, Sion Aubrey Roberts i 12 mlynedd o garchar.

• John Redwood, AS Torïaidd Woking, yn cael ei benodi'n Ysgrifennydd Cymru. Cofir Redwood yn bennaf am ei ddaliadau asgell dde llym ac am wneud llanast llwyr o geisio mwmian canu 'Hen Wlad Fy Nhadau' yng nghynhadledd Gymreig y Torïaid yn Llangollen.

• Arweinydd newydd y Blaid Lafur Brydeinig, John Smith, yn addo byddai Cymru'n cael senedd etholedig.

• Sefydlu Bwrdd yr Iaith Gymraeg. Y cadeirydd cyntaf oedd John Elfed Jones, ac fe'i olynwyd gan yr Arglwydd Dafydd Elis-Thomas, gyda John Walter Jones yn Brif Weithredwr, swydd y bu ynddi tan 2004.

• *Jacpot* yn cychwyn ar S4C.

LOL

Y ddau ddigwyddiad a gymerodd fryd *Lol* Eisteddfod Llanelwedd 1993 oedd achos Llys y Goron Caernarfon yn erbyn tri o ddynion a gyhuddwyd o fod â rhan yn yr ymgyrch losgi tai haf, a sefydlu Bwrdd yr Iaith Gymraeg gan y Llywodraeth Dorïaidd.

Mae'r rhifyn yn cynnwys erthygl hir yn dadansoddi cymhellion yr awdurdodau dros gynnal yr achos a'r modd, yn ôl yr awdur, yr aeth yr 'Awdurdodau' ati i geisio cael 'achos rhwysgfawr yng Nghaernarfon gyda chanlyniad caled i Brydeindod.' Yn ôl *Lol* 'yr huddug ddaeth i botas yr Awdurdodau' oedd penderfyniad y Barnwr i wrthod y cais i gynnal yr achos y tu ôl i ddrysau caeedig a chyfaddefiad y Twrnai Cyffredinol iddo ganiatáu i'r heddlu fetio'r rheithgor. Dywedir bod 'yr achos yn taflu goleuni newydd ar "syndrom y Brawd Mawr" yng Nghymru ac nad oes yr un cenedlaetholwr yn ddiogel os yw'r Awdurdodau Seisnig am ei symud'.

Manna dychanol o'r nef i *Lol* oedd y newyddion mai Dafydd Êl fyddai cadeirydd Bwrdd yr Iaith o fis Hydref ymlaen, ac mae gweddill rhifyn haf 1993 yn

trafod a gwawdio aelodaeth a swyddogaeth y Bwrdd Iaith.

Un o'r gwleidyddion a chwaraeodd ran mewn darbwyllo'r llywodraeth i sefydlu Bwrdd yr Iaith oedd Wyn Roberts, ac fel y mae cartŵn Tegwyn Jones yn *Lol* yn nodi, oedd yn dal yn ei swydd fel is-ysgrifennydd yn y Swyddfa Gymreig wedi gweld rhes o Saeson yn cael eu penodi i swydd yr Ysgrifennydd Gwladol o'i flaen.

Bellach, roedd cael eich enwi yn *Lol* yn arwydd eich bod wedi 'cyrraedd' ac yn 'rhywun' yn y Gymru Gymraeg. Roedd rhai unigolion yn edrych ymlaen yn arw at gael eu henwau yn *Lol* bob blwyddyn, a dywedir i un aelod o'r gymuned gyfreithiol gwyno wrth Eirug Wyn am nad oedd ei enw yn *Lol* y flwyddyn honno. Wrth reswm unionwyd y cam, ac yn rhifyn y flwyddyn ganlynol doedd dim llai nag wyth llun o'r 'Ustus Crapalot' yn *Lol*.

Nid oedd pawb mor raslon â'r barnwr uchod, fel y tystia'r achos llys a ddygwyd gan S4C yn ei erbyn, a chafodd Eirug Wyn a'i deulu salw galwad ffôn bygythiol, rhai ohonynt yn faleisus iawn ac yn bygwth ei wraig a'i ferched.

Mae naws fymryn yn fwy dof i rifyn 1993, serch hynny, gyda mwy o glecs a straeon cymharol ddiniwed am sêr teledu, athrawon, cynghorwyr a seiri rhyddion yng Ngwynedd. Efallai mai cartŵn mwyaf deifiol a phroffwydol y rhifyn oedd un o logo aderyn cwmni teledu Barcud yn pibo llwyth o bres. Ond mwy am hynny yn nes ymlaen…

Ydach chi' cofio 'mhenodi i i'r Swyddfa Gymreig yn 1979?
Wel, mi rydw i yno o hyd wyddoch.

"Aaaaaaa y twpsyn diawl!
Nid blydi ciwcymbyr yw honna!"

E.C. RULING: CUCUMBERS TO BE STRAIGHTENED

Ar y Bwrdd

(Cân di bennill fwyn i'th Wyn...)

Mae Wyn wedi gwneuthur gwrhydri,
rhyfeddol anfarwol o wyrth,
a'r Arglwydd Nant Congo sydd wedi
ei frolio i'r nefolion byrth.

Cans deddfu a wnaeth ein brenhines
(A'r Cwin Myddar hefyd yn wir)
Fod Welsh ar ôl gorthrwm ac afles
Yn ffasiwn yn ôl yn y tir.

Ac am ei froliannau rhyfeddol
Dyrchafwyd Nant Congo yn ben
â joban fach daclus deyrngedol
i helpu'r Gymraeg byth amen.

Na fydded i ni fod â phryder
dros heniaith berseiniol ein gwlad
Datganodd Rhen Ŵr o Bencader
A'r Arg o Ben Bwrdd, ei pharhâd.

Derec Tomos.

LOL– Rhif 33 **Awst 1993**

Cyhoeddir gan JIWS 5, Blwch Post 27, Caernarfon, Gwynedd.

ΑΥν τρο ροεδδ ψνα δρι μοχηψν βαχη οəρ ενω ████████, ████ ████ ████ α ████ ████ ψν βψω μεων τψ βαχη ψν ψ γοεδωιγ. ████ ████████ oεδδ ενωəρ μοχηψν βαχη τεωα, ████████ ████ ████████ βεδδ ενωəρ μοχηψν βαχη ἡψλλ, α ████████ oεδδ ψ μοχηψν χωτα. Ψν ανφφοδυσ φв δδαετη ψ βλαιδδ μαωρ χασ ████████ ████ ████ o ηψδ ι δψ ψ τρι μοχηψν βαχη ψν ψ γοεδωιγ, α ωηδδοχη χηι βε δδιγωηδδοδδ? Δψμα ████████ ████████ ████ ψν βωψτα ████████ ████████, ψνα δψμα φοəν βωψτα ████████ α δψμα φοəν εδρψχη αρ ████ ████ α δευδ ΑΔωι ωεδι βωψτα RON ι γαελ βωψδ, δωι ωεδι βωψτα ████████ ι γαελ χαχηιαδ Α α

Annwyl ddarllenydd,

Fel y gwyddost, yr wyf, ar yr eiliad hon, mewn alltudiaeth oherwydd fy mod wedi sorri'n bwt, ac wedi cael cam eithriadol. Nid oes eiriau a fynega fy nheimladau tuag at y ffwndemantalwyr sy'n lambastio 'nghampweithiau, ac yn cam-ddehongli fy ngweithiau fel awdur disgleiriaf y genedl Gymreig erioed. Roedd gennyf eleni sgwp eithriadol. Roeddwn wedi llwyddo i ddarganfod awdur y ddogfen a anfonwyd yn ddi-enw at Rhodri Wylltwallt yn bwrw sen ar y Barcutwyr Bil Moses a Duw Jones.

Roeddwn wedi darganfod tarddiad y ddogfen ac yn llawn bwriadu enwi'r hanner moelyn a'i hysgrifennodd, ac a dreuliodd ddyddiau bwygilydd yn cofnodi enwau aballu yn Nhy'r Cwmniau. Yna disgynnodd melltith oddi uchod arnaf.Clywais fod Vatseina Productions Ltd wedi cyhoeddi Fatwah arnaf, a bu'n rhaid i mi ffoi yn ddi-ymdroi at fy nghyfaill Asil, i Gyprus. Bu'r wythnosau olaf hyn yn rhai trawmatig iawn, nid yn unig am i mi orfod treulio cyfnod maith oddi cartref, ond am fy mod hefyd wedi gorfod cuddio rhag yr Ayatolla Urine Fockwen–Won–Wig–Rhodres Ffwrch–Benvawr Jones. Amheuthun felly, oedd derbyn oriawr blastig o wneuthuriad hardd Hong Kong gan fy Mates mynwesol Duw Jones a Bil Moses, ac arni'r geiriau "NA ADAW I'R BYGERIAID DY GAEL I LAWR." Bydd copiau o'm cyfrol glodwiw "Y PENILLION SATANAIDD – YMGAIS AM ENLLIB" yn glanio ar ddesg y Ffacsiwr Mawr ei hun, Gergwd Winci–Wanci Stanli–Naiff yn ystod y dyddiau nesaf. I'r llenorion mawr yn eich mysg, wele baragraff agoriadol fy nghyfrol ddisglair, wedi ei hysgrifennu yn y dull ôl–enllibiol frodorol:

Annwyl Syr,

Mae gen i flys gofyn i LOL gynnal cystadleuaeth. Y gystad- leuaeth yw ceisio dyfalu PWY fydd ar y Bwrdd Iaith Newydd sefydlir yn yr Hydref dan gadeiryddiaeth Yr Arglwydd Dafydd Elis Tomos. Dyma fy rhestr i: DerecLlwyd Morgan; Ron Jones; Elan Closs Stephens; Euryn Ogwen Williams; Dr John Davies; Rhodri Williams; Gwilym Humphreys; Wil Cwac Cwac; Superted ac Ann Beynon. Mi fuaswn i'n tybio mai'r cymwysterau sydd eu hangen yw'r gallu i'ch cyflwyno eich hun yn Gymro Da, sy'n dderbyniol, i'r plebiaid ar y naill law, ac i'r Toriaid ar y llall. Mae'r gallu i sefyll ar y ffens ac i gadw at ganol y ffordd yn hanfodol, ac os oes tueddiad wedi bod i wyro i'r chwith, yna tro pedol sydyn i'r dde a uniona'r gwys.

Mawr hyderaf y bydd yr Arglwydd yn cymryd ei le yn anrhydeddus ym mhen y bwrdd, ac nid oddi tano fel y bu'r tueddiadau diweddar.

A.TOMOS. PORTHMADOG

Eirug Wyn yn gorffen Lolian

Y byd

- Nelson Mandela yn Arlywydd du cyntaf De Affrica.

- Mewn cyfnod o 100 niwrnod rhwng Ebrill a Gorffennaf dywedir bod rhwng hanner miliwn a miliwn o drigolion Rwanda wedi'u lladd yn y Rhyfel Cartref. Roedd ymateb y Cenhedloedd Unedig yn rhy ychydig a rhy hwyr i atal yr hil-laddiad.

- John Major yn mynd i drafferthion wrth geisio asio moesoldeb â gwleidyddiaeth yn ei bolisi 'back to basics', a hynny yn bennaf oherwydd ymddygiad rhai aelodau o'r Llywodraeth.

- Marwolaeth yr arweinydd Llafur, John Smith. Tony Blair yn cael ei ddewis fel ei olynydd. Cyn hynny bu Tony Blair a Gordon Brown yn swpera gyda'i gilydd yn nhŷ bwyta Granita yn Islington, gan ddod i gytundeb ynghylch pwy fyddai arweinydd nesaf y Blaid Lafur ac yn y diwedd Prif Weinidog nesaf Prydain.

- Yr IRA yn cyhoeddi cadoediad. Y cyfarfod cyntaf rhwng aelodau o lywodraeth Prydain a phlaid weriniaethol Sinn Fein ers 70 mlynedd.

- Agor twnnel y sianel rhwng Prydain a Ffrainc.

Cymru

- Y Bwrdd Glo yn cyhoeddi ei fwriad i gau glofa'r Tŵr yn Hirwaun, ond y gweithwyr yn ennill yr hawl i feddiannu'r gwaith, a chymryd rheolaeth dros y pwll ar noswyl Nadolig 2014.

- Syr Wyn Roberts yn symud o'r Swyddfa Gymreig wedi bod yno fel is-ysgrifennydd a Gweinidog Gwladol ers 1979. Rod Richards, AS Gogledd Orllewin Clwyd (un o arall o hoff gocynau hitio *Lol*) yn ei olynu.

- Enwi Neil Kinnock yn Gomisiynydd Ewropeaidd, ei wraig Glenys yn ennill sedd yn Senedd Ewrop yn yr etholiadau ym mis Mehefin wrth i Lafur ennill pob un o'r seddi yng Nghymru.

- Ffilm *Hedd Wyn* yn cael ei henwebu am Oscar.

LOL

Erbyn 1994 roedd yr achos yn erbyn Eirug Wyn a *Lol* yn cyrraedd ei derfyn. Roedd yr erlid ar y golygydd wedi bod yn straen mawr, ac efallai nad oedd hi'n syndod i'r selogion mai rhifyn Eisteddfod Genedlaethol Nedd a'r Cyffiniau fyddai rhifyn olaf *Lol* dan ei olygyddiaeth.

Ar y dudalen flaen cyhoeddwyd, mewn blwch du difrifol, y diweddaraf am Gronfa *Lol* a sefydlwyd yn 1990 i gynorthwyo talu costau cyfreithiol yr achos yn erbyn y cylchgrawn. Sefydlwyd cronfa arall yn Awst 1993 hefyd i helpu'r achos a nodir bod y swm y disgwylir i Eirug Wyn, fel golygydd *Lol* a Gwasg Gwalia Cyf. ei dalu, oddeutu £20,000.

Mae *Lol* 1994 hefyd yn cynnwys teyrnged deimladwy gan Neil ap Siencyn i un o hoelion wyth Undeb y Tancwyr a chefnogwr cynnar y cylchgrawn, sef Eirwyn Pontshân, a fu farw yn ystod y flwyddyn. Sgŵp ac egsliwsif mawr y rhifyn yma oedd cyfweliad honedig gyda Carlo, gwrthrych sawl eitem yn y gorffennol ac ysbrydoliaeth gyson i gyfranwyr y cylchgrawn.

Unigolion eraill sy'n dod o dan y lach yn *Lol* 1994

yw'r Athro Medwin Hughes, darpar bennaeth Prifysgol Cymru y Drindod Dewi Sant, Eluned Morgan yr Aelod Seneddol Ewropeaidd a darpar farwnes, Gwilym Owen (un arall o dargedau selog dychan *Lol*), a chymhariaeth anghynnil rhwng Rod Richards yr AS Ceidwadol ac organau rhywiol benywaidd. Nid y tro cyntaf na'r tro olaf i'r Br Richards ymddangos rhwng y cloriau.

Yn ogystal â'r dychan a'r gwiriondeb arferol mae gweddill y rhifyn yn adrodd hanesion am ddiffyg buchedd ac anfoesoldeb y dosbarth canol diwylliannol a chyfryngol ledled Cymru.

Byddai clecs *Lol* Eirug Wyn yn ymestyn o ddosbarth canol 'Cofis newydd' dosbarth canol diwylliannol a phroffesiynol ardal Caernarfon i swyddfeydd Cyngor Dyfed a chyfryngis Croes Cwrlwys. Un peth sy'n dipyn o syndod efallai, yw agwedd rhai Cristnogion tuag at y rhecsyn anllad. Byddai rhywun yn tybio fod yr holl regi a noethni di-chwaeth yn denu

beirniadaeth ganddynt, ond er bod llawer, mae'n siŵr, yn gweld *Lol* fel cylchgrawn anweddus a chwbl di-foes roedd Cristnogion eraill yn gweld rhinwedd yn y ffordd yr oedd yn dinoethi (yn llythrennol weithiau!) rhagrith, godineb a diffyg moes cyffredinol dosbarthiadau parchus Cymru ac yn datgelu pa mor 'bechadurus' syrthiedig ac anfoesol oedd eu ffordd o fyw mewn gwirionedd. Oherwydd, fel sawl cylchgrawn dychanol tebyg megis *Charlie Hebdo* a *Le Canard Enchaîné* yn Ffrainc a *Private Eye* yn Lloegr, er gwaethaf yr hiwmor a'r dychan priddlyd ac amrwd, roedd yna wythïen biwritanaidd ddofn yn rhedeg trwy *Lol* erioed.

Efallai nad oedd Eirug Wyn wedi mynd mor bell â hynny o'r Mans wedi'r cwbl.

Syr Prys Edwards   Y Diwc of Iorc

"Don't bloody argue Jones! That's the Meibion Glyndwr Colour Party. Arrest the buggers!"

Ymweliad Brenhinol

Cafodd LOL y fraint o groeshoelio Carlo – tad y march "Gotcha" a gachodd gerllaw'r Faenol yn 1969. I ddathlu'r achlysur, gwahoddwyd golygydd enwog LOL i gyfweliad arbennig ...

CYFWELIAD

LOL – O gofio fod yna chwarter canrif wedi mynd heibio ers pan ddaru chi fod mor mawrfrydig a hael a dod i Gymru i gael eich arwisgo, ac wrth gwrs i ganiatau i'ch mab Gotcha!– gachu ger llaw'r Faenol, fedrwch chi ddweud wrthyf, a'ch llaw ar eich calon, a chwithau hefyd wedi bod yn yr Uned Iaith yn dysgu Cymraeg o dan law eich Tiwtor Tedi Backward, fyddech chi mor garedig a hysbysu'r Genedl Gymreig drwy LOL, yn gyntaf, faint o argraff adawodd eich ymweliad â Chymru a Chaernarfon arnach yn 1969, ac yn ail, i ba raddau y bu'r gwersi Cymraeg a gawsoch a'r amser a dreuliasoch yn y Labordy Iaith o fudd i chwi – yn wir faint o Gymraeg fedrwch chi ei siarad heddiw?

CARLO – Ffyc ôl.

LOL – Y mae eich teulu wedi cael aml gnoc yn ystod y blynyddoedd a aeth heibio ers i chwi ein breintio a'ch ymweliad â ni yn 1969. Fe chwalodd priodas eich chwaer – y beth hyll yna – fe briododd ac fe ysgarodd eich brawd yr hen gochan yna, a

Goron, yn ymddangosiadol o leia wedi rhoi'r fawr am y tro olaf i Ddeiana. O gofio am dâpiau Dianagate, a'r pethau cas ddatgelodd y rheini amdanoch chi a'ch mam, ac yna wrth gwrs helynt Camillagate, faint ydech chi'n fodlon ymhelaethu ar y bennod anffodus hon ar eich bywyd personol?

CARLO – Ffyc ôl.

LOL – Y mae tebygrwydd mawr, pan fyddwch chi'n esgyn i'r Orseddfainc – wedi i'ch mam roi ei rhech olaf – y byddwch yn cyhoeddi i'r byd mai eich mab hynaf William fydd Tywysog Newydd Cymru, ac y bydd yna arwisgiad arall yng Nghastell gwerinol ardderchog Caernarfon. O gofio am eich comitment mawr eich hun dros y pethau gorau i'r genedl Gymreig, beth yn union fyddwch chi'n drosglwyddo

Ac eniwe, ymhen rhyw chwarter canrif, meddylia mewn difri! Mi gei di dy holi gan GOLWG a'r CYMRO a llu o wancars a llyfwrs eraill o Gymru....

i'ch mab, hynny ydi faint o gomitment fyddwch chi'n ddisgwyl gan William i Gymru?

CARLO – Ffyc ôl.

LOL – Oes gennych chi un neges syml i Gymru?

CARLO – Ffyc off.

Dyddiadur Deallusrwydd...

LLUN

Mae metaepistemiaeth ôlhegemoniol yn rhuthro fel tân gwyllt drwy Ewrop benbaladr ond mae'n siwr na welwn o yng Nghymru am 64.2 o flynyddoedd eto, os o gwbl. Prin yw'n llenorion sydd wedi mewnweledyddu ôlfetaestheteg ddeidactig, hyd yn oed. Hyn yn gwneud imi deimlo'n ôlrwystredigol wrth ddisgwrsiaethu pastiche i Tu Chwith. Fel arall, dydd i'w drysori. Heddiw oedd diwrnod fy mhriodas â Marie. Cawsom ein dau noson fythgofiadwy yn trafod rhagoriaeth metatelos ôlidiosyncratig ar ôlfarcsiaeth fetafoucaltaidd tan oriau ôl-fân y bore. Mae metafywyd yn ymagor o'n blaenau.

MAWRTH

Prynu cerdyn ôlffeministaidd yn Uz Are Cardz i Jules rhag ofn iddo fo ddigwydd colli perthynas neu ffrind. Roedd metanaratig ôl-Nietzscheaidd y cerdyn yn gweddio. Marie'n teimlo erbyn hyn bod trawsfetafforyddiaeth ôlfisogynistiol Spivak yn fetaddilechdidol ddisgyrchiannus. Tueddu i gytuno hefo hi.

MERCHER

Trychineb. Marie'n dweud bod ôlontolegaeth fetadrefedigaethol yr ysgol Faudillardaidd yn ôldestunoli seicotherapiaeth fetaempeiraidd mewn metabolemeiddiaeth ôl–hwyr–fodern Er bod hyn yn gyffredinol wir tan yn ddiweddar, rydym erbyn hyn wedi symud ymlaen, ac ers dechrau Gorffennaf mae'n amlwg mai disgwrs ôlddisyrsiaethol sy'n mewnddilechdyddu metabastiche ôl–is–destunol metaôlfoderniaeth. Ar ôl trafod a methu cydweld drwy'r dydd, doedd dim i'w wneud ond cytuno i wahanu ac aeth Marie'n ôl at ei mam.

Gobeithio y medrwn fod yn ffrindia ar ôl yr ysgariad.

IAU

Ceisio dygymod â bywyd ôlbriodasol. Gwneud paned o goffi ond roedd y llefrith yn lympia i gyd. Ffonio Jaques yn Bourges i ofyn be oedd o'i le. Fo'n ymgynghori â Bernard yn Palermo ac yn ffonio'n ôl i gynnig yr ôlbosibilrwydd bod y llefrith wedi dadstrwythuro. Olgyfansoddi tair metanofel i ddod dros fy siom.

OL-IAU

Sgwennu fy mhennod fisol o Bobol y Cwm.

Eirwyn Pontshân

I nifer fawr o Gymry, roedd y geiriau "Eisteddfod" ac "Eirwyn Pontshân" yn gyfystyr â'i gilydd. Roedd cael awr neu beint yng nghwmni'r saer geiriau yn rhan annatod o'r Wyl. Trwy'r Eisteddfodau y daeth nifer ohonom i'w adnabod ac i ryfeddu at ddawn y cyfarwydd bach o Dalgarreg. Yma, mae Neil ap Siencyn un o'i gyfeillion, yn talu teyrnged iddo.

Nghaerdydd. E.e. roedd un o raglenni diweddar y gyfres erchyll "Hwyr neu Hwyrach" yn trafod "hiwmor" (sic). Ni soniwyd, wrth gwrs, am Eirwyn gan yr Arglwydd Elis Tomos na'r cyfryngis hunan–dybus yn y stiwdio. Ond gair neu ddau yn awr am Eirwyn y Cenedlaetholwr. Bu Eirwyn yn gefnogwr cyson i brotestiadau cynnar Cymdeithas yr Iaith a Raliau gwladgarol fel Cilmeri, Abergele a Machynlleth. Cofiaf gyd–deithio ag ef yn y 70'au i Abergele. Awgrymodd un o'r myfyrwyr, gan ei bod yn ddiwedd y flwyddyn academaidd, fod lle i aros yng Ngholeg Diwinyddol Bangor. Ond aeth Eirwyn, yn hwyr y nos, drwy amryfusedd at ddrws y Prifathro, R.Tudur Jones. A dyna sut y bu'r cyfarfyddiad hanesyddol rhwng Llywydd Undeb y Tancwyr (â'i gap gwyn) a Llywydd Undeb yr Annibynwyr (â'i slipers llwydion) – a'r ddau (am unwaith) wedi'u taro'n hollol fud!

Sgrifennodd Eirwyn yn 'TWYLL DYN': "All dim un o Gymro beidio â bod yn genedlaetholwr heddi". Gwelai'n glir drwy dwyll y gwleidyddion cyn refferendwm '79, gan alw'r cynulliad yn "Senedd Jôns y Ffish". Un o'i hoff benillion e oedd hwn gan Llywelyn Williams:

"Daw terfyn ar fawredd cenhedloedd
A llwyddiant anfoesgar y Sais,
Daw'r dydd pan na chwifia ei faner
Ar diroedd enillodd drwy drais".

Byddai Eirwyn yn dyfynnu hefyd o bryddest Cynan 'Mab y Bwthyn', ond gofalai ychwanegu: "Nawr, falle bod Cynan yn iawn. Falle mai Duw yw awdur popeth hardd. Ond, myn yffarn i, fe ath Duw'n wan pan greodd e Sais". Ond er yn genedlaetholwr, darllenai rai o glasuron llên Lloegr ac athronwyr Gwlad Groeg – gan fedru dyfynnu'n helaeth ohonynt. Wele, felly, wrth gloi (ffor ddy sêc of owr Inglish ffrends) bennill bach Saesneg o'i eiddo am lywodraeth Loeger:

Lucy Ann Todd
The biggest whore that ever trod,
And you young men, with love and honour,
Pull down your pants, and shit upon her. Hyfryd iawn!

AR BRYNHAWN RHYNLLYD YNG NGHANOL Chwefror eleni wrth Gapel Pisgah, Talgarreg, bu ei deulu a nifer fawr o gymdogion a chyfeillion yn ffarwelio ag Eirwyn

Enlli B Jones

Y byd

• Ym mis Gorffennaf mae lluoedd Serbiaid Bosnia dan arweinaid Ratko Mladić yn lladd dros 8,000 o ddynion a bechgyn Mwslimaidd yn ardal Srebrenica. Fe'u lladdwyd er bod milwyr y Cenhedloedd Unedig i fod i'w gwarchod.

• Cytundeb Heddwch Dayton yn dod â rhyfel cartref yr hen Iwgoslafia i ben ym mis Rhagfyr.

• Refferendwm Annibyniaeth Quebec. Cynhaliwyd ail refferendwm ar bwnc annibyniaeth Quebec o Ganada. Canlyniad y bleidlais oedd: Na: 50.58%, ac Ie: 49.42%. Roedd y canlyniad dipyn agosach na refferendwm 1980, a dywedwyd bod dros 60% o siaradwyr Ffrangeg Quebec wedi pleidleisio o blaid annibyniaeth.

• Eithafwr asgell dde yn llofruddio Yitzhak Rabin, Prif Weinidog Israel. Bu'r digwyddiad yn ergyd fawr i'r broses heddwch rhwng Israel a Phalesteina.

• Helyntion gwleidyddion Torïaidd yn parhau gyda phapur newydd y *Guardian* yn cyhuddo Jonathan Aitken AS, Prif Ysgrifennydd y Trysorlys, o lwgrwobrwyo a thwyll wrth ddelio gyda Sawdi Arabia. Cafwyd Aitken yn euog o wyrdroi cwrs cyfiawnder, a'i ddedfrydu i garchar am 18 mis, lle cafodd dröedigaeth grefyddol.

Cymru

• Bu'n rhaid i John Redwood roi'r gorau i'w swydd fel Ysgrifennydd Gwladol Cymru ar ôl iddo benderfynu herio John Major am arweinyddiaeth y Blaid Doriaidd. William Hague, AS Richmond, a benodwyd yn ei le.

• Gwrthodwyd cynlluniau'r pensaer byd enwog Zaha Hadid am Dŷ Opera Cenedlaethol ym Mae Caerdydd. Beirniadwyd y cynlluniau gan y wasg a gwleidyddion fel Rhodri Morgan, yr AS Llafur, a ddisgrifiodd y cynlluniau fel fersiwn hereticaidd o'r Ka'bah ym Meca a fyddai'n denu llid y byd Mwslimaidd ar Gaerdydd. Yn hytrach, penderfynodd yr awdurdodau gefnogi codi stadiwm rygbi newydd yng Nghaerdydd, sef Stadiwm y Mileniwm. Aeth gyrfa Zaha Hadid o nerth i nerth.

• Cyhoeddi *Geiriadur yr Academi* gan Dafydd Glyn Jones a Bruce Griffiths. Bu 'Geiriadur Briws' wrth benelin cyfieithwyr am ddegawdau wedi hynny.

• Golygydd newydd Radio Cymru, Aled Glynne Davies, yn cyhoeddi newidiadau dadleuol i amserlen yr orsaf Gymraeg gan gynnwys rhaglen newydd boblogaidd Eifion 'Jonsi' Jones.

LOL

Wrth i Eirug Wyn ildio'r awenau daeth cyfnod newydd i *Lol* gyda chriw o bobl ifanc o blith aelodau Cymdeithas yr Iaith yn cydolygu'r cylchgrawn am y blynyddoedd nesaf, a hynny o dan y ffugenw 'Enlli B Jones'. Er bod rhecsyn Eisteddfod Genedlaethol Bro Colwyn ar ei newydd wedd datganodd y golygyddol ar ôl deng mlynedd ar hugain o *Lol* nad oedd rhai pethau wedi newid fawr ddim:

'Mae deg mlynedd ar hugain yn amser go hir. Symudwyd o ymgreinio Llafur a'r Arwisgiad i ymgreinio taeogion o flaen cwangos y Torïaid. Symudwyd o oes ble roedd sôn am gwrw a merched noeth yn feiddgar. Newidiodd llawer o bethau, ond newidiodd rhai pethau ddim chwaith… mae Gwilym Owen a Prys Edwards yn dal i anharddu tudalennau'r cylchgrawn hwn, a hynny'n gyson dros y tri deg mlynedd: llongyfarchiadau i'r ddau.'

Nid oedd geiriau fel hyn yn arwydd o newid pwyslais na thargedau o gwbl oherwydd yr un oedd gwrthrychau'r dychan a'r gwatwar coeglyd – Dafydd Elis-Thomas a oedd, yn rhinwedd ei allu rhyfeddol i ail-greu ei hun ymhob degawd, bellach yn Gadeirydd Bwrdd yr Iaith, neu wedi trawsnewid ei hun yng ngeiriau *Lol*: 'O Arglwydd i Frenin...', Derec Llwyd Morgan, Prifathro Coleg Prifysgol Aberystwyth ac, yn fwy na neb yn y rhifyn hwn, Rod Richards AS. Ar y pryd, ef oedd Aelod Seneddol Gogledd Orllewin Clwyd ym mro'r Eisteddfod ac roedd yn enwog am gorddi ymgyrchwyr iaith, a neilltuwyd sbred canol y cylchgrawn i ddatgelu 'ffeithiau' ofnadwy amdano, ac roedd y dudalen flaen yn gofyn y cwestiwn (rhethregol i'r golygyddion, mae'n siŵr): 'Ydi Rod Richards yn goc oen?'

Ond roedd newid yn y gwynt hefyd oherwydd yn hytrach na chartwnau a jôcs gwleidyddol anghywir, caed eitem ddychanol yn rhestru 'Deg Brych Homoffobaidd mwyaf Cymru', gan gynnwys Mudiad Efengylaidd Cymru a ddywedodd 'Nid yw gwrywgydiaeth yn fwy derbyniol nag ydyw godineb, llosgach nac unrhyw weithred arall sydd yn groes i'r drefn greadigol.'

Mewn llythyr a anfonwyd gan Gerddorfa Genedlaethol Gymreig y BBC gyda taflen yn nodi eu cyngherddau nesaf, roedd y geiriau:

"Yn y daflen, fe welwch ffotograffau trawiadol o offerynnau'r chwaraewyr, gyda rhai ohonynt yn dangos y rhannau hynny nad ydym yn cael eu gweld yn aml."

Nis gwyddom os oeddynt yn cyfeirio at organnau.

Cerddorfa Genedlaethol Gymreig y BBC

CORNEL CYFRIFIADURA

Mae peryglon feirws electronig yn hysbys i bawb sy'n defnyddio cyfrifiadur yn rheolaidd. Dyma rhai o'r diweddara a all effeithio ar eich peiriant:

Feirws y Bwrdd Iaith: Wrth gael mynediad i'ch peiriant, bydd yn arddangos nifer o ddatganiadau ysgubol a hollol wirion ar eich sgrîn, yna aros ar eich disg caled am byth yn gwneud dim. Anodd iawn i gael ei wared.

Feirws 'Heno': Bydd yn chwilio trwy'ch dogfennau chi, ac yn gosod geiriau Saesneg yn lle rhai Cymraeg bob hyn a hyn, er bod eu hystyr yn hollol amlwg.

Feirws Catatonia: Bydd yn chwilio trwy'ch dogfennau chi, ac os darganfu unrhyw Gymraeg o gwbl bydd yn eu trosi i'r Saesneg ar unwaith.

Feirws Rod Richards: Bydd eich cyfrifiadur yn hollol ffycd. Os yw'ch cyfrifiadur yn cael ei heintio gan hwn, ffoniwch y *News of the World*, a byddan nhw'n gallu ei ddileu o i chi.

Feirws 'Pris y Farchnad': Mae hyn yn drysu'ch holl ddata — ni fyddwch yn gallu gwneud pen na chynffon o unrhywbeth pan mae'n ymddangos ar y sgrîn.

Feirws Radio Cymru: Mae'r feirws yma yn effeithio'n bennaf ar beiriannau sydd â *sound card*. Bydd yn mynnu chwarae caneuon Eingl-Americanaidd sâl nes eich bod yn disgyn i gysgu.

Feirws Radio Ceredigion: Mae'n feirws yma yn effeithio ar osodiadau caledwedd eich peiriant ac yn perswadio'r cyfrifiadur i feddwl fod ganddo ddau brif brosesydd yn lle un. Mae hyn yn drysu'r peiriant i'r fath raddau na fydd yn gallu cyflawni dim.

Feirws y Swyddfa Gymreig: Bydd yr holl negeseuon ar y sgrîn yn ymddangos mewn Korean.

Feirws y Llyfrgell Genedlaethol: Bydd yn dweud wrthych nad oes digon o gof yn eich peiriant, yna mynnu mai'r Frenhines sy'n gosod y sglodion newydd i fewn.

Feirws Pantycelyn: Gall greu hafoc pan yn bresennol ar beiriant sydd â'r Feirws Llyfrgell Genedlaethol arno hefyd.

Feirws Dilwyn Miles: Yn troi'r llun ar eich sgrîn ben i waered.

Feirws Talwrn y Beirdd: Bydd y negeseuon sy'n eich hysbysu am *'General Protection Faults'* mewn cynghanedd.

YMA, YNG NGHYMRU, GWELWN NHW AR EU MWYAF CREULON.

EISTEDDFOD BECHINGALW

Ydi Rod Richards yn GOC OEN?

trowch i'r tudalennau canol

MAE RHIFYN Eisteddfod Colwyn o **LOL** yn falch o allu neilltuo cyfran o'i ofod i anrhydeddu un o'r aelodau seneddol lleol — yr hynaws Rod Richards.

Cafodd yrfa amrywiol fel newyddiadurwr, tafarnwr, milwr, a myfyriwr, ac mae holl ddarnau'r jig-sô yn dod at ei gilydd i wneud darlun lliwgar iawn.

Unwaith eto, mae **LOL** ar flaen y gad o ran newyddiaduraeth yng Nghymru. Ers blynyddoedd mae pobl wedi bod yn honni bod Rod Richards "yn goc-oen". Eleni yn **LOL** gallwch benderfynu drostoch eich hun ar sail y dystiolaeth a gyflwynir yn y cylchgrawn hwn. Rydym ni yn awyddus i beidio mynegi barn, ond i osod y dystiolaeth ger eich bron yn gwbl ddi-duedd. Mwynhewch darllen!

Un o farwniaid y Byd Cyffuriau yn Toxteth, Lerpwl.

Deallir y gwelir ef yn ardal Bae Colwyn a'r Rhyl weithiau...

154

Radio Cysgu

Y byd

• Bomiau'r IRA yn dod â chadoediad 17 mis y mudiad i ben. Un ffrwydrad yn creu difrod yn Canary Wharf, Llundain ac un arall yn dinistrio canolfan siopau yng nghanol Manceinion.

• Lluoedd y Taliban yn cipio Kabul, prifddinas Affganistan ac yn cyhoeddi sefydlu Gwladwriaeth Islamaidd Ffwndamentalaidd.

• Yr Undeb Ewropeaidd yn gwahardd mewnforio cig eidion o Brydain oherwydd argyfwng clefyd BSE – clefyd y gwartheg gwallgof.

• Carreg sofraniaeth yr Alban, carreg Scone, yn cael ei dychwelyd o Abaty Westminster i Gastell Caeredin, 700 mlynedd ers i Edward I ei dwyn.

Cymru

• Damwain llong olew y *Sea Empress* yn Aberdaugleddau yn llygru traethau a bywyd môr ar hyd arfordir gorllewin Cymru.

• David Hunt, yr Ysgrifennydd Gwladol, yn ad-drefnu llywodraeth leol yng Nghymru, gan ddiddymu'r wyth sir fawr a'r 37 cyngor dosbarth a chreu 22 awdurdod newydd yn eu lle.

• Protest fawr i rwystro'r Frenhines rhag agor estyniad newydd i'r Llyfrgell Genedlaethol yn Aberystwyth. Y Frenhines yn gorfod torri cyhoeddiad am y tro cyntaf erioed.

• Protestio hefyd ym Morfa Bychan ger Porthmadog yn erbyn bwriad i godi 800 o dai.

• Ymchwiliad Waterhouse yn cychwyn i gam-drin plant mewn cartrefi gofal yng ngogledd Cymru.

• Rod Richards, yr Is-Ysgrifennydd yn y Swyddfa Gymreig, yn gorfod ymddiswyddo, ar ôl i bapur newydd gyhoeddi manylion am ei berthynas gyda gwraig oedd yn gweithio i elusen gŵn.

• Fferm wynt fwyaf Ewrop yn agor yng Ngharno, Powys.

LOL

Gormod o Saesneg ar Radio Cymru oedd ergyd erthygl flaen rhifyn *Lol* Eisteddfod Bro Dinefwr 1996. Adroddwyd am fygythiad honedig i ddileu *Talwrn y Beirdd* oherwydd bod 'gormod o sill-af-au'. Dywed *Lol*:

'Mewn datganiad *[press release]* syfrdanol *[extraordinary]* o bencadlys *[headquarters]* y BBC *[British Broadcasting Corporation]* yr wythnos *[week]* diwethaf *[last]* cadarnhawyd *[confirmed]* ei fod yn rhan o bolisi *[stupid ideas]* iaith *[language]* newydd *[new]*…' ac yn y blaen!

Peth arall a gythruddodd y cylchgrawn oedd croeso twymgalon Coleg Prifysgol Aberystwyth a Llyfrgell Genedlaethol Cymru i'r Frenhines pan ddaeth yno i agor estyniad newydd y Llyfrgell. Cafwyd tudalen gyfan felly yn lladd ar ragrith y Prifathro ar y pryd, Derec Llwyd Morgan, yn gwrthwynebu'r Arwisgo yn ei ieuenctid a chroesawu'r Cwîn yn 1996 gan ddyfynnu ei eiriau yn y Daily Post: 'The Queen is head of state of the United Kingdom of Great Britain of which Wales is part. I think that the defenders of the realm ought to be able to defend our Queen whatever the circumstances.'

Un nodyn diddorol ynghanol y rhefru yn erbyn y Coleg ger y Lli a'i Brifathro, yw bod *Lol* yn dyfalu beth fyddai targedau nesaf yr awdurdodau, gan restru UMCA, Neuadd Pantycelyn a'r Adran Gymraeg… proffwydol iawn o gofio beth ddigwyddodd bymtheg mlynedd yn ddiweddarach!

Pwnc arall oedd yn codi ei ben a hynny o fewn cwta fisoedd i ad-drefnu llywodraeth leol oedd helyntion Ynys Môn a'i chynghorwyr. Bellach, yn dilyn penderfyniad y Torïaid i ddrysu llywodraethiant yng Nghymru, roedd awdurdod lleol Môn yn Gyngor Sir cyflawn nid cyngor dosbarth bach pitw ac yn ôl gohebydd *Lol* ar y fam ynys: 'Yr un yw'r sôn ymhlith y werin o Fryngwran i Fiwmares ac o Amlwch i Aberffraw – mae Maffia Môn wedi gwirioni'n lân ar eu statws newydd fel barwniaid Cyngor Sir Môn.'

Wrth gwrs, nid *Lol* fyddai *Lol* heb eitem ar Dafydd Êl, a neilltuwyd tudalen gyfan gan y golygyddion i gynnwys perlau 'Yr Arg' mewn noson o drafod a chymdeithasu trwm yn nhafarn y Cŵps Aberystwyth.

CYNGOR SIR YNYS MÔN ISLE OF ANGLESEY COUNTY COUNCIL

Adran Prifweithredwr Cyngor Ynys Môn
- Cynorthwywr Personol i Gyfarwyddwyr Adran
- [Cyflog: Graddfa 6 / SO1 £15, 581 - £18,180]

Y mae agoriadau yn bodoli ar gyfer Cynorthwywyr Personol i Gyfarwyddwyr Adrannau'r Cyngor blaengar hwn. Bydd y Cynorthwywyr yn cynorthwyo'r Cyfarwyddwr i ymdopi ag anghenion dyrys eu swyddi ac fel canlyniad mae'n debyg na fydd y swyddi'n briodol i wŷr dros 18 oed / merched dros 35 a'r rhai y gellir eu galw'n hyll.

Fe fydd deiliad y swydd yn rhoi cyngor amserol ac arbenigol ar faterion sy'n ymwneud ag unai beth i'w wisgo mewn sefyllfaoedd arbennig; beth i'w fwyta mewn tai bwyta Sieiniaidd neu arall.

Fe fydd disgwyl i'r deiliad ddelio'n sensitif a gweithredol ynglŷn ag unrhyw bryderon fydd gan y Cyfarwyddwyr ac ni ddylent ddisgwyl dod a'u problemau eu hunain at y Cyfarwyddwyr i'w datrys.

Mae'n rhaid wrth sgiliau cyfathrebu personol da ond does dim rhaid wrth sgiliau ysgrifenedig ac ati. Byddai'n ddymunol petai gan yr ymgeiswyr brofiad o weithio mewn meysydd cyffelyb ond eu bod mewn cyflwr iechyd arbennig o dda. Buasai medru un iaith ramantus megis Ffrangeg yn fantais fawr a buasai'r gallu i weithio fel rhan o dîm hefyd o fantais fawr.

Dylai'r ymgeiswyr feddu ar bâr o goesau hir, gwallt hir a llygaid deniadol. Byddai pâr o frestiau cwpan C fod yn lleiafrif a dylent edrych yn fendigedig heb unrhyw gymorth artiffisial. Dylai'r ymgeiswyr beidio gwrthwynebu gwisgo sanau duon a syspendars fel rhan anatod o'u dillad bob dydd. [An-atod?!? Gol.].

Bydd manteision eraill i'w cael yn ogystal a'r cyflog a bydd rheini i'w trafod yn hwyr i'r nos.

Am sgwrs anffurfiol ynglŷn â'r swyddi uchod cysyllter â'r Prif Weithredwr unrhyw nos Wener yn y man arferol ym Mhorthaethwy.

Cais drwy lythyr, llun corff llawn a fideo personol cyn gynted â bo modd at:

Y Prif Weithredwr
Cyngor Sir Ynys Môn
Swyddfeydd y Cyngor
Llangefni
Ynys Môn
LL77 7 TW

Nid yw Cyngor Sir Ynys Môn yn gyflogwr cyfartal a gwaherddir ceisiadau gan rai sydd o grwpiau ethnig, hoyw, anabl, gwrth Fonaidd ac unrhywbeth arall sy'n bodoli ym myd personol y bos ar y pryd.

ARISE, SIR DEREK

RHYFEDD FEL MAE'R dyn sydd am newid y sevydliad yn ddieithriad yn cael ei wyrdroi gan yr union sevydliad mae o am ei newid. Darganfuwyd yn ddiweddar lythyr wedi eu arwyddo ganddo ef a Gareth Miles yn *Tafod y Ddraig*, Hydref 1968, yn annog pobl i gyfrannu deunydd dychanol a deifiol i gyfrol oedd yn cael ei chyhoeddi gan Gymdeithas yr Iaith Gymraeg i gofio'r arwisgo. Nid yw'n ddigon difyr i'w atgynhyrchu yma — digon yw dweud ei fod yn wrth-frenhinol iawn.

Go brin fod yr erthygl fer honno ar C.V. yr athro wrth ymgeisio i fynd yn brifathro, er fod, medde nhw, am y tro cyntaf erioed yn achos Derek, bethau yr un mor ddi-nod wedi ymddangos ymysg cyhoeddiadau un oedd yn ceisio am y brifathrawiaeth! Yr hyn sy'n ddiddorol yw cymharu hyn â geiriau'r Prifarthiwr yn y *Daily Post*, 1 Mehefin 1996:

We don't know what the protestors had in mind to do — maybe they only wanted to shout. And if they had shouted in Welsh, she would not have understood them ...

Claims have been made in recent weeks that the Queen does not represent anyone in Wales — that is nonsense. The Queen is the head of the state of the United Kingdom of Great Britain of which Wales is part.

I think that the defenders of the realm ought to be able to defend our Queen in any circumstance.

Mor effeithiol mae uchelgais bersonol yn stumio llwybrau gwreiddiol gyrfa dyn. Yr un dyn sgwennodd am y mab ac am y fam. Y gwawdiwr yn mynd yn destun gwawd. Yr un ddifriodd deulu brenhinol Lloegr yn mynnu ei harddel fel ein brenhines ni tra ar yr un pryd yn atgoffa un o'i fyfyrwyr mwy gweriniaethol fod rhaid iddi gofio bob amser fod yna ddwy anthem genedlaethol yng Nghmru, ac nid cyfeirio at *Finlandia* oedd o!

Rhyfedd ei fod o'n annog neb i gofio ac yntau ar yr un gwynt, o glywed cwynion y myfyrwyr fod y Coleg cyfan ar gau ynghanol eu haroliadau gradd, yn mynnu ei fod o wedi 'anghofio'n lân fod yr arholiadau ymlaen'! Blwyddyn yn y job ac eisoes wedi anghofio am fyfyrwyr, arholiadau, marcio a dosbarthu graddau — braf (iawn) ei fyd.

Barn John Rowlands?

BLWYDDYN YN Y JOB a blwyddyn a mwy wedi mynd heibio ers ceisio am brifathrawiaeth Bangor ar yr un pryd ag Aber, a rhai blynyddoedd ers i Llyfrgell Genedlaethol ddweud fod well ganddyn nhw gadw at Brynley Roberts na phenodi Derek i'r job. Ychydig wedi i Derek ymgyrraedd fe ymddangosodd adolygiad o gofiant W.J. Gruffydd, adolygiad gan John Rowlands, y mae modd ei ddarllen ar ddwy lefel, a'r presenol a'r gorffennol yn cymysgu'n rhyfeddol:

Dyna, mae'n debyg, a barodd iddo [W.J. ta Derek?] gynnig am brifath-rawiaeth Caerdydd (ddwywaith) ac Aberystwyth (unwaith), Gall pwysigrwydd rhithiol swyddi o'r fath ddenu pobl hunandybus rhag sylwedd llenyddiaeth ac ysgol-heictod, a gwneud iawn am ddiffyg cyfraniad yn y meysydd hynny.

CYNHALIWYD TRAFODAETH yn mar ucha'r Cŵps yn Aberystwyth yn ddiweddar. Trafodaeth wedi ei threfnu gan y cylchgrawn blaengar hwnnw *Tu Chwith*. Roedd y cyfarfod i'w gadeirio gan Y Bnr Sion Tomos Jobbins, gyda'r Bnr Richard Llewelyn Wyn Jones a'r 'gwleidydd' cynyddol ryfeddol hwnnw Yr Arglwydd Ellis-Thomas o Nant Conwy. Yma ymdrechwn i gyflwyno ambell berl ddaeth o enau'r Arglwydd.

Agorwyd y noson gan yr Arg:

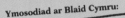

"Mae gen i ddwy sgript, un wedi ei hysgrifennu ar bapur ac un yn fy mhen. Anghofia'i am yr un ysgrifenedig ... Mae cyfnod yn dod pan fo iaith yn dod yn rhywbeth naturiol ieithyddol, felly nid trafodaeth am yr iaith nac mewn iaith nac am iaith ond trafodaeth ieithyddol fydd hon."

Ymosodiad ar Blaid Cymru:

"Y bobl sydd wastad wedi trio troi Cymru yn Genedl Wladwriaeth ydi pobl Gwynedd, darllenwch Hanes Cymru. Mae pob ymgais ganddyn nhw, diolch byth, wedi methu ac mae'r ffordd mae nhw'n cario ymlaen ar hyn o bryd yn gwneud i mi gredu y bydd yr ymgais ddiweddara hefyd yn methu. Mae Plaid Cymru yng Ngwynedd, a dwi'n gobeithio nad ydi hyn yn mynd i gael ei ddarlledu'n fyw ar Radio Cymru, yn ymddwyn bron cystal a'r Blaid Lafur yn y de cyn belled a mae cydnabod lluosogrwydd gwleidyddol yn y cwestiwn. Mae Plaid Cymru, wrth gwrs, yng Ngwynedd, yn penodi eu brodyr a'u chwiorydd i swyddi ac i gadeiryddion pwyllgorau fel bydd y Blaid Lafur yn y de yn penodi eu meibion a'u merched."

"Ynglŷn â'r busnes Quangos 'ma. Dwi ddim yn deall y ddadl. Y peth mwya annemocrataidd ym Mhrydain ydi'r Senedd. Dyna'r sefydliad sy'n difetha democratiaeth. Mae'r syniad wedi cael ei greu fod y senedd ac etholiadyddiaeth Brydeinig yn fath o wleidyddiaeth. Ac eto cenedlaetholwyr, efo dyfynodau neu heb, yn bonllefain eu cymeradwyaeth pan fo cenedlaaetholwr yn cael eu hethol i'r cyfryw le! Beth ydi'r Quango i mi ond estyniad pellach o'r wrthddemocratiaeth hwnnw. Does dim unrhyw fath o wrth wrthebi i mi fod yn mynd i senedd sydd wedi cael ei hethol drwy ddulliau annemocrataidd, na mynd i ail dŷ sydd wedi ei enwebu drwy ddulliau annemocrataidd, yn fwy na mynd i gorff cyhoeddus sydd wedi ei benodi drwy ddulliau annemocrataidd gan Ysgrifennydd Gwladol annemocrataidd. Mae Prydain yn llai democrataidd heddiw nag oedd hi yn 1832. Y foment hanesyddol o newid fydd y foment pan fydd y Bwrdd Iaith yn cael ei ddileu."

Fe deimlodd Richard Wyn Jones fod rhaid iddo ymyryd yn y fan hon:

"Mae dadlau fod Prydain yn llai democrataidd ar ôl 1832 nag oedd hi cyn hynny yn ... sdim ateb i hyn, mae o'n honco bonco. Mae'r ddadl nad oes gwahaniaeth rhwng Quango a system etholiadaol ... eto mae rhain yn ddadleuon mor wirion does dim modd mynd i'r afael â nhw ... Hanfod annemocratiaeth ydi diffyg atebolrwydd. Un peth sy'n sicr ydi nad oes yna unrhyw ymdrech i sicrhau atebolrwydd o fewn y Quangos."

Dafydd:
"Dydi'r Tŷ Cyffredin ddim yn cynnig unrhyw atebolrwydd o gwbl."

Richard:
"O'n i wastad wedi meddwl ein bod ni'n cael etholiadau yn achlysurol. Mae'n rhaid mai ffantasi ôl-fodernaidd rydd oedd y cyfan!"

Dafydd:
"Hyd y gwela'i fel un sy'n bragmatydd, utopaidd, ôl-fodernaidd ieithyddol y peth pwysig iawn ydi siarad y geiriau iawn er mwyn ceisio newid sail y drafodaeth.
...
"Mae'n bwysig iawn i mi ddeall ystyr y geiriau dwi'n ddefnyddio."

"Fel dwi'n ei gweld hi mae gwahanol roliau cymdeithasol gan wahanol chwaraewyr ac mae 'na wrthdrawiadau'n digwydd yn y broses yna i gyd ond drwy'r gwrthdrawiadau mae yna symudiadau'n digwydd. Mae rhai ohonyn nhw ymlaen a rhai yn ôl, rhai ffordd hyn a rhai ffordd arall."

Wrth ymadael fe glywyd yr Arglwyddes yn dweud wrth ei gŵr nad oedd hi, hyd yma, wedi dewis ei thrydydd gŵr!

 Bwrdd yr Iaith Gymraeg

Eleni eto, roedden ni'n mynd i brynu hysbyseb tudalen llawn i sôn am yr holl bethau 'da ni 'di wneud dros y flwyddyn ddiwethaf, ond eleni eto does gennym ni ddim byd i'w roi ynddi. Ry'n ni'n addo trïo'n galed iawn i gyflawni rhywbeth erbyn y tro nesaf. Onest.

DAFYDD EL

DAFYDD 'bragmatydd, utopaidd, ôl-fodernaidd ieithyddol' (?) ÊL:
"HONCO BONCO"

Cymru confident, post brwydr

Y byd

• Yn y Refferendwm ar Ddatganoli, yr Alban yn pleidleisio dros sefydlu Senedd o 74% i 26%, ac o blaid yr hawl i godi trethi o 64% i 36%.

• Y Blaid Lafur yn ennill yr Etholiad Cyffredinol gyda mwyafrif o 179. Tony Blair yn Brif Weinidog Prydain. Ymysg yr enwau mawr Torïaidd a gollodd eu seddi roedd Malcolm Rifkind, yr Ysgrifennydd Tramor, Michael Forsyth, Ysgrifennydd Gwladol yr Alban a Michael Portillo, y Gweinidog Amddiffyn.

• Tsieina yn ailfeddiannu Hong Kong o ddwylo Prydain.

• Diana, 'Tywysoges Cymru', yn cael ei lladd mewn damwain car ym Mharis.

• Marchnadoedd stoc ar draws y byd yn disgyn oherwydd ofn argyfwng economaidd byd-eang.

• Gwyddonwyr yn yr Alban yn clonio dafad o'r enw Dolly – y mamal cyntaf i'w glonio'n llwyddiannus.

Cymru

• Ar 18 Medi, Cymru yn pleidleisio o blaid Datganoli. Ond dim ond 6,721 oedd mwyafrif y bleidlais le, sef 50.3% i 49.7%.

• Ron Davies, Ysgrifennydd Cymru yn disgrifio'r digwyddiad fel "bore da iawn yng Nghymru".

• Yn yr Etholiad Cyffredinol ym mis Mai, Plaid Cymru yn llwyddo i gadw ei 4 sedd seneddol ac ennill 9.9% o'r bleidlais yng Nghymru.

• Dim un Aelod Seneddol Torïaidd yng Nghymru am y tro cyntaf ers 1906. Un canlyniad trawiadol oedd Rod Richards yn colli ei sedd i Lafur yng Ngorllewin Clwyd.

• Yr Urdd yn dathlu ei 75 mlwyddiant.

LOL

Blwyddyn dyngedfennol yn hanes diweddar Cymru oedd 1997. Diwedd deunaw mlynedd o Lywodraeth Geidwadol, ac ennill y refferendwm ar Ddatganoli a fyddai'n arwain at sefydlu Cynulliad yng Nghaerdydd.

Ond nid yw gwawr y 'Gymru Newydd' fondigrybwyll yn amlwg iawn ar dudalennau *Lol* Eisteddfod y Bala. Mae yno gwpwl o straeon a chartwnau sy'n cyfeirio at Ddatganoli a phenodi Ron Davies fel Ysgrifennydd Gwladol ond mae fel pe bai cylchgrawn *Lol*, fel llawer un arall yn y cyfnod hwnnw, yn methu credu bod y Torïaid wedi colli grym a bod y bleidlais 'Ie' wedi llwyddo yn y Refferendwm.

Mae'r erthygl dudalen flaen yn honni bod rheol Gymraeg yr Eisteddfod dan fygythiad, gan ofyn y cwestiwn coeglyd: 'Efallai nad oes yna le i un ŵyl genedlaethol uniaith Gymraeg yn y Gymru confident, post brwydr yr ydym yn byw ynddi?'

Mae'r rhifyn hefyd yn mynd ar ôl sawl targed cyfryngol trwy ddefnyddio un o hoff eitemau'r cylchgrawn i wneud hynny, sef 'Lwc a Leic'

neu 'Gwahanwyd yn y Groth'. Y tro yma ceir cymariaethau swreal rhwng Angharad Mair ac Alien, Arfon Haines Davies a chamel, a Dai Jones a Sali Mali. Ond prif gocynau hitio *Lol* '97 oedd aelodau cymdeithas SWS, corff o Gymry alltud yn Llundain a thu hwnt a benderfynodd eu bod yn 'Social, Welsh and Sexy' ac oedd yn cynnwys aelodau 'selebaidd' o blith Cymry alltud prifddinas yr ymerodraeth. Sylfaenydd SWS oedd y diddanwr a'r impresario o Rosllannerchrugog, Stifyn Parry, ac yn ôl y sôn pan oedd yn actor di-waith yn Llundain fe ffoniodd ddeugain o'i 'ffrindiau' o Gymru, a llogi ystafell yn y Groucho Club yn Soho a gwahodd pawb i ymuno

â SWS. Ymysg yr aelodau honedig roedd Catherine Zeta Jones, Ffion Hague, Siân Lloyd, Rhys Ifans, Cerys Matthews, Ioan Gruffydd a Bonnie Tyler *(Nid o reidrwydd yn nhrefn eu teilyngdod – gol. Lol.)*.

Datganoli — Pa ddewis?

LOL

Ron Ron Ron

Mae'n newid byd yn y Swyddfa Gymreig. Ar ôl i Ron ffarwelio â'r Cwîn a chytuno i anghytuno ynglŷn â phriodoldeb ei mab i fod yn frenin, fe deithiodd yn ôl i Gaerdydd. Cyn cyrraedd y Swyddfa Gymreig fe orchmynodd newid enw ei swyddfa o'r 'Investiture Room' i 'Swyddfa'r Ysgrifennydd Gwladol'. Wrth gerdded i mewn fe welodd o bobtu'r ddesg ddarluniau hyfryd o'r Frenhines a'i mab, ein Tywysog. Gorchmynnodd ar unwaith fod y lluniau yn cael eu tynnu i lawr. Y broblem oedd beth i'w roi yn eu lle nhw. Y cyfaddawd oedd dod o hyd i luniau o gyn ysgrifenyddion gwladol i'w crogi o gylch yr ystafell. Eisteddodd a dechrau gweithio.

Cododd ei ben i synfyfyrio a chael ei hun yn methu canolbwyntio. Be oedd y broblem? Gormod o Dorïaid? Nic Edwards a Redwood yn ormod iddo fo? William Hague yn wincio arno fo o tu ôl i'r cyrtan? Cledwyn a Jim Griffiths yn ei atgoffa o'u tynged hwy? Na — gormod o luniau o'r 'creep' hwnnw George Thomas. Do, daeth tro ar fyd. Newidiwyd y lluniau drachefn am dirluniau o wahanol rannau o'r wlad. Gyda llaw, does yna 'run o Donypandy!

Lolygyddol Difriflol

■ Meddyliais ddwywaith cyn dechrau sgwennu'r golofn hon. Gwyddwn cyn cychwyn fod yr hyn sydd gen i i'w ddweud yn mynd i facffeirio. Achos mae'r cylchgrawn hwn erioed, drwy roi sylw i rai pobl, wedi llwyddo i fwydo eu ego chwyddedig, ac unwaith eto mae hyn yn wir. Dwi'n gobeithio drwy ddweud na fwriedir unrhyw ddychan, tynnu coes na hiwmor yn y geiriau a ganlyn fod hynny yn ddigon i wneud i'r darllenwyr, o leiaf, sylweddoli difirifoldeb fy nheimladau i a gweddill trigolion Enlli ynglŷn â'r mater.

Mae 'na un math o baraseit gwaeth na'r un arall ym Mhrydain ar hyn o bryd, sef y math a gynrychiolir gan SWS. Unigolion sydd yn credu yn groes i bob rheswm eu bod yn gymdeithasol, yn Gymreig ac yn secsi. Tri datganiad cwbl gyfeiliornus. Tydi clybiau Llundain ddim mymryn mwy cymdeithasol nac unrhyw glwb nos, glwb rygbi na chlwb pêl-droed yma yng Nghymru. Ddylai puteinio eu Cymreictod trwy brancio o gwmpas efo 'cariad' un o'r aelodau sy'n digwydd bod yn ddarpar Brif Weinidog Torïaidd ffiaidd ddim rhoi unrhyw drwydded iddyn nhw gael sylw ar gorn y 'Cymreictod' hwnnw. Ac am fod yn secsi ...

■ Clywais si fod y Jenkinsiaid yn eitha embarasd o 'gariad' newydd Ffion bach, ac embarasd ddyla nhw fod hefyd. Magu dwy ferch, y naill i weini yn llys y brenin nesa a'r llall i weithio i arweinydd y Torïaid. Er i hyn ddigwydd ar hyd y canrifoedd nid yw ddim mymryn mwy derbyniol ar ddiwedd yr ugeinfed. Dychmygwch mewn pa fath o ddwylo mae'r Eisteddfod Genedlaethol wedi bod ac mae Cyngor y Celfyddydau ar hyn o bryd.

■ Peidied yr un ohonyn nhw â chredu fod eu hwrio er mwyn hyrwyddo eu hunain yn ennyn parch neb yng Nghymru. Gobeithio y bydd hyn yn cael ei wneud yn gwbl glir iddyn nhw y tro nesa y bydda nhw yn rhedeg yn ôl yma i fod ar y 'dôl yn S4C'. Dyna yw'r senario, ers dyddiau Hufenfa Nwyd; rhedeg yn ôl i Gymru lân, gwlad y gân, i weithio'n Gymraeg pan fo'r Brifddinas yn mynd yn unig a'r wyneb ddim yn 'secsi' rhagor. Mae'r cancr yma o Ddic Siôn Dafyddion yn un y mae'n rhaid i ni fod yn barod i'w ladd, a'r driniaeth orau iddo yw ei anwybyddu...

Yn baradocsaidd,
ENLLI B. JONES

A chael 'repeat fee' am ei hail-ddangos hi, Frank. Chuffin grêt!

Mae'n grêt bod yn gomisiynydd, Frank, Cael comisynu dy gyfres dy hun.

CYMRYD Y MICI: Y ddau Ffranc (Meirion Davies a Rhys Ifans)

SMônach

Y byd

• Monica Lewinsky, a fu'n gweithio fel intern yn y Tŷ Gwyn, yn datgelu iddi gael perthynas rywiol â Bill Clinton, Arlywydd yr Unol Daleithiau. Clinton yn gwadu'r honiad.

• Arwyddo Cytundeb Gwener y Groglith ar ddyfodol Gogledd Iwerddon rhwng Llywodraethau Prydain, Gweriniaeth Iwerddon ac 8 o bleidiau'r dalaith, gan gynnwys plaid weriniaethol Sinn Fein a phleidiau unoliaethol yr UUP a'r DUP.

• Cynnal Refferendwm ar y cytundeb ar ddwy ochr y ffin, gyda 95% o etholwyr y Weriniaeth, a 71% o bobl y Gogledd yn pleidleisio o'i blaid.

• Mudiad y Gwir IRA yn ffrwydro bom yn nhref Omagh gan ladd 27 o bobl.

• Serbiaid yn ymladd Albaniaid ethnig yn rhanbarth Kosovo.

Cymru

• Dadlau ynghylch cartref y Cynulliad Cenedlaethol. Oherwydd ffrae fewnol yn y Blaid Lafur rhwng Ysgrifennydd Cymru, Ron Davies, ac arweinydd Cyngor Caerdydd, Russell Goodway, ni chaiff y Cynulliad ei leoli yn Neuadd y Ddinas, Caerdydd.

• Ron Davies yn penderfynu mai ym Mae Caerdydd fyddai adeilad y Cynulliad.

• Ron Davies yn cael ei dderbyn i'r Orsedd fel 'Ron o Fachen'.

• Ron Davies yn ymddiswyddo fel Ysgrifennydd Gwladol wedi iddo gael 'eiliad o wallgofrwydd' ar gomin Clapham.

• Penodi Alun Michael, AS De Caerdydd a Phenarth, yn Ysgrifennydd Gwladol Cymru.

• Yn dilyn adroddiadau o gamweinyddu, bwlio a ffraeo rhwng carfannau o gynghorwyr ac uwch swyddogion yng Nghyngor Sir Ynys Môn, y bargyfreithiwr, Michael Farmer, yn cynnal ymchwiliad annibynnol i'r awdurdod. Sefydlu mudiad Llais y Bobol mewn ymateb i'r anniddigrwydd am weithredoedd y Cyngor.

LOL

Roedd *Lol* Eisteddfod Bro Ogwr 1998 dan oruchwyliaeth newydd eto fyth. Dywedwyd bod gan y cylchgrawn gyhoeddwyr newydd a golygyddion newydd ond roedd addewid mai'r un oedd sylfeini cadarn y cylchgrawn, sef pedair colofn Enllib! Rhyw! Sgandal! a Hiwmor!

Ac mae *Lol* 1998 yn nodi enw cyhoeddwr ac argraffydd newydd i'r cylchgrawn sef Pendinas. Ond dim ond ffrynt i'r Lolfa oedd Pendinas mewn gwirionedd. Yn ei hanner can mlynedd cyntaf, tri chwmni cyfyngedig llawn sydd wedi cyhoeddi *Lol*, sef Y Lolfa, Gwasg Gwalia yn ystod golygyddiaeth Eirug Wyn ac yn fwy diweddar Cwmni Drwg.

Nodweddwyd y flwyddyn gan benderfyniad beiddgar Radio Cymru i chwarae tomen o recordiau Saesneg ar raglen Jonsi yn y prynhawn, er nad hynny oedd yn denu llid *Lol* yn gymaint ag agweddau tybiedig gwrth Gymraeg y cyflwynydd radio, a phenderfyniad rhyfedd penaethiaid Radio Cymru ar y pryd i gynnig rhaglen Jonsi fel ymgeisydd yng nghystadleuaeth Gwobrau Radio Sony.

Gydag etholiadau cyntaf y Cynulliad Cenedlaethol ar y gorwel roedd gan *Lol* bortread o rai o'r ymgeiswyr amlwg gan gynnwys Dafydd Elis-Thomas, Arglwydd

Betsy Coed a Thywysog Zinfandel, Rhodri 'Rygbi Bôr' Morgan a Rod 'Para am Blydi Byth' Richards.

Stori newyddion arall y flwyddyn oedd helyntion Cyngor Ynys Môn a'r diwylliant o fwlio a chamweinyddu a nodweddai'r awdurdod. Bu'r cyngor yn destun adroddiad gan yr Archwilydd Dosbarth ac roedd sôn byth a hefyd mewn papurau newydd ac ar y teledu am antics cymeriadau lliwgar fel Gareth Winston Roberts, John Arthur Jones, Leon Gibson ac Egryn Lewis a gafodd awr o enwogrwydd am geisio rhoi dwrn i'r gohebydd teledu David Williams. Parodd hyn i gyd i *Lol* ofyn y cwestiynau hollbwysig am y fam ynys: 'Oes yna rywun ar y cyngor sydd ddim yn fesyn?', 'Oes trwydded bocsio gan Egryn "Lennox" Lewis?' a 'Be 'di oed go iawn Margaret Williams?'

Lolygyddol

DRUMCREE: Showdown across the barbed wire passes off relatively peacefully – so far

"The future's bright, the future's Orange"

Daw cyfnod Lol fel cylchgrawn annibynnol i ben gyda'r rhifyn hwn. Wedi cyfnod o ansefydlogrwydd ariannol a phydredd cyffredinol, ail–lansir y cylchgrawn ar ei newydd wedd fel Celtica Lol Orange network ar gyfer anghenion y mileniwn sydd i ddod.

Bydd y cylchgrawn newydd yn un lliw–llawn, hwyliog a llawn asbri. Anelir am farchnad ehangach i ddatblu'r cylchgrawn fel menter fasnachol lwyddiannus. Gyda dylunwaith Stratitanic a nawdd Cyngor y Celfyddydau, Banc Lloyds, S4£, Celtica ac Orange, bydd cyfle newydd am Lol newydd. Ceir atodiad misol i blant/dysgwyr/oedolion/athrawon/henoed/cŵn (pa un? gol.) Mae cyfle i chi roi eich barn yn ein fforwm newydd ar : http://Orangelolnetgwerthumas.yahoo.com

(Ymddiheuriad: mae'r golygyddion yn ymddiheuro i weriniaethwyr gogledd Iwerddon am roi'r argraff ein bod yn noddi gorymdaith Oren yn heol Garvachy ar y 6ed o Orffennaf eleni. Yn ein brwdfrydedd dros y cylchgrawn newydd gwnaed camgymeriad parthed y cwmni 'Oren'.)

CONDOMS CYMRAEG

SACHAU DYRNU BWRDD YR IAITH

Ddynion Cymru rhowch gondom Bwrdd yr Iaith i'ch gwraig a dewch i wneud ffyc ôl gyda ni!

Mae'n bleser gan Fwrdd yr Iaith lansio menter newydd gyffrous – Condom y Cwango.

Rhowch y sach ddyrnu ymlaen ac wrth i'ch aelod cadarn chi dyfu cewch weld wynebau aelodau cadarn y Bwrdd yn dod ar hyd y condom– Ron Jones, Gareth Winston, Medwin Hughes, nes cyrraedd uchafbwynt orgasmig ffwcedig John Walter.

Rhybudd: Ni allwn eich sicrhau na fydd yr holl sioe yn syrthio i lawr yn llipa a diffrwt yn union fel pob un arall o gynlluniau'r Bwrdd.

(Condomau dwyieithog hefyd ar gael i hoywon.)

Môn – Iâr

Nawr 'te blant, darllenwch yn ofalus os y'ch chi am lwyddo gydag arbrawf yr wythnos yma . . .

1. Edrychwch ar y darlun yma o 'Môn a'r Iâr yn ofalus. Gyda'r ddau yma'n unig y byddwn ni'n creu MONIAR

2. Syllwch ar y gwagle rhwng 'Môn' a'r Iâr a symudwch y papur yn nes at eich trwyn.

3. Yn raddol bydd y ddau lun yn cyfuno ac yn creu MONIAR!

Y wers: Hwn yw'r prawf fod arbrofi geneteg yn beth gwael iawn, gan fod creu anifeiliaid rheibus fel y Môn– Iâr yn amlwg yn groes i reolau natur.

o.n. mae'r arbrawf yma'n beryglus, ac felly gwnewch yn siŵr fod oedolyn gyda chi bob tro y dewch o hyd i 'Moniar', er eich diogelwch eich hun.

Cysgwch yn dawel blantos bach.

Colofn Elan Ffluss

Sut yr Achubais yr Iaith 1968

Yr oedd awyrgylch oleuedig coleg Somerville, Rhydychen yn fwy disglair a goleuedig nag arfer yn haf '68. Gallwn glywed canig newydd Bob Dylan, "Whistling in the Wind", yn chwifio allan o'r ystafelloedd oddi ar y recordiau 78 rpm, ac yr oedd y Beatles newydd gyhoeddi'r ganig "I love you". Ie, roedd Cariad, Rhyddid, Chwyldro yn wir yn yr awyr. Teimlwn fod gwawr newydd ar dorri yn y byd – a ninnau, y gwrthryfelwyr ifainc yn barod i herio'r hen drefn at ei seiliau. Yr oedd popeth yn bosibl, a chyfeiriais fy nghamre, yn gyflymach nag arfer, at fistro bychan, Ffrengig Les Malucacheures. Yno, yn fy nisgwyl oedd Alphonse, Rodders, Lucian a Cherie – ie, y Cherie a fyddai, yn nes ymlaen yn ei bywyd, yn cyfarch gwawr newydd sosialaidd ym Mhrydain law–yn–llaw a'i gŵr, Tony. Ond ar y pryd, Chwyldro oedd yr unig beth ar ein meddyliau

Ar y Bariceds Ym Mharis, 1968

Yn fuan wedi dychwelyd i Rydychen ar gyfer tymor Michealmas, euthum am dro i siop enwog Blackwells ac yno y darganfum y gyfrolig yn cynnwys talfyriadau hwylus o brif weithiau'r athronydd a'r dirfodwr Ffrengig, Sartre. Wedi fy nghynhyrfu gan fy narganfyddiad ffodus, euthum ymlaen, y llyfryn yn fy llaw, at y bistro, Les Malucacheures. Yno, wrth y byrddau, yr oedd fy hoff gyd–ddeallusion wedi ymgynnull ac wedi bod yn trafod materion y dydd ers rhai oriau, mae'n amlwg. Ond gallwn weld i'm pryniad wneud argraff wych arnynt. Yr oedd Alphonse newydd golli hanner potel o win coch Bordeaux ar draws y bwrdd a gafaelodd yn frwd yn fy llyfr gan socian yr hylif i fyny'n rhyfeddol o lwyddiannus. Yna dywedodd, mor ffraeth a disglair, a chan roi ei fraich amdanaf: "Gweithred ddirfodol, Elan. . ."

(Parhad, tud. 94)

Haul a Hindda

gyda Siân Lloyd

Er mor braf fu'r tywydd yn ystod yr wythnos ddiwethaf, doedd dim mor braf a chael fy nghwahodd i gyflwyno rhaglen y Loteri yn Sheperton nos Sadwrn. Er i mi wrthod pum cynnig blaenorol i fynd ar y sioe (ar egwyddor), cefais fy mherswadio gan fy ffrindiau yn SWS, ar ôl cwpwl o Malibus yn Trafalgar Square, y byddai Cymru ar ei hennill o fy ngweld i'n rhan o'r sioe liwgar, ogoneddus hon. Ac am sioe! Er nad enillais y Loteri fy hun, enillodd fy rhifau gan mil o bunnau i gwpwl o Firmingham! Er, dydw i'n bersonol ddim yn cytuno gydag egwyddor y Loteri – llawer iawn gwell gennyf i gyfrannu i'r elusennau'n uniongyrchol.

Uchafbwynt arall i'r wythnos oedd trafod rhyw a delwedd y ferch ar raglen Richard a Judy. Roedd Judy mor glên, a Richard, wel dyna beth chi'n galw Social Swanc and Sexy! Cawsom sgwrs am fy mhenderfyniad i wrthod modeli'n noeth i'r cylchgrawn *Lol*. Er i mi gael cynnig arian nid ansylweddol i ddangos fy nghorff perffaith, roedd rhaid i mi wrthod y swm chwe ffigwr ar egwyddor; mae'n gas gen i ddynion yn ecsploitio merched yn y cyfrynge. Mae llawer i'w ddweud dros noethni chwaethus rhai o gylchgronau Llundain, ond *Lol*, plîs!

Wythnos ddiwetha cefais hefyd yr anrhydedd o gwrdd â Judy Dench ac Anthony Hopkins. Trefnwyd y cyfan gan fy ffrindiau yn SWS, ac mor braf oedd gallu trafod materion Cymreig gyda sêr y byd ym mhrifddinas Lloegr. Roedd gan Anthony ddiddordeb mawr yn fy ngwaith yn cyflwyno'r tywydd a fy rôl fel y ferch Gymreig fodern. Does dim cwestiwn fod Anthony yn Social, Welsh, ac yn sicr yn Sexy, a dyma fi'n llwyddo i'w gael i ymuno â SWS – ie y deg milfed aelod! Cefais ambell gosip ganddo hefyd, megis fod pawb ar gast ei ffilm ddiwethaf yn casáu Judy Dench, ond wna i ddim dweud rhagor, dwi ddim yn un am gario clecs.

Un o'r ychydig broblemau sydd o fod mor enwog a *high profile* yn Llundain yw yr holl bobl sy'n cymryd mantais ohonof oherwydd fy Nghymreictod a fy ngallu i siarad Cymraeg. Nid yw'n hawdd osgoi'r bobl yma sy'n llyfu fy nhin (yn llythrennol? gol.) a cefais brofiad annifyr mewn oriel gelf yn Hammersmith yn ddiweddar pan ddaeth y Cymro yma lan ata i gan floeddio Cymraeg o flaen fy ffrindiau pennaf – mor embarasing! Ond o'n i'n lwcus bryd hynny, am i Stiffyn Parry,

Bydd hi'n brafio wrth i'r noson fynd rhagddi. Serch hynny, mae'n argoeli'n ddrwg. Diflas fydd hi yfory. . . [psst! Stiffyn, cei di ddod lan nawr.]

fy ffrind o SWS, lwyddo i gael gwared ohono'n go sydyn. Chwarae teg i Stiffyn, nawr dyna be chi'n galw dyn sy'n Social, Wanc ac yn sicr yn Sexy!

Crecs a chlecs yn y Cynulliad

Y byd

• NATO yn cynnal ymgyrch fomio o'r awyr yn erbyn llywodraeth Slobodan Milošević, Arlywydd Serbia, i amddiffyn Albaniaid Kosovo rhag polisi glanhau ethnig Milošević.

• Cyflwyno arian yr Ewro mewn 11 o wledydd yr Undeb Ewropeaidd.

• Yr Undeb Ewropeaidd yn parhau â'r gwaharddiad ar symud gwartheg Prydain oherwydd clefyd BSE.

• Boris Yeltsin yn ymddiswyddo fel Arlywydd Rwsia, a Vladimir Putin yn cymryd ei le.

• Dwyrain Timor yn pleidleisio dros annibyniaeth oddi wrth Indonesia, sy'n cymell lluoedd arfog o blaid aros yn rhan o Indonesia i ladd a symud miloedd o drigolion Dwyrain Timor.

Cymru

• 'Mrs Windsor' yn agor y Cynulliad yn swyddogol ym Mae Caerdydd.

• Alun Michael, Ysgrifennydd Gwladol Cymru, yn cael ei ethol i arwain y Blaid Lafur yn y Cynulliad. Michael yn cael ei gyhuddo o fod yn gi bach i Tony Blair a'i fod wedi'i 'orfodi' ar Lafur yng Nghymru.

• Yn etholiadau cyntaf y Cynulliad Cenedlaethol, y Blaid Lafur oedd y blaid fwyaf gyda 28 sedd, ond nid oedd ganddi fwyafrif dros y pleidiau eraill. Cipiodd Plaid Cymru, dan arweiniad Dafydd Wigley, 17 sedd gan gynnwys rhai seddi yng nghadarnleoedd Llafur yn y cymoedd fel Islwyn, y Rhondda a Llanelli.

• Brwydr ffyrnig rhwng Nick Bourne a Rod Richards am arweinyddiaeth y Torïaid yn y Cynulliad. Rod Richards yn ennill yr ornest ond rhaid iddo roi'r gorau i'r arweinyddiaeth i ymladd cyhuddiadau o anafu merch ifanc yn ddifrifol mewn digwyddiad yn Llundain. Enillodd yr achos yn ei erbyn yn 2000.

• Ron Davies yn ymddiswyddo unwaith eto, y tro yma o fod yn Gadeirydd Pwyllgor Datblygu Economaidd y Cynulliad. Cyfaddef fod ganddo broblem seicolegol ynghylch rhyw gyda dynion dieithr.

• Yr Arglwydd Dafydd Elis-Thomas yn cael ei ddewis yn Llywydd y Cynulliad.

LOL

Efallai mai *Lol* olaf yr ugeinfed ganrif yn Eisteddfod Môn yw *Lol* cyntaf y Gymru newydd, oherwydd dyma'r rhifyn lle ceir y clecs gwleidyddol cyntaf o Fae Caerdydd sydd yn rhan mor gyffredin o'r cylchgrawn bellach. Mae'r rhifyn hefyd yn anobeithio am arlwy Radio Cymru ('Radio Zombi'), ystrydebau sylwebwyr rygbi ac amharodrwydd gwleidyddion Cymraeg i siarad yr iaith yn Siambr y Cynulliad newydd. *(Plus ça change..– gol. Lol)*

Cynhaliwyd etholiadau cyntaf y Cynulliad lle cafodd Plaid Cymru, dan arweiniad Dafydd Wigley, yr etholiad mwyaf llwyddiannus erioed, a lle rhwygwyd y Blaid Lafur yng Nghymru gan ymgais Tony Blair i orfodi Alun Michael yn brif ysgrifennydd cyntaf y Cynulliad. Dioddefodd Llafur yn ddrwg yn yr etholiad oherwydd hynny a chyhoeddodd *Lol* hen gerdd gan fardd o'r enw Glenys wedi'i hysgrifennu mewn 'Kinockiaith', yn galaru am y colledion:

> Stafell Neil, yn Islwyn heno,
> Yn llawn nashis afiach
> Namyn Tony pwy a'm dyry pwyll.

Cyffelybir rhai o wleidyddion y Bae hefyd i fridiau o gŵn, gan gynnwys esiamplau amlwg megis Alun Michael fel pwdl, Rod Richards fel Rottweiler diddanedd a Dafydd Wigley fel Gelert, ac enghreifftiau 'gwahanol' megis Ron Davies fel ci sniffian, Rhodri Morgan fel daeargi a Dafydd Elis-Thomas fel Dougal y ci hirflew o raglen blant y *Magic Roundabout,* oherwydd mai dyma'r 'peth agosa sydd yna i hen hipi yn y Cynulliad. Arfer bod yn radicalaidd ond bellach wedi cael ei ddofi.'

Yn addas iawn, o gofio bod yr Eisteddfod yn cael ei chynnal ar Ynys Môn, fe dderbyniodd blychau post Pendinas ohebiaeth gan dwrneiod oedd yn gweithredu ar ran rhai o'r bobl yr haerwyd iddynt gamymddwyn ar Gyngor Môn. Daeth y llythyru yn sgil stori am y Cyngor a Tescos a ymddangosodd yn rhifyn 1999, yn bygwth *Lol* â chamau cyfreithiol. Ond ni ddaeth dim o'r peth. Enghraifft arall efallai o'r diwylliant bwlio a'r bygwth gwag oedd yn rhemp ymysg rhai o adar brith bywyd cyhoeddus yr ynys ar y pryd.

Barn Brynmor

Gyda Cwpan Rygbi'r Byd rownd y gornel, mae *Lol* am eich cynorthwyo i fod yn feirniad rygbi awdurdodol. Pan fydd Cymru'n colli eu gemau adeg Cwpan y Byd, bydd angen sylwadau parod arnoch i gondemnio'r tîm ac i ddweud pa mor wael yw'r Undeb a sefyllfa'r gêm yng Nghymru.

Yn hytrach na meddwl am ddegau o bethau gwreiddiol i ddweud, beth am ddefnyddio ystrydebau Brynmor Williams. Mae *Lol* wedi casglu ynghyd cyfuniadau posibl o frawddegau y gellid eu defnyddio i gondemnio rygbi Cymru.

O ddefnyddio pob cyfuniad, gallech greu 256 o frawddegau gwahanol – i gyd yn negyddol a sarhaus o Rygbi Cymru.

Mae *Lol* yn awgrymu'n gryf i chi beidio defnyddio'r siart isod tan i Gymru golli eu gêm gyntaf yng Nghwpan y Byd. Mae hyd yn oed Brynmor ei hun wedi peidio defnyddio'r brawddegau am y tro. Ond pan ddaw Cwpan y Byd, mae *Lol* yn ffyddiog y bydd defnydd helaeth o'r siart isod. Dyma gyfle i chi baratoi ar gyfer yr achlysur mawr, a dysgu oddi wrth y meistr!

Nodyn: nid oes rhaid i chi ddefnyddio 'Huw' yn yr un modd â Brynmor: gallwch newid yr enw fel bo'r angen.

• Ar ddiwedd y dydd	• roedd y cam-drafod ymhlith yr olwyr yn warthus	• ac i fod yn onest gyda ti Huw	• O'n ni'n lwcus i ddod yn ail yn y gêm na heddi.
• Pan i chi'n ystyried ein bod ni wedi talu chwarter miliwn o bunnau am hyfforddwr	• ma'n anfaddeuol fod Cymru'n colli'r meddiant dro ar ol tro yn erbyn timau gorau'r byd	• a does dim lle i 'na yn y gem fodern, broffesiynol	• Ni gorfod derbyn bellach fod Cymru yn nhrydydd adran rygbi'r byd.
• Yr un hen stori yw hi eto ma ara i ofan Huw,	• roedd blaenwyr Cymru'n warthus yn y llinelle a'r sgrymie heddi	• ac mae'n loes calon i fi orfod dweud hyn unwaith eto Huw, ond	• dwi ddim yn gweld ni'n gallu curo time fel Taiwan y ffordd chwaraeon ni heddi.
• Beth bynnag ma rhywun yn weud am Graham Henry,	• roedd y taclo'n warthus – odd hi fel dynion yn erbyn plant mas na	• a be bynnag ddigwyddodd dros y flwyddyn ddiwetha	• mae'r chwaraewyr yn ogystal a'r Undeb wedi gwneud Cymru'n destun jôc dros y byd i gyd unwaith eto ma arna i ofan.

GOLWG

CYLCHGRAWN MATERION CYFOES WYTHNOSOL

Papur mwyaf hip Cymru

Cynnwys

Sgynnon ni ddim stori – ecscliwsif arall i'n gohebydd Dylan Borwerth.

Mae Cymru'n dlawd, yn llawn drygis, ac mae na bobl sy'n siarad Cymraeg yn byw ar stadau Tai Cyngor – ond sdim ots achos mae Golwg yn ffycin gwybod y sgôr a da ni'n gallu sgwennu hotshit.

Atolwg – Mae pobl ifanc yn ifanc ac mae nhw'n licio pethe fel ffasiwn, colur, a phop, ond dim gormod o ryw achos eitem grant ydi hon.

Dic Jones dwi'n ffarmwr – Dic yn hel meddyliau am bridd a thatws.

Hogyn Gwirion – Hen ffartyn yn trio cofio sut brofiad oedd bod yn ifanc.

Ffotograffau Keith Morris – Ma Keith ishe mwy o arian felly beth am fwy o luniau du a gwyn o Aberystwyth.

Potread o Mair Williams fu'n gyfrifol am arwain cymanfaoedd yn Cwm Sgwt rhwng 1911 a 1923, ond ddim wedi ei sgwennu'n boring mêt. Na, yn steil unigryw annealladwy Golwg boi, jyst i ddangos fod yr hen Mair yn dal yn swinging kind of chick (er ei bod hi wedi marw ers trideg mlynedd yn anffodus).

Deffrwch y diawled a llosgwch eich Zimmer Frames mae Golwg yma i brofi fod y Cymry yn gallu sgwennu yn fwy cachu na'r un genedl arall ar wyneb y ddaear, o leiaf da ni ar y blaen fana.

Hefyd – GEID HIP AR SUT I FOD YN CŴL

DIM HENO GWYNETH, DWI DI CAEL FY FF--IO'N BAROD GAN Y 'BEEF BAN'

No, he's just a gay communist shitbag my wife brought along.

Is he the new speaker for the Welsh Assembly?

Every day when I wake up, I thank the Welsh I'm Lord.

Dydy o'm hanner da 'sti . . .

ycymro

WYTHNOS O DELEDU CRAP

Wythnos Deledu ~S4£
Pedair tudalen o gachu
S4£ bob wythnos

Pigion S4£ Digidol

Ar *Wedi Cinio* dydd Llun bydd Mrs Jones o Lanbrymair a Mrs Evans o Nefun yn trafod y dull gorrau o baratoi Cacen G r i , gyda Mrs Evans yn dadlau fod dull Pen Llyn o'i baratoi yn well na dull Meirionnnydd. Dydd Mawrth bñdd panel o fenywod sydd heb unrhywbeth gwell i'w wneud yn trafod y cylchgronau *Vanity* (t.v.), *Helo!* (oes yna bobl?) a (fuckin) *Elle*. Erbyn dydd Mercher bydd y rhaglen wedi ei thorri i haner awr oherwydd diffyg eiteme, diffyg gwylwyr, diffffyg cyflwynwyr a diffyg safon. Dydd Iau bydd holl staff Zenana wedi cael y sach, a bydd ffigyrau gwylio yn dangos fod dim un person erioed wedi gwylio'r rhaglen gachu a chwbl amaturaidd yma.

Faint Sy'n Gwylio?

Pobl y Cwm – 4,600,000 (a yw hwn yn gywir? – gol.)
Cefn Gwlad – 193
John ac Alun – 68
Digidol – 0
y ... ym...
dyna ni

Eileen – y stori hyd yma

Yr wythnos hon mae Eileen yn gorfod esbonio pam iddi ganmol yr holl opêrau sebon gwael Cymraeg mewn papur cenedlethol dros y flwyddyn ddiwethaf. Mae'n cyfadde iddi dderbyn amlen frown am ei gwaith, ac mae'n cael brêcdown wrth eddiferhâu am ei gweithred, a arweiniodd at gymaint o boen i ddarllenwyr yr eitemau piswael h y n

Croesawu'r miLolivm

Y byd

- Yn etholiad Arlywyddol yr Unol Daleithiau, y Gweriniaethwr George W. Bush yn trechu'r Democrat, Al Gore. Ond ni ddaw'r canlyniad terfynol yn hysbys am dros fis oherwydd anghydfod ynghylch pleidleisiau yn nhalaith Fflorida.

- Protestiadau tanwydd ym Mhrydain, gyda gyrwyr yn cynnal blocâd o burfeydd olew, gan atal cyflenwadau i orsafoedd petrol.

- Arlywydd Zimbabwe, Robert Mugabe yn bwrw ymlaen â'i gynlluniau i adfeddiannu ffermydd y wlad o ddwylo perchnogion gwyn.

- Yn Serbia, gwrthryfel cenedlaethol yn disodli'r Arlywydd Milošević.

Cymru

- Gorfodi'r Prif Ysgrifennydd Alun Michael i ymddiswyddo ar ôl colli pleidlais o ddiffyg hyder yn y Cynulliad. Daw Rhodri Morgan yn Brif Ysgrifennydd yn ei le.

- Yn fuan wedyn, teitl y swydd yn newid o 'Brif Ysgrifennydd' i 'Brif Weinidog', wrth i Lafur ffurfio clymblaid yn y Cynulliad gyda'r Democratiaid Rhyddfrydol.

- Isetholiad yng Ngheredigion, wrth i Cynog Dafis roi'r gorau i'w swydd fel AS, i ganolbwyntio ar ei waith fel AC. Simon Thomas o Blaid Cymru yn dal gafael ar y sedd yn gyfforddus.

- Dafydd Wigley AC yn ymddiswyddo o fod yn Llywydd Plaid Cymru a'i harweinydd yn y Cynulliad, yn rhannol oherwydd iechyd ond yn rhannol am fod elfennau o grŵp y Blaid yn y Cynulliad am ei ddisodli. Yn dilyn ei ymddiswyddiad, Ieuan Wyn Jones AC yn cael ei ethol yn llywydd newydd y Blaid.

- Cyhoeddi Adroddiad Waterhouse ar gam-drin plant yng ngogledd Cymru. Ymysg argymhellion y mae galw am sefydlu Comisiynydd Plant i Gymru.

- Y Super Furry Animals yn rhyddhau eu halbwm Gymraeg gyntaf, *Mwng*.

LOL

Rhifyn Eisteddfod Llanelli oedd *Lol* cyntaf y mileniwm newydd a'r rhifyn cyntaf erioed i gael clawr lliw. Am y tro cyntaf ers tro hefyd roedd llun o ferch noeth ar y clawr blaen, arwydd efallai bod golygydd newydd (neu hen) wrth y llyw – beth bynnag am hynny mae'r cynnwys *retro* yn ei gwneud yn anodd credu mai golygydd benywaidd oedd wrthi.

(Fe gafodd y noethni effaith bychan ar werthiant hefyd, gan i gŵynion ddod i law fod plant yn gwerthu *Lol* rownd Maes yr Eisteddfod. Canlyniad hynny oedd atal plant rhag gwerthu'r cylchgrawn.)

Ar ôl rhoi tipyn o sylw mewn rhifynnau diweddar i drafferthion Cyngor Ynys Môn, addas ddigon oedd i *Lol* droi ei sylw tuag at Gyngor Sir Gâr ym mro'r Eisteddfod. Haeriad yr erthygl flaen oedd bod penodi Brad Roynon, Prif Weithredwr o Sais dros ben Cymro Cymraeg, Keith Davies (a ddaeth yn AC Llanelli ymhen rhai blynyddoedd wedyn). Ar ben hynny dywedir bod y Prif Weithredwr wedi 'defnyddio "ailstrwythuro" fel arf i reoli, newid a Seisnigo'r Cyngor yn ôl ei ddymuniad ef'. Efallai bod hanes cyngor Sir Gâr yn y degawd a hanner wedi hynny yn cadarnhau amheuon *Lol*.

Mae arwyddion yn y rhifyn yma bod *Lol* yn cael ail wynt, gyda straeon am wleidyddion y Cynulliad, y cyfryngau ac Undeb Rygbi Cymru a gêm fwrdd arbennig, oedd yn tywys y chwaraewyr i gyffro bywyd dosbarth canol Cymraeg y brifddinas: 'y cyfan sydd ei angen yw deis, cownteri, cocên a lot fawr o arian.'–

Yn y gornel deledu tynnwyd sylw at dueddiad un opera sebon i gyflogi actorion oedd fymryn dros eu pwysau, sef *Pobl y Trwm*. Dywed *Lol* bod 'ymchwil manwl' wedi datgelu cydberthyniad clòs rhwng:

a) maint cyflog

b) maint bol

c) safon actio

d) cyfnod actio ar *Pobl y Trwm*.

"Pwy uffern yw honna sy'n canu'r anthem warthus ma?"

"O, Kylie Minogue. Ma popeth yn iawn, ma'i mam-gu hi'n dod o Rhostryfan."

Radio Cymru – Wythnos o Wrando Difyr

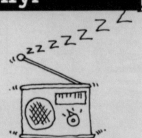

PWY YN UNION SYDD YN GWRANDO?

NOS LUN – GWEWYR
Hilma Wigglebottom yn sôn am driniaeth silicon aeth o chwith a'i gadael yn edrych fel Ruth Parry.

NOS FAWRTH – CROESFFORDD
Brwydr Echrydus Jones i ddygymod â marwolaeth ei dad, ei fam, ei wraig, ei chwaer, ei blentyn, ei gefnder, ei nain, ei Anti Ffani a'i gi jac rysel – i gyd o fewn tridiau i'w gilydd.

NOS FERCHER – GWAE
Wedi deugain mlynedd o ddioddef distaw, bydd Elsi Thomas yn sôn am y gwewyr seicolegol o wynebu triniaeth ar fawd ei throed am yr eildro. Ac ai'r llawfeddyg John Roberts oedd yn gyfrifol am wnïo ei bijibo pan oedd yn 21 oed?

NOS IAU – PAM FI DUW?
Y Parch. Cnotog Thomas yn sôn am ei droedigaeth, ei rywioldeb a'i gariad tuag at blant bach diamddiffyn, noeth.

NOS WENER – O'R GALON
Gwilym Owen yn dadansoddi pam fod y byd i gyd (yn enwedig y Cymry Cymraeg dosbarth Canol cyfryngol – dwy job, dau gar, gweithio ar ôl ymddeol ayyb.) yn ei erbyn. A pham fod pawb yn mynnu ei gofio oherwydd ei fethiant yn y Brifysgol ym Mangor a chwch Madam Wen?

NOS SADWRN – FY NGHANCR I (RHIF 354)
Mewn hanner awr emosiynol bydd Austin Thomas yn ein tywys drwy'r gwewyr fod cancr wedi cydio yng nghorff ei Jaguar MK 2 otomatig 1967. Cawn wybod sut yr effeithiodd hyn ar ei fywyd teuluol, ei ysgariad a'i ymgais i lofruddio ei wraig a'i blant, a sut y ceisiodd losgi ei gartref i ariannu'r driniaeth i'r Jaguar

NOS SUL – COLLED
John Roberts Williams yn ddolefus sôn am y dyddiau da, pan oedd rhaglenni go iawn yn cael eu cynhyrchu gan y BBC.

Rod Richards

*Dwy hŵr ac un hen hwrgi
'n sglyfaethu wedi nosi–
Arian mawr a delir nawr
Ac achos llys sy'n drewi.*

Mwy am Rod ar dud.3!

(Dim) Maes y Steddfod

*Dim mwd dim baw, dim blydi glaw
Dim llwch dim llaid dim llanast.
Dim Arfon Wyn na Aled Glynne,
Dim beirdd, dim Hywel Gwynfryn.*

*Dim gwenu'n ffals na siarad siop
Dim 'sgwn i fydd teilyngdod?'
Dim B.B.C. na H.T.V.
Dim Jonzi, dim Daf Du.*

*Dim 'lle mae'r bog?' dim stondin Snap,
Dim gorsedd na beirniaid crap.
Dim 'cymer hon y cont bach blin'
Gan Wil y wa o'r Bala.*

*Ma'r steddfod fawr yn lot ry fawr,
Mae jyst ru'n fath â llynedd.
Oes raid mynd ar y blydi maes,
Heb far, heb sens, heb fynedd.*

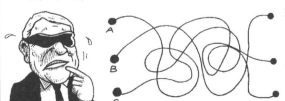

MAE'R SELECT COMITI WEDI GOFYN WRTH PAUL MURPHY BETH YW PWRPAS EI ROL FEL YSGRIFENYDD CYMRAEG. ALLWCH CHI HELPU PAUL EI HATEB?

A
B
C

DATBLYGIAD CYMRU YN EWROP

DATBLYGIAD CYMRU O FEWN PRYDAIN

FFYC ÔL

CRWYDRO CAERDYDD

A ydych chi'n un o'r bobl sydd wedi gwirioni gyda phrifddinas Cymru ar ei newydd wedd? Gallwch nawr fwynhau'r wefr o grwydro Caerdydd unrhyw bryd ac unrhyw le - o faes pebyll y steddfod i fwrdd y gegin - diolch i *Lol*.

Y cyfan sydd angen arnoch i chwarae'r gêm yw deis, cownteri, cocên a lot fawr o arian.

RHEOLAU

Defnyddiwch bapurau ugain punt wedi eu plygu'n fach fel cownteri a thaflwch y deis yn eich tro.
Pan laniwch ar un o'r sgwariau **Côc** cymerwch lein o Cocên a thaflwch eto.
(Bydd y cocên yn rhoi y buzz angenrheidiol i ddygymod â bywyd uffernol o straenus Caerdydd.)

Back Pakers - Dechrau da. Cael lein cyflym o côc gyda Sion Llywelyn, Daf Du a chyfryngis eraill trendi'r ddinas. Hedfanwch ymlaen i sgwâr 12.

Gweld Rhodri Bilions yn pasio yn ei Merc - ma fe'n cynnig lifft er mwyn gallu dangos gadjets diweddara'r convertible. Ymlaen 5

H.T.V. - bwrw fewn i Beca Brown sy'n ymbincio'n frysiog o flaen ei bos. Gorfod gadael ar frys - dwblwch tafliad y deis ar eich tro nesa.

Sylweddoli eich bod angen tei ffasiynol newydd - gorfod mynd i Howells i brynu tei Thomas Pink am £60. Nôl 4

Ymweld â siambr y Cynulliad - cwympo i gysgu tra'n gwrando ar Helen Mary yn trafod hawliau merched sengl lesbaidd o Cwrdistan. Colli tro.

Gweld Robin Gwyn a Sian Lloyd wrth Stadiwm y Mileniwm. Robin yn datrys problem delwedd y Cymry trwy roi siec blanc y Bwrdd Croeso i Sian drefnu gêm Polo SWS yng nghanol Llundain.

Cael Text message ar eich mobeil yn dweud fod Prif Ysgrifennydd y Cynulliad ar fin ymddiswyddo - gorfod mynd i'r bar i gael peint arall i ddathlu. Colli tro.

Camgymryd arweinydd newydd Plaid Cymru am Tony Blair. Ewch ymlaen i Bar 38

Colli'ch ffordd ar ôl cael eich dallu gan siwt lachar Rhodri Glyn Tomos. Nôl i'r dechrau.

Bwyty Cutting Edge - Golygydd *Barn* yn eich holi i sgwennu erthygl arall am y Cynulliad dros bruchet cyw iar a madarch garlleg. Colli tro.

Bar 38 - gorfod cael peint ar ôl y gweld trafodaeth uffernol o ddiflas a dibwrpas arall lle mae'r Blaid Lafur yn cwyno bod Plaid Cymru'n cwyno bod Rhodri Morgan yn cwyno zzzzzz... Nôl i sgwâr 1

Toni and Guy - angen torri eich gwallt, felly talu £40 am trim. Aros am sgwrs gyda Dafydd Êl a threfnu cwrdd yn Les Gallois nes ymlaen. Colli tro

Sports Cafe Olympics yfed adran chwaraeon y BBC yn cyrraedd ei uchafbwynt - rhaid aros i weld Arthur yn colli ei fedal Aur. Colli dau dro

Les Gallois - ymuno gyda chriw CACAC. Dafydd Êl yw'r gŵr gwadd - mae e bellach yn rhy feddw i areithio ond mae'n taflu ei arian bant tra'n canmol rhinweddau'r mudiad soffistigedig ac elitaidd newydd. Taflwch eto

City Arms - trio cyrraedd y bar ond y brodyr Emyr (Garmon, Dafydd ac Arthur) yn ymladd. Yr ymladdfa'n achosi'r fath lanast nes achosi'r bar i gau. Nôl 5

Taurus Restaurant - cael cytadleuaeth bwyta gyda Huw Ceredig - Huw yn ennill. Colli tro.

Kiwis - gweld chwaraewyr rygbi Cymru yn llowcio peintiau o Carlsberg export a Robert Howley yn trio'i lwc gyda merch Graham Henry. Ymlaen 3

Owain Glyndŵr (RSVB) - Wedi trefnu cwrdd â Swyddog Cynulliad Cymdeithas yr Iaith, ond y swyddog heb droi lan ar ôl cysgu'n hwyr a methu'r Traws Cambria o Aberystwyth. Nôl 5

Po Na Na's - ymuno gyda Gwyn Elfyn a Ieuan Rhys am awren a wylio merched pert yn stripio a dawnsio'n fronnoeth. Colli tro

Clwb Ifor - cael profiad uchel tu hwnt ar ôl cael gram ychwanegol o Côc am ddim gyda chriw Planed Plant. Ymlaen 3

Cameo - Mwydro Stifyn Parri, Iestyn Garlick a Rhodri Ogwen. Dweud wrth Stifyn Parri lle i stwffio'i blydi SWS - Rhodri Ogwen yn eich taflu allan i'r stryd, wedi meddwi gormod. Allan o'r gêm

Thai Empire Wedi eich dal mewn ffeit. John Walter Jones wedi colli ei dymer gan achosi ymladdfa ffêr ar ôl colli dadl am strategaeth ieithyddol gyda'r weinyddes. Nôl i Clwb Ifor

Casino - gweld Huw Ceredig unwaith eto - yn pesgi ar gwrw a chynteri dibendraw Pobol y Cwm. Colli £80 mewn hanner awr. Nôl 7

Gorffen - Wedi cyrraedd. Aelodaeth cyflawn o CACAC, job cwshi £40,000 + yn y Bae, digon o cocen i'ch cadw i fynd am flwyddyn, a chodi dau fys ar weddill Cymru.

cafe bar caffi

Dioddefaint Seimon Glyn

Y byd

• Ar 11 Medi, 19 o aelodau Al-Qaeda yn herwgipio pedair awyren jet, gan hedfan dwy i mewn i dyrau Canolfan Masnach y Byd yn Efrog Newydd ac un i mewn i adeilad y Pentagon yn Virginia. Daw awyren arall i lawr mewn cae ym Mhennsylvania ar ôl i rai o'r teithwyr ar ei bwrdd ymladd yr herwgipwyr.

• Yr Unol Daleithiau yn ymosod ar Affganistan, gyda chymorth milwrol Prydain. Dyma gychwyn y 'Rhyfel yn erbyn Terfysgaeth' a cheisio disodli'r Taliban a dod o hyd i arweinydd Al-Qaeda, Osama bin Laden.

• Arlywydd yr UDA, George W Bush, yn gwrthod llofnodi Cytundeb Kyoto ar Newid Hinsawdd.

• Yn etholiad cyffredinol Prydain, y Blaid Lafur yn cael ei hailethol gyda mwyafrif mawr arall gan golli pum sedd yn unig.

• Yr IRA yn cyhoeddi eu bod wedi dechrau datgomisiynu ei harfau.

• Clwy'r traed a'r genau ym Mhrydain yn arwain at waharddiadau yng nghefn gwlad a difa cannoedd o wartheg.

Cymru

• Yn yr etholiad cyffredinol yng Nghymru, Plaid Cymru yn ennill 4 sedd, gan golli Ynys Môn i'r Blaid Lafur, ond Adam Price yn cipio sedd Dwyrain Caerfyrddin a Dinefwr oddi ar "Doctor Alan" Williams, Llafur.

• Ffraeo yn sgil sylwadau Seimon Glyn, un o gynghorwyr Plaid Cymru ym Mhen Llŷn, am fewnfudwyr o Loegr. Oherwydd pryder am y mewnlifiad a Seisnigo'r ardaloedd Cymraeg, mudiad newydd Cymuned yn cael ei sefydlu.

• Protestio a deisebu ynghylch ffurflen y Cyfrifiad yng Nghymru. Miloedd yn gwrthod llenwi eu ffurflenni am nad oedd blwch i nodi eich bod yn Gymro.

• Gweithwyr ffatri Friction Dynamex ger Caernarfon yn cychwyn brwydr yn erbyn eu diswyddo'n annheg. Y gweithwyr yn ennill eu hachos ymhen tair blynedd.

• Mererid Hopwood yn ennill y Gadair yn yr Eisteddfod Genedlaethol yn Ninbych, y ferch gyntaf i wneud hynny.

• Cyhoeddi *Caneuon Ffydd*, y llyfr emynau ar y cyd i'r prif enwadau crefyddol. Y bwriad gwreiddiol oedd cyhoeddi yn 2000 ond bu raid gohirio'r cyhoeddi tan 2001 am fod 60,000 o bobl wedi archebu copïau rhag blaen.

LOL

Un o straeon gwleidyddol mwyaf 2001 yng Nghymru oedd helynt Seimon Glyn, un o sylfaenwyr mudiad Cymuned a Chynghorydd Plaid Cymru ym Mhen Llŷn. Daeth Glyn i amlygrwydd yn sgil ffrae a gododd wedi iddo fynegi ei safbwynt mewn cyfweliad radio am effaith y mewnlifiad ar y Gymru Gymraeg. Dywedodd fod yr iaith a'r diwylliant o dan fygythiad oherwydd amharodrwydd mewnfudwyr o Saeson i ddysgu'r iaith.

Cafodd y cynghorydd ei erlid yn eiriol yn ddidrugaredd gan y Blaid Lafur a'i chefnogwyr, ac fe'i galwyd yn bob math o enwau gan gynnwys (wrth gwrs) 'hiliol' a 'Ffasgaidd'. Bu cryn feirniadu ar y ffordd y gwnaeth Plaid Cymru ddelio â'r mater, ac roedd teimlad cyffredinol ymysg cenedlaetholwyr bod cynghorydd Tudweiliog yn cael ei erlid ar gam.

Mae'r communities yn ffycd, mêt!

gyda llaw a ymddangosodd mewn bron pob rhifyn trwy'r ddegawd nesaf – nes gwneud i rywun feddwl, ac aralleirio Oscar Wilde, fod cyhoeddi dau lun yn anffodus ond bod cyhoeddi tomen o luniau yn obsesiwn!).

Roedd bugeiliaid gwrth-Gymreig newydd ar y mynyddoedd hefyd, serch hynny, ym mherson Paul Starling a'r *Welsh Mirror* a grëwyd yn unswydd gan y sefydliad Llafur i danseilio cenedlaetholwyr a Phlaid Cymru yn benodol. Ond mwy am hynny y flwyddyn nesaf...

Beth bynnag am hynny, mi gafodd Mumph hwyl fawr yn nhudalennau *Lol* ar bortreadu camau disgyblu mewnol y Blaid.

Mumph oedd y diweddaraf o'r cartwnwyr dawnus i gyhoeddi eu gwaith yn *Lol*. Dros y blynyddoedd gwelwyd cartŵnau gan rai o gartwnwyr gorau Cymru rhwng y cloriau, yn eu plith Huw Aaron, Cen Jones, Mark Rees Jones a llawer mwy.

Roedd *Lol* sgleiniog yr unfed ganrif ar hugain yn edrych tipyn mwy proffesiynol bellach, er bod y cynnwys yr un mor ansylweddol a dwl ag o'r blaen. Doedd Cymru ddim wedi newid gymaint â hynny chwaith – roedd SWS, Bwrdd yr Iaith, *Y Cymro* a chyfieithwyr gwael yn dal i ddenu gwawd *Lol,* a chafwyd hwyl am ben cyhoeddi llyfr emynau mwyaf y byd sef y blocbystyr cydenwadol *Caneuon Ffydd.* Yn goron ar y cyfan cafwyd llun arall o Amanda Protheroe-Thomas mewn bicini (yr un llun

Diwedd Seimon Glyn

NA ELIN! PLIS, PLIS, NID HELEN "Y DDRAIG" MARY JONES

Seimon Glyn

Cyfrifiad gwirion y blaid

Rhag ofn na fydd ein meistri yn Llundain yn gadael i ni gael cwestiwn ethnig Cymreig yn y cyfrifiad nesaf, mae *Lol* ar y cyd ag adran menywod Islamaidd du y Parti of Wêls wedi paratoi'r sticer yma i'w osod yn hwylus dros eich twll tin.

Ticicwch y blwch i ddangos pa un o'r canlynol ydych chi.

- ☐ **Cymro/Cymraes Cymraeg Gwyn**
- ☐ **Cymro/Cymraes Cymraeg Du**
- ☐ **Cymro/Cymraes Cymraeg Gwyn gyda smotiau brown**
- ☐ **Cymro sydd eisiau bod yn Wyddel**
- ☐ **Cymro Tikka Masala o Wrecsam**
- ☐ **Cymraes wen sydd eisiau dyn du**
- ☐ **Chow Mein Cymreig gyda thad o Shanghai a mam o Ffostrasol**
- ☐ **Cymro Findalw gyda perlysiau poeth o Fadras a thatws Sir Benfro**
- ☐ **Eidalwr Cymreig sy'n cadw caffi yn Nhonypandy**
- ☐ **Plaid Gymreig sydd mewn yffach o dwll wrth drio plesio pawb**

(—dyna ddigon o opsiynau ethnig, gol.)

---

101 iws i CANEUON FFYDD

1. Fferm Wynt 100 tyrbein ym Mae Ceredigion

CYMRAEG CLIR
CANLLAWIAU IAITH

Wrth i ni fynd i mewn i'r Mileniwm newydd mae'r byd mawr modern yn newid yn gyflym ac mae angen i'n hiaith fach ddiniwed ni geisio dilyn y llif cyfoes cyffrous a newid gyda'r oes rhaid cael gwared felly â hen bethau gwirion fel treigladau, cystrawen ac idiomau. Ac er mwyn cyfianwhau swydd fras i Cen Jones, Prifardd ac Ymerawdwr Iaith, rhaid cynnig ffyrdd o ysgrifennu Cymraeg clir, wedyn mi fyddwn ni i gyd yn deall ein gilydd yn well, de a gogledd, gorllewin a dwyrain, dynion a merched, defaid a ffermwyr.

Deg Gorchymyn Cymraeg Clir

1. Yn hytrach na dweud "Glenys Kinnock, Aelod Senedd Ewrop" gwell fyddai ysgrifennu "Hen Gotsan Daeog".

2. Urdd Gobaith Cymru - rhy niwlog o lawer. Gwell bod yn gwmpasog a dweud – "Urdd pluo plant bach Cymru er mwyn creu swyddfa foethus yn y bae i Lord Jim O'Rourke, a ffwcio pawb sy'n byw i'r gorllewin o ego'r Cyfarwyddwr".

3. Nid "Cymru, Cyd-ddyn, Crist" ond "Jim O' Rourke" (Gweler uchod).

4. Arian Amcan Un Ewrop i Ardaloedd Difreintiedig y Gorllewin a'r Cymoedd - Mae'r ymadrodd yn newydd ac mae'n lled ddieithr i'r Gymraeg ond efallai y dylid ei ysgrifennu fel "Cynlluniau Di-amcan".

5. S4C Digidol – dylid gosod y geiriau "Pwy Ffwc sy'n Gwylio" o flaen y term hwn bob tro, neu fel arall fe fyddai ysgrifennu "cachu diflas" yn dderbyniol

6. Nid "siaradwyr Cymraeg gydag asgwrn cefn" ond "ffasgwyr hiliol".

7. Dwyieithrwydd yn y Cynulliad – bydd brawddeg yn Gymraeg ac araith yn Saesneg yn gwneud y tro.

8. "Huw Lewis, Aelod y Cynulliad" – byddai ysgrifennu "George Thomas, Arglwydd Tonypandy" yn addas fan yma.

9. Nid "Mike German, Dirprwy Brif Weinidog y Cynulliad" ond "Yr Ewro-leidr".

10. Nid y "Cylchgrawn *Golwg*" ond "Tabledi Cysgu". Yn yr un modd nid "Papur Newydd *Y Cymro*" ond "Cylchlythyr meddygol i rai sâl eu meddwl".

Y CYMRO
Dydd Sadwrn Chwefror 10, 2001

Nid iw'r Cymro yn bapur moor ddrwg a hyny yn ol rhai pobl

Yn ol y *Cymro* nid yw'r Cymro bellach yn bapur mor ddrwg a hynnny. Mae ffigyrau diweddaraf y cymro yn dangos cynydd o 35% yn maint y grant a dderbyniwyd gan y Cyngor Llyfrai.

Yn ol D. Glem ar ran y Cymro "Mae ffigyrau yma'n dangos nad yw'r Cymro mor ddrwg a hyni. Er bod rhai pobl wedi'n cyhuddo o fod yn anllythrenog, diglem a

"ffycin crap", dwi ddim yn gweld pethau rhy ddrwg".

Bydd yr arian ychwanegol yn ei gwneud hi'n bosib i'r Cymro beniodi person anllythrennnog arall a datblygu ar y polisi o ddileu unrhyw beth deche (yn cynnwys Guto Harri a Sian Lloyd) a gwahardd unrhyw lythyrau difyr, doniol ac enllibus a gyhoeddir...

---

golwg

Cryno Hys-bys

Yn eisiau

Person ifanc proffesiynol o barthau Caernarfon (sy' newydd gael swydd gyfforddus, o leia £20,00 y.f., yn y Cynulliad neu'r cyfryngau) i rannu baich o dalu morgais person sy' newydd gael swydd gyfforddus yn y Cynulliad ac sy'n ffycin sorted.

£300 y mis. Stryd brydferth, nepell o Dreganna. 02920 232996

Ar Gael

Ystafell *ensuite* foethus i gwang-berson sy'n debygol o symud o un cwango i'r llall am yr ugain mlynedd nesa yn gwneud ffyc ôl o werth, ond sy'n ennill cyflog da. £260 y mis. Canton 02920 372932 neu 07870860061.

Ar Gael

Bywyd ffug mewn dinas sydd â ffug-gymuned Gymraeg afiach. Delfrydol i ogleddwyr sydd am anghofio am farwolaeth eu cymunedau. Cocên. Cyflog da. Cysylltwch ag unrhyw Sefydliad Cymreig (ar wahân i'r Llyfrgell Genedlaethol).

Welsh Mirror

GAN EIN BOD fel papur yn hollol ddirmygus o frêns ein darllenwyr dyma gyflwyno rhestr eirfa er mwyn gwneud sens o Gymru newydd New Lebyr.

Dr Meredydd Evans – Dr Goebbels

Cylch Yr Iaith – Yr Hitler Youth

Dafydd Glyn Jones – Heinrich Himmler

Iwan Llwyd – Abu Bin Laden

Jac y Jwc – Jac Ddy Ripyr

Llafur Newydd – Sion Corn

Lleiafrif Ethnig Dan Fygythiad – Saeson

Hiliaeth – Siarad Cymraeg

Myrddin ap Dafydd – Mussolini

Paul Starling – llwyr ymorthodwr a gohebydd gwleidyddol craff

Merched y Wawr (cangen Bethesda) – Terfysgwyr milain a llosgwyr llyfrau

Huw Jones (S4C) – yr Arglwydd Haw Haw

Tony Blair – Duw

Rhodri Morgan – Yr Ysbryd Glân

Glenys Kinnock – Y Forwyn Fair

Cymro Cymraeg – ffasgydd hiliol

Saesneg – iaith leiafrifol

Cymuned – 1. ffasgwyr eithafol nid anhebyg i'r S.S. ; 2. myth, chwedl

Seimon – ffurf ffasgaidd ar yr enw Saesneg Simon. e.e. Seimon Glyn fydd yn gyfrifol am buro ethnig, Mae Seimon Brooks am waredu'r iaith Saesneg.

Llythyrau

Annwyl Lol,

Teimlaf reidrwydd i gwyno am hiliaeth rhemp S4C, sydd wedi bod yn ymosod ar leiafrifoedd ethnig yn ddibaid dros y degawdau diwethaf.

Pa sianel arall ar wyneb y ddaear fyddai'n cael getawê gyda jôc cwbl hiliol fel a welwyd ar y rhaglen Fo a Fe yn ddiweddar. Golygfa droedig oedd gweld Wffraim a Tada yn dadlau'n eiriol am gryfderau a gwendidau yr hyn a elwir yn 'Gogs' a 'Hwntws' (syniad cwbl pasé erbyn hyn). Wrth i'r ddadl boethi aeth pethau'n dywyll ar yr erthyl hon o raglen. Awgrymodd Wffraim fod Dafydd Ddu Eryri yn dipyn o gaffaeliad i ogledd Cymru. Ymateb cwbl hiliol yr erchyll Ryan Davies oedd "Hang on, dim blydi **wogs**, gw' boi".

Gall y 'gw' boi' gladdu ei hun yn ei fyd plentynaidd, a'i lysnafedd hiliol. Dyma raglen sy'n dangos ochr dywyll y Cymry – ar ei orau mae'n hiliol, ar ei waethaf mae'n ddoniol.

Yn wleidyddol gywir,

Beca Brown

Annwyl Lol,

Diddorol oedd gweld perfformiad yr artist beiddgar a dawnus hwnnw o'r Amerig, Eminem yn ddiweddar. Roedd na gic ac egni i'w berfformiad, ac er fod y geiriau am lofruddio a threisio plant bach yn dychryn rhai, roedd yr eironi yn taro deuddeg i fi. Pwy arall fyddai'n ddigon herfeiddiol i fynd ar lwyfan gyda chainsaw i fygwth dinistrio hoywon a menywod diasgwrn cefn y byd. Gwych!

Yn herfeiddiol,

Beca Brown

101 iws i CANEUON FFYDD

3. Traffodd newydd De-Gogledd

Bôrs Cymru rhif 2001

Y Brutish Leions

Weloch chi'r leions eleni. Yffach na chi dîm. O'n i jyst a mynd mas i Awstralia i ddilyn nhw gyda Huw Eic a Emyr Wyn a'r bois, ond fues i'n dilyn pob muned o'r gemau ar Sky a S4C. Oedd yn ffrind i yn Brisbane a wedodd e bod hi fel Strade mas na. Fe brynes i grys Leions i wisgo yn y clwb i watsho pob gem ar Sky. Er iddyn nhw golli wy'n uffernol o browd o'r bois, a mae mor dda gweld ein cryts ni fel Howley, Quinnell a Jenks mas 'na gyda'r goreuon o Brydain. Pan y'n i ni'n dod at ein gilydd fel pedair gwlad does neb gwell na ni Brits am whare rygbi. Mae rhaid i chi weud bod y Saeson bach na'n gwd players hefyd. Mae'n dda cael nhw ar yr un ochr â ni. Yn y diwedd Brutain agenst ddy wyrld yw hi. A phan mae'n dod i'r crynsh mae'n rhaid i ni Brits stico gyda'n gilydd. Ar ddiwrnod y test matsh cynta doedd dim Cymru, Sgotland, Iwerddon a Lloegr dim ond y Brutish Lions yn erbyn y Conficts. Yffach oedd e'n hala cryndod lawr yn asgwrn cefen i weld ni gyd yn whare fel un gwlad gyda'n gilydd. O'n i'n browd i fod yn Brutish diwrnod ni.

Welsh Daily Lol

Y byd

• Yr Arlywydd George W. Bush yn traddodi ei araith 'Trindod Drygioni' gan haeru bod gwladwriaethau Irac, Iran a Gogledd Corea yn ganolbwynt terfysgaeth rhyngwladol.

• Yr UDA yn agor gwersyll cadw Bae Guantánamo, i'w ddefnyddio i garcharu. eithafwyr a therfysgwyr Islamaidd honedig o Affganistan, Irac, a mannau eraill. Daw America yn destun condemniad hallt am y ffordd y caiff y carcharorion eu trin, gyda chyhuddiadau o arteithio a cham-drin seicolegol a chorfforol.

• Yr Unol Daleithiau a Phrydain yn cyhuddo Irac o feddu ar 'arfau dinistriol eithafol' Arolygwyr arfau'r Cenhedloedd Unedig dan arweiniad Hans Blix, yn cael mynediad i'r wlad ac yn cynnal dros 700 o archwiliadau safle, ond yn methu dod o hyd i'r arfau dinistriol honedig.

• Byddin Israel yn ymosod ar drefi ar y Lan Orllewinol mewn ymateb i ymosodiadau gan hunanfomwyr Palesteinaidd.

• Dwyrain Timor yn sicrhau annibyniaeth oddi wrth Indonesia.

Cymru

• Isetholiad yn Ogwr yn sgil marwolaeth yr aelod seneddol, Ray Powell. Enillodd Huw Irranca-Davies y sedd i Lafur.

• Dewis Alun Ffred Jones yn ymgeisydd Cynulliad dros sedd Arfon i olynu Dafydd Wigley.

• Rod Richards yn cyhoeddi ei fod yn gadael y Cynulliad am resymau iechyd.

• Aelodau Cymdeithas yr Iaith yn gwersylla yn Aberaeron y tu allan i bencadlys Cyngor Ceredigion mewn protest yn erbyn Cynllun Datblygu Unedol y sir sy'n sôn am godi 6,500 o dai o fewn pymtheg mlynedd yn y sir.

• Rhaglen drafod *Stondin Sulwyn* ar Radio Cymru yn dod i ben ar ôl bron i chwarter canrif o ddarlledu.

LOL

Fyth ers i Blaid Cymru wneud yn rhyfeddol o dda yn etholiad Cynulliad 1999 roedd sefydliad Llafur yn Llundain a Chymru wedi bod yn egnïol yn targedu'r cenedlaetholwyr. Y prif gyfrwng ar gyfer yr ymosodiadau hyn oedd papur newydd y *Welsh Mirror*, sef fersiwn Cymru o'r *Daily Mirror*, a gyhoeddwyd yng Nghymru rhwng 1999 a 2003. Roedd y papur yn cynnwys colofnau dyddiol gwenwynllyd gan Paul Starling, ac eitemau eraill mynych, yn portreadu cenedlaetholwyr fel ffasgwyr neu benboethiaid hiliol.

Wrth edrych yn ôl, mae'n glir mai unig ddiben y fersiwn Gymreig o'r papur newydd oedd dinistrio gobeithion Plaid Cymru o herio gafael Llafur ar y Cynulliad, ac ar ôl i bleidlais y Blaid ddisgyn yn etholiadau 2003, roedd y *Welsh Mirror* wedi gwneud ei waith brwnt ac fe ddaeth i ben.

Mae rhifyn *Lol* Eisteddfod Tyddewi 2002 yn barodi o'r Drych Cymreig, ac yn llawn egsgliwsifs gan Starling fel: 'After exposing Simon Brooks as clinically bonkers I can now introduce you to a new fascist terrorist network in Wales, called Gorsedd y Beirdd (Welsh Only or Die).' Gan haeru y bydd unrhyw un na allai gyfansoddi cywydd erbyn diwedd y Steddfod yn cael eu sbaddu'n gyhoeddus. Er, teg nodi, nad yw dychan *Lol* yn gallu llwyr gyfleu ynfydrwydd rhagfarnllyd y *Welsh Mirror*, a oedd, yn amlach na pheidio, yn mynd y tu hwnt i ddychan.

Yn dilyn rhifyn 2002 hefyd, cafwyd cwynion a

Fascist Gorsedd led by Bin Lewis

After exposing Simon Brooks as clinically 'Bonkers' I can now introduce you to a new fascist terrorist network in Wales, called Gorsedd y Beirdd (Welsh Only or Die). These people will force the Welsh language down YOUR throat by the end of Eisteddfod week, and anyone not able to compose a Cywydd by Sunday August 11 will be publicly castrated by these fascist monkeys. Their leader, Bin Lewis, is known to be insane, but has the power and influence to rage war for decades in the Welsh mountains.

Great journalism by the *Welsh Mirror* has also learnt about the use of women by these Welsh speaking terror networks. A group called Merched y Wawr (Jihad) have also been gathering arms to fight for Bin Lewis in the holy war against the civilized English speaking world. I have personally found out that MYW receive £200 million a year of public money, YOUR money, to attack, rape and destroy English language communities.

Next week I will introduce you to the bloodthirsty underground guerrilla anti-English fascists, Cymdeithas Llafar Gwlad... (cont. p.94)

bygythiadau cyfreithiol ar ôl i bapur newydd y *Wales on Sunday* gyfeirio at stori fechan yn *Lol* am Nick Bourne, arweinwyr y Ceidwadwyr yn y Cynulliad. Roedd ymchwilydd y gwleidydd yn gandryll â'r stori, ond ni aed â'r peth ymhellach ar ol i *Lol* (yn ôl ei arfer) gynnig cyhoeddi ymddiheuriad llawn ar dudalen flaen y rhifyn nesaf.

Yng ngweddill y cylchgrawn mae pwysau'r mewnlifiad yn drwm, gyda straeon caled am ffrae cynllunio yng Ngheredigion ar dir arweinydd y Cyngor ar y pryd, Dai Lloyd Evans, helynt melinau gwynt ar fryniau Ceredigion a Seisnigo Coleg Meirion Dwyfor.

Ceir beirniadaeth hallt yn *Lol* o dactegau Plaid Cymru, a gwneir hwyl hefyd am ben y cecru rhwng rhai o aelodau Cymdeithas yr Iaith, Cymuned a mudiadau Cymraeg eraill. Ysbrydolwyd *Lol* gan y ffraeo ymysg cenedlaetholwyr *Lol* i bortreadu'r wlad fel Affgymrustan, sef gwlad fynyddig gyntefig yn llawn sectau gwleidyddol/crefyddol cul yn cystadlu am y gorau i fod y puraf eu Cymreictod, gan gynnwys mudiadau fel Al-Cymunda, Urdd y Ffransisiaid (enw newydd Cymdeithas yr Iaith) a'u harweinwyr Ang-harad a Dafydd Mogwl Lewis a Phlaid Candi dan arweiniad y Mwla Ibn Wyn Wantan.

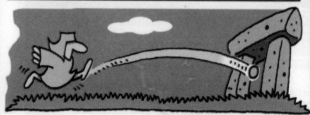

mumph

Chwantewch gorff y dyn!

Y byd

• Cychwyn Rhyfel Irac. Yr Unol Daleithiau a'r Deyrnas Unedig yn cynnal cyrchoedd awyr enfawr ar dargedau milwrol yn erbyn llywodraeth Saddam Hussein yn Irac.

• Plaid Batasuna yng Ngwlad y Basg yn cael ei gwahardd gan yr awdurdodau Sbaenaidd oherwydd ei chysylltiad honedig gyda mudiad ETA.

• Y newyddiadurwr Andrew Gilligan yn darlledu adroddiad ar Radio 4 yn dweud bod y Llywodraeth wedi honni y gallai Irac ddefnyddio arfau dinistriol o fewn 45 munud, gan wybod nad oedd hynny'n wir. Ffynhonnell Gilligan yw David Kelly, arbenigwr ar arfau.

• David Kelly yn ymddangos gerbron y Pwyllgor Dethol ar Faterion Tramor i ateb cwestiynau am y wybodaeth a roddwyd i Gilligan. Dridiau wedyn caiff Kelly ei ganfod yn farw ger ei gartref yn Swydd Rhydychen.

• Llafur yw'r blaid fwyaf yn etholiadau Senedd yr Alban gan ffurfio llywodraeth glymblaid unwaith eto gyda'r Democratiaid Rhyddfrydol yno.

Cymru

• Yn etholiadau'r Cynulliad, y Blaid Lafur yn llwyddo i ennill 30 sedd, gan ffurfio llywodraeth fwyafrifol.

• Plaid Cymru yn colli pum sedd gan gynnwys Llanelli a Chonwy. Yn dilyn canlyniadau siomedig y Blaid, mae Ieuan Wyn Jones yn ymddiswyddo fel Llywydd ac arweinydd grŵp y Blaid yn y Cynulliad.

• Ron Davies yn cyhoeddi ei fod yn gadael gwleidyddiaeth ar ôl i'w blaid leol ofyn iddo sefyll i lawr yn dilyn rhagor o ddatgeliadau yn y wasg am ei fywyd preifat.

• Sefydlu Theatr Genedlaethol Cymru.

LOL

Mae rhifyn *Lol* 2003 yn hanesyddol oherwydd ar ôl 38 mlynedd o fodolaeth, am y tro cyntaf erioed mae llun o ddyn hanner porcyn ar y clawr.

Mae'r clawr yn nodedig am reswm arall hefyd oherwydd mae'r pennawd yn datgan yn glir fod *Lol* wedi ildio a throi'n gylchgrawn cyfoes sgleiniog, diddim ac yn addo bod yn ddim mwy na 'cylchgrawn trendi i t a v' ac yn addo 'geid cŵl t mewn'. (Mae'n amlwg bod golygyddion *Lol* wedi penderfynu newid cyfeiriad *Lol* yn llwyr a cheisio cystadlu a dwyn darllenwyr cŵl a trendi *Golwg* – V. Roedd 'V' hefyd yn enw ar raglen wyddonias wael ar y pryd lle'r oedd yr *aliens* yn fadfallod llysnafeddog go iawn ac yn bwyta llygod byw, a'u bryd ar goncro'r blaned ond yn smalio eu bod yn bobl, sef yn union 'run fath â lot o dargedau *Lol*, ond go brin fod cysylltiad rhyngddynt â *Golwg*... (*Yffach, am be ti'n mwydro, bachan?– gol. Lol*).

Dywed y golygyddol mai cwmni Eithafion sydd bellach yn gyfrifol am y cylchgrawn ac mewn datganiad syfrdanol dywedir mai merch yw'r golygydd newydd: 'Daeth Beryl James o'r gorllewin pell ac ysgwyddo baich cwmni Eithafion a golygu *Lol*. Ferched, fe ddaeth eich awr – daeth eich arwres i'r byd! Llosgwch eich brashars! Dawnsiwch yn noeth ar lwyfan y pafiliwn.' Mae Beryl yn addo 'peri i ferched gneud te a bara brith ar stondin Merched y Wawr a'r holl drueiniaid benywaidd sychion yng Nghymru ymsboncio, a deffro i alwad nwyd, a gwlychu eu

hunain wrth dollti'r paneidiau. Tolltwch y cwpanau, safwch ar y cacennau, rhedwch nerth eich traed… Gorfoleddwch yn eich rhyddid, a chwantewch gorff y dyn!'

Siom, fodd bynnag, fyddai'n aros unrhyw ddarpar ddarllenydd trendi pe baent wedi bod yn ddigon ffôl ag edrych rhwng y cloriau, oherwydd doedd dim golwg (sic.) o geid cŵl o unrhyw fath yn *Lol* Eisteddfod Meifod. Yr hyn sydd ynddo yw lluniau sartoriaidd o Dafydd Elis-Thomas yn ei ddillad Arglwyddyddol a Rupert yr Arthaidd; stori am ryw garped hud drud brynodd Derec Llwyd Morgan; clecs gwleidyddol am y cecru mewnol ym Mhlaid Cymru wedi'r canlyniad gwael yn etholiadau'r Cynulliad; llawer o wawdio Bwrdd yr Iaith a dychanu 'Valley Folks' ac aelodau eraill tebyg o fyd actio a theledu a llun (bach) o ferch noeth.

Lol oedd *Lol* wedi'r cyfan (er doedd dim llun o Amanda Protheroe-Thomas mewn bicini – y tro cyntaf i hynny ddigwydd ers tro byd. Dichon bod selogion y Sevydliad yn falch o weld llun eto fyth o Rhodri Biliyns!).

**Bôrs Cymru Rhif 1282
Aelod Optimistaidd o
Fwrdd yr Iaith**

Wyddoch chi hawdd iawn ydi bod yn negyddol a sur fel Angharad Tomos a sôn am ddirywiad y cadarnleoedd…. hen gwestiwn a yw'r peint yn hanner llawn neu hanner gwag ydi hi ynte…. Ond os edrychwch chi ar y gwir ffigyrau go iawn fe welwch chi ddarlun tra gwahanol… nid Seisnigo Pen Llŷn sy'n bwysig ond cymreigio cymuned Asiaidd Casnewydd, a thŷ bwyta Balti y 'Passage to India' yn benodol… mae cyfrifiad 2001 yn dangos yn glir bod yr Indians gwych yma wedi gweld cynnydd o 0.2% mewn siaradwyr Cymraeg o dras Mwslemaidd rhwng 4-18 mis oed dros y pum munud diwethaf. Mewn cymunedau felly mae'r dyfodol, y rhain yw cadarnleoedd y dyfodol felly peidiwch da chi a dechrau rhamantu eto am hen greiriau'r 'Fro Gymraeg' honedig…

**Bôrs Cymru Rhif 1536
Aelod Hunangyfiawn o
Gylch yr Iaith**

Galwaf ar holl wir wladgarwyr Cymru a charedigion y Gymraeg i sefyll yn y bwlch ar yr awr dyngedfennol hon yn ein hanes a brwydro yn erbyn y bygythiad mwyaf i'n hiaith a'n ffordd do fyw ers lladd Llywelyn ein Llyw Olaf… Galwaf ar Anghristnogion a gweision Satan y BBC i atal gwarth ac anlladrwydd bratiaith a chamdreigladau pechadurus Daf Du (sic) a phuteindra gwefan 'Seren Seibr' cyn iddo heintio meddyliau diniwed a gwyryfol ieuenctid gwlad y gân gyda rhyw syniadau Seisnig fel secs drygs a roc a rôl… Galwn ar ein pobl ifanc i ymroi fel hen gewri'r werin megis Bessie Boncath (1780-1904) a Dafi John Cnwc Fawr (1770-1980) i fyw bywydau Cymraeg pur a boring.

186

wyddodd 'na rywun gadw cynhwysion eu swper yn eu stumogau wrth weld Dafydd Êl yn moesymgrymu i'r Cwin ar ailagoriad y Cunulliad Cenedlaethol Cymreig? Yno, roedd o, yr Arglwydd Mawr ei hun, yn ffaffian efo'r surbwchan hyll fel ci 'di cael asgwrn, ac yn ymgreinio i'r graddau ei fod yn rwbio'i ddwylo wrth longyfarch ei hun am estyn cadair iddi.

Nid Saisgarwr, a choronlyfwr fel hyn y bu Dafydd Êl erioed, fel y dengys yr oriel hon, sy'n olrhain ei ddelwedd wleidyddol, ffasiynol a rhywiol dros y ddeng mlynedd ar hugain (a mwy) diwethaf.

Dechreuodd Ddafydd Êl ei yrfa- fel chwyldroadwr llon, yn fodel dihafal o gyfnod swing y 60au. Rebel ifanc, nwydwyllt, yn herio statws quo'r sefydliad gwleidyddol, yn addewid o newydd-deb hir-ddisgwyliedig i wleidyddiaeth Plaid Cymru.

Dafydd yn lifrai Arglwydd y Deyrnas

Dafydd yr Uchelwr o Sais

'Sgras Ein Harglwydd

Dafydd yr eilun ffasiwn

Gyrfa Dafydd Êl mewn dillad

Bôrs Cymru Rhif 666
Aelod Welsh Lebyr o'r Nashnyl Asembli

Nid New Labour y'n ni cofiwch ond Welsh Labour ni yw'r trw party of wales gwir plaid cymru ni sy wedi cadw fflam Nye Bevan a Keir Hardie yn fyw ac fe ishteddwn ni lle ni blydi wel moyn ishte yn y Nashnyl Asembli of Labour... seddi i'r bois a menwod Labour ar bob committee sy ar gael o Elwa i WDA i S4C... felly watshwch mas chi welsh nash ni wedi cael lond bola o'ch godde chi am bedair blynedd... a ni'n mynd i redeg y wlad mae fel nethon ni redeg Mid Glamorgan County Council am ugen mlynedd... ac os na neith y Simon Brooks bach ponslyd na gau ei drap yn Barn fe sensrwn ni ei bapur cachu a stopo'r grant we are the masters nawr....

Geiriadur y Gachademi Gymreig

Annwyl Olygydd,

Ysgrifennaf at y cylchgrawn llenyddol mwyaf newydd ac uchaf ei barch yng Nghymru i'ch hysbysu bod ffrwyth degawd o lafur academaidd ar fin ei gyhoeddi. Wedi anfon holiaduron at dyrau ifori malwyr cachu Cymru – y Cynulliad Cenedlaethol, Cyngor Sir Ceredigion, maes-e.com, ac wedi imi bori'n ddyfal trwy lyfrau'r Llyfrgell Genedlaethol, a thudalennau sgleiniog rhegiadur.com, mae'r rhegiadur cyntaf ar ffurf llyfr ar werth o'r diwedd. Rhwng ei gloriau cewch weld holl ddiffiniadau rhegfeydd ac ymadroddion budr y Gymraeg, gan gynnwys amrywiaethau tafodieithol, o 'fwydo'r ebol' hyd at 'bwdin blew.' Teimlo'r oeddwn i y byddai rhagflas o'r wledd yn codi blys ar academyddion ifainc ein cenedl. Fel arwydd o'r tamaid i aros pryd ystyriwch y pennill canlynol –

> Yr iach a gach yn y bore
> Yr afiach a gach yn yr hwyr
> Yr afiach a gach yn dameidiau bach,
> A'r afiach a gach yn llwyr

Ie – cachu, a'r holl amrywiaethau tafodieithol ar gachu sydd i'w clywed yn y cornelyn bach yma o'r ddaear. Mae'r lliw a'r dychymyg sydd yn amlwg ymhob fersiwn dafodieithol yn tanlinellu pwysigrwydd y pwnc. Ystyriwch er enghraifft y fersiynau gwahanol o'r gair Saesneg diarrhoea.

FFLACHGACH – eg; Gair a ddefnyddir i gyfleu cyflymder yr ymdeimlad o banig eithafol sydd sy'n fflachio trwy'ch meddwl wrth geisio cyrraedd y toiled cyn crapio'ch pans. Mewn rhai ardaloedd dyma'r gair am gachu wedi cyrri, sy'n cyfleu'r teimlad fel bod y cymeriad comig The Flash newydd yn hedfan allan trw'ch twll tin. Saes. Ringerstinger.

GWIBGACH – eg; Gair llai gweddus na fflachgach. Defnyddiwyd yn y gorffennol i roi ffug-orchudd parchus ar ddwyno'ch hun trwy awgrymu bod y ras at y dwy norslen

COGINIO'R GREFI TRÔNS – ymadrodd: Meddyliwch am eich mam yn cymysgu'r grefi browning.

MORUS Y GWYNT – ymadrodd; Y swn fel cnul angladd sydd yn dynodi bod yr artaith ar ben am y tro wrth i rech aflednais o hir wneud i'ch tin swnio fel ei fod yn hongian yn garpiau.

Y BWCI BO – eg; yr ysbryd, y cachu braw; Yr enw ar y cachu sy'n codi braw arnoch chi ar y ffordd mas, ond wedyn yn diflannu'n llwyr gan eich gadael mewn poen, mewn ofn, ac yn fwy na dim, wedi drysu.

CACHU CORFFORAETH LERPWL – ymadrodd cachu Cantre'r Gwaelod; ymadrodd a ddefnyddir i ddisgrifio'r cachu hwnnw sy'n creu sblash mawr cachlyd.

SHOLEN – eb Gair am dwrdyn anarferol o fawr sydd yn annelwig o ran cefndir. Defnyddir yn Sir Gar yn bennaf.

GINISGACH – eg Dial Dulyn, Cachu Cork; Enw ar y tar poeth sy'n ddiosgoi ar ôl noson ar y gwyn a'r du.

FFRAE MAER CEREDIGION – ymadrodd; ymadrodd a ddefnyddir bron yn llwyr yng Ngheredigion ers yn ddiweddar iawn, i ddisgrifio llanast o gachu sydd yn parhau i ddrewi am fisoedd wedi'r ysgarthiad.

CACHU'R CEIDWADWYR CYMREIG – ymadrodd; Ymadrodd cenedlaethol am y cachu hwnnw sy'n addo diflannu o gwmpas yr u-bend ond sydd, ysywaeth, yn codi yn ôl i'r wyneb dro ar ôl tro.

CYFLWYNDWRD – eg Gair cenedlaethol a ddefnyddir i ddisgrifio'r twrd sydd yn ymddangos fel ei fod yn para am byth, efallai pan ydych yn ceisio mwynhau perfformiadau noson ola' Steddfod yr Urdd, Ysgoloriaeth Bryn Terfel neu'r caneuon ar Radio Cymru.

STŴL Y SAIS – ymadrodd; y cachu mwyaf drewllyd yng Nghymru. Mae systemau carthffosiaeth rhannau helaeth o'r wlad yn llawn ohono.

CACHU CORN – ymadrodd cachu'r Cynulliad; Yr ymadrodd sydd yn disgrifio'r cachu hwnnw lle mae darnau amlwg o gorn melys maethlon yn gorwedd mewn darn hir o gachu drewllyd, ac felly yn hollol aneffeithlon.

Gobeithio eich bod wedi mwynhau'r rhagflas ac y byddwch yn prynu'r geiriadur.

Yn ddiffuant mewn cachu,
Yr Athro P. Siôn Drewi, BA, MA, PhD (Cymru)
Arch Falwr Cachu.

Geiriadur yr Academi

The

Dim Lol #1

Y byd

• Ar ddydd Gŵyl San Steffan, daeargryn mawr yng Nghefnfor India yn achosi tswnami anferth, sy'n ysgubo ar draws gwledydd Indonesia, Sri Lanka a Gwlad Thai. Dros 230,000 o bobl yn cael eu lladd yn y drychineb.

• Ar drothwy etholiad cyffredinol Sbaen, eithafwyr Islamaidd yn ffrwydro cyfres o fomiau ar drenau yn ystod yr oriau brig ym Madrid, gan ladd 190 o bobl.

• Ymchwiliad Hutton i amgylchiadau marwolaeth Dr David Kelly. Condemniwyd y BBC a'r newyddiadurwr Andrew Gilligan yn hallt, ond roedd llawer o'r farn bod yr adroddiad wedi gwyngalchu rhan y Llywodraeth yn y digwyddiad.

• Yr Ysgrifennydd Tramor Jack Straw yn cyhoeddi ymchwiliad annibynnol gan yr Arglwydd Butler i ystyried pa mor ddibynadwy oedd yr wybodaeth am arfau dinistriol yn Irac. Nid oedd Adroddiad Butler chwaith yn llym iawn ar rôl y llywodraeth a'r gwasanaethau diogelwch.

• Refferendwm yn cael ei gynnal yng Ngogledd-Ddwyrain Lloegr ynghylch sefydlu cynulliadau rhanbarthol. Y mwyafrif o etholwyr yn pleidleisio Na i'r cynlluniau.

• Yr Undeb Ewropeaidd yn ehangu'n sylweddol gan dderbyn deg gwlad arall yn aelodau newydd.

Cymru

• Ym mis Rhagfyr, Llywydd y Cynulliad, Dafydd Elis-Thomas yn gorchymyn Leanne Wood AC i adael y siambr oherwydd iddi gyfeirio at y Frenhines fel 'Mrs Windsor' yn ystod trafodaeth ar lawr y Senedd.

• Agor Canolfan y Mileniwm ym Mae Caerdydd.

• Refferendwm i benderfynu a ddylai Ceredigion gael maer etholedig. Canlyniad oedd 5,308 o blaid a 14,013 yn erbyn. Ymgais gan grŵp pwyso Llais y Cardi oedd y symudiad i gael gwared ar Gynllun Datblygu Unedol Ceredigion. Roedd y prif bleidiau gwleidyddol i gyd wedi annog etholwyr i bleidleisio yn erbyn y bwriad.

• Y cyflwynydd teledu Siân Lloyd yn dyweddïo gyda Lembit Opik, AS Maldwyn. Chwalodd y berthynas yn 2006 wedi iddi ddod yn hysbys bod Opik mewn perthynas gyda Gabriela, merch o Rwmania ac aelod o ddeuawd pop y Cheeky Girls. Dywedodd Siân Lloyd wrth y *Daily Mail* iddi gael 'dihangfa lwcus'.

LOL

Beth bynnag oedd y gwir am 'Beryl James', golygydd honedig rhifyn 2003, doedd dim amheuaeth mai merch oedd yng nghadair y golygydd ar gyfer rhifyn Eisteddfod Genedlaethol Casnewydd 2004, sef Catrin Dafydd. Roedd y cylchgrawn yn nodi'n agored hefyd mai Y Lolfa Cyf. oedd yn gyfrifol am gyhoeddi, argraffu a dylunio'r rhifyn.

Nid *Lol* a ymddangosodd o'r wasg y flwyddyn honno chwaith, oherwydd rai wythnosau cyn yr Eisteddfod – mewn ymgyrch gyhoeddusrwydd amlwg – roedd Y Lolfa wedi datgan na fyddai Lol 'yn cael ei gyhoeddi byth eto', ac yn ei le byddai cylchgrawn newydd 'wedi'i anelu at bobl ifanc' yn dwyn yr enw gwreiddiol *Dim Lol*.

Y cefndir i hyn oedd i'r Cyngor Llyfrau ym mis Ebrill wahodd ceisiadau gan gyhoeddwyr am gymorth tuag at gyhoeddi cylchgrawn i bobl ifanc. Ym mis Mehefin, cyflwynodd Y Lolfa gais i'r Cyngor yn gofyn am grant tuag at gyhoeddi rhifyn *Lol* 2004, sef rhifyn cyntaf *Dim Lol*. Felly, rhesymau masnachol i raddau oedd yn gyfrifol am y newid teitl ac arddull. Ni lwyddodd y cais am grant, ac efallai mai da o beth oedd hynny, gan mai annibyniaeth y 'recsyn anllad' yw un o'i gryfderau pennaf.

Er ei bod yn amlwg o'r cychwyn cyntaf mai brawd neu chwaer *Lol* oedd y cylchgrawn newydd, roedd rhai pethau'n wahanol. Y peth mwyaf trawiadol oedd bod y golygydd a'r cyhoeddwr yn hollol agored ynghylch pwy oeddent.

Roedd y rhifyn hefyd yn cynnwys mwy o erthyglau 'strêt' ac ymgais i wyntyllu pynciau caled fel yr helyntion yng Ngheredigion pan aeth cenedlaetholwyr benben â'i gilydd adeg refferendwm i benderfynu a ddylai'r sir gael Maer etholedig neu beidio. I dorri stori hir yn fyr, meddai gohebydd *Dim Lol*: 'Roedd 'na un garfan o genedlaetholwyr yn diolch byth nad yw'r blydi Emyr Hywel (Llais Ceredigion) wedi cael ei ethol fel Maer, a'r garfan arall o genedlaetholwyr yn diolch i'r nef nad yw'r blydi Elen ap Gwynn 'na (Plaid Cymru) yn arwain y Cyngor Sir'. Fel dywed y gohebydd: 'Casineb personol rhwng unigolion o fewn y mudiad iaith' oedd yn gyfrifol am y methiant i gael gwared ar y Cynllun Datblygu Unedol oedd yn niweidiol i'r Gymraeg yn y sir. Mae'r dadansoddiad yn un eithaf treiddgar a chytbwys o raniadau'r mudiad cenedlaethol yn y sir yn y blynyddoedd hynny.

Ar wahân i eitemau yn gwneud hwyl ar ben arweinwyr Prifysgol Aberystwyth (a ddaw yn thema gyffredin dros y degawd nesaf), y sîn roc, yr Urdd a rhagor o fôrs Cymru, mae'r rhifyn hefyd yn cynnwys cywydd moliant gan Twm Morys i Eirug Wyn yn dilyn ei farwolaeth annhymig yn ystod y flwyddyn.

Mr Burns a Smithers, dau o Brifathrawon y Coleg ger y Lli (neu Noel Lloyd a Derec Llwyd Morgan o gyfres deledu'r Simpsons)

EIRUG WYN, 1951 - 2004

AWDL FOLIANT I EIRUG WYN A'R GAMBRAEG

Buddugawl yn Eisteddfod Llanunlla, 1887

Eurig Wyn, hagr yw Gweniaith
– ger dy fron,
Gwron pob rhagoriaith,
Eurig Wyn, ymroes i'r Gwaith
Poenus o achub Heniaith.

Mae hen iaith fu'n Fam i ni
– 'n hel ei phwrs
At y BIBwrs, heibio tŷ Bobi.
Cruydrodd dros Falog Rhodri,
– a'i Thrwyn lan
Ym Mhen Ôl Afan. Mae hi'n Lyfi.
Mae Athronwyr am ei thrin-hi
– o Chwith,
Ac mi dynnith y Slag amdani.
Aeth megis Tart i'r Parti
– Dirwest,
Ac i Loddest y mân Arglwyddi,
Y Paent hyd ei gwyneb hi – a ffiaidd
Ôl-fodernaidd Glefydau arni.

Bu arni lawer Beirniad
*Yn cael Aur wrth ff*cio'i Wlad,*
Llawer Cerddor a Thori,
A Sant o'i Chymdeithas hi.
Y mae Iaith fu fel y Môr
Yn Goctel i gyw Actor.
Cadw di draw, y cwdyn,
Rhag ofn y daw Eurig Wyn!

TWM MORYS
(cyfansoddwyd flwyddyn neu ddwy yn ôl)

Dach chi 'di gweld adroddiad dwethaf Amnest Rhyngwladol ar Sadam Hwsein? Roedd o'n trin ei garcharorion yn ofnadwy, eu stripio'n noethlymun, yn eu gorfodi i wneud pethau ffiaidd… yn poenydio trwy roi si?c drydan, yn sarhau dynoliaeth y bobl yma… ac mi oedd Tony a George Bush yn hollol iawn i fynd i ryfel i gael gwared arno fo… be?… ein milwyr ni yn gneud yr un fath? Na, dim ond pobl sy'n cefnogi Sadam fysa'n gneud hynna! Dwi wedi bod yn Irac fel cennad arbennig i Tony ac mae'r Iraciaid bach yn falch iawn ein bod ni yno, mor falch nes iddyn nhw roi sioe tân gwyllt i'n croesawu ni. Bechod i'r sioe ladd toman o filwyr America. Ond mae Tony'n deud fod popeth yn iawn a dwi'n gwbod fod Tony'n ddyn strêt… o leia bod 'yn pobl ni'n rhoi siwtiau oren del i'r carcharorion ac yn tynnu lluniau lliw neis pan da ni'n poenydio. Beth mae Tony wedi gaddo i mi ar ôl y lecsiwn nesa?…Cael dod yn Arglwyddes Cwm Cynon efallai?

Eisteddfod
GENEDLAETHOL CYMRU

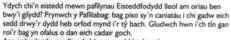

PAFILIABAG

Ydych chi'n eistedd mewn pafilynau Eisteddfodydd lleol am oriau ben bwy'i gilydd? Prynwch y Pafiliabag: bag piso sy'n caniatáu i chi gadw eich sedd drwy'r dydd heb orfod mynd i'r tŷ bach. Gludwch hwn i'ch tin gan roi'r bag yn ofalus o dan eich cadair goch.
Am wybodaeth, cysylltwch â 'www.urdd.bedpan.'

Pafiliabag 2005 Delux 'Gendlaethol'.
Ar eich cyfer chi yr Eisteddfodwyr profiadol*
Mae'r Pafiliabag 2005 Delux 'Genedlaethol' yn dal 2 litr yn fwy o biso i'r rheiny ohonoch chi sydd am fentro i bafiliwn chwyslyd y genedlaethol drwy'r wythnos.
Cysylltwch â www.eisteddfodgenangenprêsynddespret.com

* Bydd biniau ail-gylchynnu yn yr Eisteddfod Genedlaethol ar y maes carafannau ac ym Maes B. Mylti-bag ar gael am £2.99 yn ychwanegol. Gallwch hefyd danysgrifio yn flynyddol am £15 y flwyddyn.

GOG'S BOLLOCKS
RHYS MWYN
Cyfweliad egsgliwsif efo Rhys Mwyn

COLLI EDJ

Sud flwyddyn fuodd hi?

Wel, dwi'n meddwl fod y sîn roc wedi colli'r edge. Mae 'na ormod o inflated egos o gwmpas sy'n byw yn y comffy zone yng Nghymru, a ryw ddydd ma'r gog's bollocks bubble yn mynd i bysrstio a ma'r atitude yn mynd i evaporatio.

Pa bands shit ti'n gweithio efo rwan? Pa fodd y cwympodd y cedyrn?

Mae'n bwysig cofio dwyt ti'n neb yn y byd mawr, dyna pam fod TNT a Gwenno yn tourio o gwmpas Prydain a Gogz wedi bod wrthi mewn cwpwl o clubs yn y London scene. Big fish in a small pond ydi lot o bands yn fama. Chwa o awyr iach t'wel fel oedden ni efo'r Anhrefn, ond mae'n braf gweld hard graft yn talu ffordd. Plastic pop sydd am fynd a'r sîn roc ymlaen, ti'n gwbod. Efo rywun fel TNT, sex sells ydio yn y pen draw.

Oes yna rywbeth o werth yn digwydd yn y sîn roc y dyddiau hyn?

Ma nhw'n deud fod''na renaissance yn y sîn roc y dyddie ma' – ac ma' na fwy o passing pynters o gwmpas sy'n mynd i gigs, sy'n dda. Ond mae angen mynd yn ôl i'r DIY stuff fel ddudes i gyna rwan, fel Mike Skinner o'r Streets. Bedroom recording culture ydi'r thing rwan. Ma bob dim yn ongoing

Be di dy farn di am ganu'n Saesneg?

Passé ydi canu'n Saesneg hefyd – lot o bobl wedi trio ond wedi methu. Samey ydi'r gair sy'n dod i'r meddwl. Bach o shame braidd. Dwi'n meddwl fod isio neud miwsig gyda 'bite' sy'n cyfuno Plethyn efo beat o New York. Dim ond y Iolo Morganwg newydd all bildio hynny yn y sîn. Dwi'n gweddïo am y Gwilym Cowlyd newydd ond efo bach o attitude. Crackpot ideas sydd angen t'wel a mwy o bollocks a mwy o gogs.

Diolch o galon i ti Rhys

Bors Cymru rhif 8907
Y ladette chwaraeon swnllyd ar y radio bob bore

Wel jiw jiw mae 'da ni fois chwaraeon dawnus... does neb gwell na Robert Croft am rwbo'i bêl yn ei drowsus... a ma' Mathew Stevens yn suddo'i beli ar bob bwrdd 'fyd... wedyn ma' Ryan Giggs yn sticio nhw mewn ymhobman. Dwi eriod wedi gweld neb yn dal pêl gystal â Stephen Jones a phan mae'r peth yn ei ddwylo mae e'n athrylith. Chi'n gwybod be wy'n feddwl?... Stori badminton nesa ac mae 'na newyddion drwg am shuttlecocks, tîm Cymru... (dyna hen ddigon gol.)

SWYDDI

CYFLWYNWRAIG

ar gyfer nos Sadwrn olaf Eisteddfod yr Urdd, 2005
Rhaid i ti feddu ar:
1.) Sgiliau siarad shit am ddim byd
2.) Sgiliau mynd ar y wê er mwyn ffeindio ffeithiau am Marilyn Monroe â'i chwe bys troed
3.) Ddiffyg dealltwriaeth o'r maes rwyt ti'n ei gyflwyno.
4.) Gwybodaeth o fyd natur megis 'fod gan morgrugyn unigryw o Ffasibaijan y gallu i glywed gyda'i ben-ôl.
5.) Allu rhyfeddol i droi pob sgwrs ddiniwed yn rhywbeth i wneud â rhyw.
6.) Y gallu i bolocso pethe lan fel gweud fod Daniel Evans, sy'n actor gyda theatr Shakespeare yn Llundain yn actor yn y Sherman, Caerdydd yn fyw ar y teli, ac yntau'n feirniad yng Ngwobr Ysgoloriaeth Bryn Twrfyl.
7) Profiad o gyflwyno a siarad dros raglen grap fel Procar Pinc a ŵ- la la la la ie ie ie ar yr lâ, bla, bla, bla yn hanfodol.

CWYNWR

— y person 'na sy wastad yn cwyno ar Maes-eh?!
Rhaid:-
1.) Cael ffugenw
2.) Cael barn ar bopeth a job crap fel dy fod ti'n medru ista ar dy dîn â chwyno am bawb arall.
3.) Nad wyt ti wedi trio neud ffyc-ôl dy hun ond dy fod ti am gal real go ar unrhyw un sy'n trio.
4.) Dy fod ti'n nabod y cyfrin lot (chŵd) i gyd ac yn barod i lyfu eu tinau nhw mewn gigs!
5.) I ti wisgo crys-t gimplyd.
6.) Bod yn barod i gael y fraint o fod yn GYMEDROLWR.

AELOD

o fand newydd y Sîn Roc Gymraeg.
Rhaid i ti feddu ar:
1.) Sgiliau bod yn oriog.
2.) Meddwl ma' chdi ydy 'ceilliau'r ci'
3.) Canu yn ddwyieithog am dy fod ti'n medru dwy iaith.
4.) Cerddad i mewn ac allan o gigs dy ffrindia' cyfryngi fath â chdi sy' pia'r lle.
5.) Y ddirnadaeth na fydd Cymru byth yn ddigon da i'ch band chi.
6.) Sgiliau dod i nabod Dyl Mei.
7.) Sgil o ddeud 'TEW'
8.) Sgil o feddwi'n gach bob nos a meddwl bo ti'n ffycin lysh.

MWNCI

dall a byddar yn eisiau i droi recordiau ar raglen Steve, Terwyn a Sieni Lyn. Ni ddylai'r troellwr hwn feddu ar unrhyw sgiliau cyfathrebu. Byddai person heb unrhyw syniad am gerddoriaeth yn fanteisiol. Byddai'r gallu i falu cachu â yw iâr yn anifail neu yn aderyn yn fanteisiol. Diddordeb yn Y Bustach, Meindia Dy Fusnes, Y Swn ynghyd â isio siarad hefo pobl sydd ar fysus.

AELOD

newydd, ffres a ffynciog o Fwrdd yr laith Gymraeg.
Bydd angen:
1.) Llacio ar dy egwyddorion a deud fod pob dim yn mynd i gael ei gyflawni gan y tîm.
2.) I ti dderbyn cyflog blydi hiwj a hyrwyddo ein balŵns newydd ni sy'n llawn ffyc ôl.
3.) Ffonio cwmnïa a deud eu bod nw'n wych am ddod i Gymru ac y bydda cael y Gymraeg ar ambell arwydd yn 'shit hot'.
4.) Gwenu ar gynlluniau iaith.

Rhodri'r Porthmon..

Ring ding bama bom de

Y byd

• Tony Blair yn fuddugol unwaith eto yn Etholiad Cyffredinol Prydain, ond Llafur gyda mwyafrif llai y tro hwn.

• Angela Merkel yw'r wraig gyntaf i ddod yn Ganghellor yr Almaen.

• Cyfres o ymosodiadau terfysgol ar system cludiant cyhoeddus Llundain. Hunanfomwyr Islamaidd yn ffrwydro pedwar o fomiau ar drenau tanddaearol a bws deulawr gan ladd dros 50 o bobl.

• Heddlu Llundain yn lladd Jean Charles de Menezes, myfyriwr ifanc o Brasil. Roeddent wedi'i gamgymryd am derfysgwr. Ni chafodd unrhyw heddwas ei erlyn am y saethu ond fe ddygwyd achos yn erbyn yr heddlu am dramgwyddo deddfau iechyd a diogelwch.

• Corwynt Katrina yn achosi llifogydd a difrod mawr i ddinas New Orleans yn yr UDA.

• Senedd yr Alban yn pasio Deddf yr Iaith Aeleg gan sefydlu Bòrd na Gàidhlig i sicrhau statws Gaeleg fel un o ieithoedd swyddogol yr Alban.

• Y BBC yn darlledu *Jerry Springer – The Opera*. Derbyniwyd dros 45,000 o gŵynion am gynnwys cableddus y sioe gerdd. Roedd y sioe yn cynnwys triniaeth amharchus o themâu Cristnogol gan gynnwys Iesu Grist, yr Angel Gabriel a Satan, a delweddau swreal, gan gynnwys aelodau'r Ku Klux Klan yn dawnsio tap.

• Lluniau'n ymddangos o'r Tywysog Harry mewn parti yn gwisgo dillad milwrol Natsïaidd.

Cymru

• Yn Etholiad Cyffredinol Prydain, y Blaid Geidwadol yn cipio 3 sedd yng Nghymru – y tro cyntaf ers 1997 iddynt ennill unrhyw seddi seneddol yng Nghymru.

• Cynrychiolaeth seneddol Plaid Cymru yn syrthio i 3 sedd – y nifer lleiaf ers 1992 – wrth i Simon Thomas, Plaid Cymru golli sedd Ceredigion i Mark Williams o'r Democratiaid Rhyddfrydol. Bu'n etholiad siomedig i Blaid Cymru, a oedd wedi gobeithio ailennill Ynys Môn hefyd.

• Peter Law, cyn-aelod o'r Blaid Lafur yn ffurfio Grŵp Llais Pobl Blaenau Gwent ac yn ennill y sedd oddi ar y Blaid Lafur.

• Ysgrifennydd Cymru, Peter Hain, yn ymddiheuro'n gyhoeddus i'r soprano Katherine Jenkins am ddefnyddio ei delwedd ar daflenni etholiad heb ei chaniatâd.

• Amgueddfa Genedlaethol y Glannau yn agor yn Abertawe.

• Clwstwr o ffermdai yn Ystradfellte yw'r gymuned olaf yng Nghymru i gael ei chysylltu i'r Grid Trydan Cenedlaethol.

• Creu fersiwn Gymraeg o'r gêm *Scrabble*.

LOL

Canol degawd cyntaf y ganrif newydd ac roedd Tony Blair ar ben y domen yn Llundain gyda Llafur yn tra-arglwyddiaethu yn y Cynulliad hefyd, a'r unig fygythiad i'w rheolaeth o'r Bae oedd criw ffilmio *Dr Who*. Roedd Mumph, cartwnydd *Dim Lol*, hefyd yn teimlo fel pe bai Rhodri Morgan wedi bod yn y Bae y tu hwnt i derfynau amser.

Yn y cyfamser roedd cenedlaetholwyr yn galaru ar ôl marwolaeth Gwynfor Evans, Aelod Seneddol cyntaf Plaid Cymru, ond yn dal i ffraeo. Yng Ngheredigion cafwyd tipyn o ysgytwad politicaidd, wrth i Simon Thomas o'r Blaid golli'r sedd yn yr etholiad i'r

Democrat Rhyddfrydol, Mark Williams. Beth bynnag oedd y rheswm am y golled, roedd gohebydd *Dim Lol* o'r farn bod Alun Davies, yr ymgeisydd Llafur a'r cyn-aelod o Blaid Cymru, wedi cael 'ymgyrch wych'. Llwyddodd darpar AC Blaenau Gwent, nid yn unig i gythruddo aelodau'r Blaid drwy eistedd nid nepell o'r teulu yn angladd Gwynfor Evans, ond hefyd drwy fynd i wrthdrawiad â char Adam Price wrth adael yr angladd. Yn ôl *Dim Lol:* 'Pan ofynnodd rywun i Adam faint o ddifrod achoswyd i gar Alun Davies, ateb Adam oedd "Dim digon".'

Draw yng Ngwynedd roedd ffraeo ymysg cefnogwyr y Gymraeg hefyd yn cael sylw wrth i benderfyniad uwch swyddogion a rhai o arweinwyr Plaid Cymru ar y Cyngor Sir gynyddu nifer y cychod ac ehangu marina Pwllheli. Daethant dan lach dychanwyr *Dim Lol* a beintiodd ddarlun du o Ben Llŷn y dyfodol, lle byddai'r cof am Benyberth wedi'i anfarwoli yng nghlwb nos 'Saunders' a 'merched tinboeth Pen Llŷn yn cael hwyl fawr wrth ddawnsio rownd polion y mastia (gyda chymorth grant hyfforddi pobl ifanc gan Adran Datblygu Economaidd Cyngor Gwynedd)', heb sôn am 'spîd dating ym mar coctêls Valentines'.

Efallai mai'r cartŵn sy'n crynhoi Cymru 2005 orau, fodd bynnag, yw'r un o gymeriad Crazy Frog yr hysbysebion tôn ffôn yn cystadlu yn yr Eisteddfod Gendlaethol Eryri, gan yngan ei sylwadau treiddgar a dwys ar gyflwr y genedl: 'Ding dama ring ring ring ring ring ring ding ring ding bama bom de bom de bom bom'.

(O ie, ac roedd yr un hen lun o Amanda Protheroe-Thomas mewn bicini yn ôl ar dudalen tri…)

Annwyl Madam Golygydd

A yw darllenwyr Dim Lol wedi sylw ar y tebygrwydd rhwng y gantores goman Kelly Osborne a Chadeirydd Bwrdd yr Iaith? A oes gan Kelly wreiddiau yn Shir Benfro neu a yw brîff Bwrdd yr Iaith wedi ehangu i gynnwys Solihull?

Yn gywir

Oswallt ap Brymi

Nain Kelly

Kelly Osborne

Annwyl Dim Lol

Bûm ar ymweliad diweddar â fferm wartheg enwog McGonagalls ym mhentref Balamory yn yr Alban. Yno fe'm trawyd yn syth yn y tebygrwydd rhwng "Hamish", y tarw enwog ac "Arfon Wyn" y canwr sgiffl enwog o Ynys Môn. Tybed a ydynt yn perthyn?

Yn gywir

Mynyddog Mwynfawr

Mw-iwr

Mon-iwr

Annwyl Dim Lol

Tybed a yw pobl wedi sylw ar y tebygrwydd rhwng yr Arglwydd Dafydd Elis Thomas, Llywydd y Cynulliad Cenedlaethol a'r Ymerawdwr Palpatine yn y ffilm Star Wars? Mae'r naill wedi troi at y tywyllwch, tanseilio corff democrataidd a chipio grym, ac mae'r Ymerawdwr Palpatine yn ddyn drwg hefyd.

Yn gywir

Darth Fwydrwr

Llywydd y Cynulliad

Ymerawdwr y Bydysawd

Llythyrau

EISTEDDFOD ERYRI A'R CYFFURIAU

DING DAMA RING RING RING RING
RING DING RING DING BAMA BOM DE
BOM DE BOM DE BOM BOM

coginio

Helo! Heddiw ar y rhaglen 'da ni am ddysgu sut ma' gneud 'Cyfres Deledu Wael!'

Cynhwysion:
* Actorion Cymraeg 'da chi methu diodde.
* Sgript dros ben llestri lle ma' powb yn gweiddi ar 'i gilydd
* Diffyg cysondeb o fewn y stori

* Plot sy'n neidio ymlaen 6 mis mewn dwy funud
* Sgriptwraig wreiddiol y gyfres yn gwrthod gwneud dim hefo'r rhaglen am ei fod o wedi mynd mor shit

Dull:
Cymysgwch o'n dda a rhowch yn y popty am awr. Garanatïd o fod yn uffernol erbyn amser darlledu.

Am ragor o wybodaeth cysylltwch â www.amdani.co.uk

**** Off Rhodri

Newydd da i bawb oedd ymadawiad Rhodri Biliyns â Bwrdd yr Iaith – ond doedd y newyddion ddim cystal i'r corff OffCom, lle mae bellach yn Gadeirydd. Yn ei swydd newydd ymddengys i Biliyns (cyn-Gadeirydd Cymdeithas yr Iaith) anghofio bopeth na ddysgodd yn y Bwrdd – mewn cyfarfod lle darparwyd offer cyfieithu a lle cyflogwyd cyfieithydd ar y pryd, anwybyddodd Rhodri y ddarpariaeth gostus a thraethodd yn Saesneg drwy'r cyfarfod heb air o Gymraeg.

I'r bad, i'r bad…

Marina →

HYSBYSEB

CONMISIWN RICHARD

"Gwell dweud na gwneud!"

Yw'ch sefydliad chi'n methu? Yr hwch wrth ddrws y siop? Honno'n siop siafins a phopeth yn llwyr ar chwâl? Na phoenwch! Mae Conmisiwn Richard yma i'ch helpu chi!

Grŵp cynorthwyol yw Conmisiwn Richard sy'n arbenigo mewn rhoi cyngor i gyrff cyhoeddus os yw'r rheini'n brwydro i achub eu hygrededd a'u gweithwyr yn hollol ddi-glem. Fe allwn ni ddatrys unrhyw broblemau sydd gan sefydliadau o'r fath a dangos y llwybr gorau ymlaen tuag at ddyfodol llewyrchus.

Y PRIS: £2,000,000.00

YR AMOD: Rhaid i chi anwybyddu popeth a awgrymwn yn llwyr.

Dyma i chi gynnig gwerth chweil a bargen heb ei hail!

Os yw pethau'n draed moch yn eich sefydliad chi, fe allwn ni dreulio misoedd yn canfod gwraidd y drwg ac yn dod o hyd i strategaeth sy'n sicr o fynd i'r afael â'ch problemau unwaith ac am byth. Fe gewch chithau wedyn droi llygad ddall a chymryd arnoch na fu i chi glywed gair o'n cyngor. Dyna bawb yn hapus a phopeth wedi'i setlo! Y cyfuniad perffaith ar gyfer cyrff sy'n methu! Conmisiwn Richard – yma i'ch gwasanaethu chi!

Meddai Mr R. Morgan, 61, Caerdydd: 'Yn sicr byddwn i'n argymell Conmisiwn Richard i unrhyw un. Fe weithiodd yr Arglwydd Richard a'i dîm yn galed iawn yn darganfod sut i wella'r sefydliad rwy'n ei arwain. Llwyddais i anwybyddu'r argymhellion i gyd. Diolch i'r drefn am hynny! Hip hip hwrê i Gonmisiwn Richard!'

Beth am i chi fanteisio ar Gomisiwn Richard. Yr unig ofyniad ar eich rhan fydd taflu'n gwaith yn saff i waelod y drôr am byth gyda'r arddeliad athrylithgar arferol sy'n nodweddiadol bellach o'n cwsmeriaid i gyd. Hawdd!

Eich sefydliad yn ddi-asgwrn-cefn? Chithau'n syrffedu ac yn anobeithio? Rydym yma i roi cwlb, cymorth ac arweiniad. Cysylltwch â ni ar fyrder! Defnyddiwch y cyfle hwn i'n recriwtio ac yna i anwybyddu ein holl waith drudfawr a llafurus yn llwyr! Manteisiwch heddiw! Conmisiwn Richard – "gwell dweud na gwneud!"

OS TI'N MEDDWL BOD RHAI FI YN FAWR, DDYLSE TI WELD RHAI JANET STREET PORTER

HYSBYSEB

CLWB BEIRDD CŴL CYMRU
– Y CLWB I CHI!

Ymaelodwch â Chlwb Beirdd C I Cymru ac fe gewch chi griw o ffrindiau sydd yn yr union run cwch â chi! (Ond dim gair am hynny, mae pawb yn y clwb wastad wedi bod yn boblogaidd – oreit?)

Am daliad rhesymol o £24:99 y mis, gallwch ddisgwyl y canlynol:

- Y gallu i wisgo het cowboi heb deimlo fatha twat!
- Neu sombrero os leciwch chi!
- Y defnydd o eiriau fel Stompfeistr heb ronyn o eironi!
- Eich uchelgais eich hun - cael mynd am beint ar faes y 'Steddfod yn eich gwisg wen efallai! Dychmygwch y sylw!
- Tanysgifiad i Barf – cyhoeddiad chwarterol y clwb.

Mae pob rhifyn o *Barf* yn cynnwys:

- Cyfarwyddiadau rhwyfo cwrwgl.
- Adolygiadau o bensiliau.
- Manylion am benwythnosau S&M yn Nhŷ Newydd.
- Cyngor ar sut i ddelio efo pobol oedd yn eich nabod cyn i chi fod yn enwog.
- Tips ar siarad mewn llais dyfn, hollol ffug mewn cyfweliadau teledu.
- Fawr ddim i wneud â barddoniaeth.

FELLY PEIDIWCH AG OEDI!
YMAELODWCH RWAN!
ANGHOFIWCH ROC A RÔL – MAE'R GENOD I GYD
YN GAGIO ISIO BARDD!

Rhifyn dodji Rhodri

Y byd

• Iran yn gwrthod mynediad i arolygwyr y Cenhedloedd Unedig i archwilio eu rhaglen ynni niwclear. Roedd gwledydd y Gorllewin wedi dwyn pwysau economaidd ar Iran i beidio ag adeiladu bom niwclear.

• Saddam Hussein yn cael ei ddienyddio gan lywodraeth newydd Irac.

• Gogledd Corea yn datgan ei bod wedi cynnal prawf ar arf niwclear am y tro cyntaf.

• Papur newydd *Jyllands-Posten* yn Nenmarc yn cyhoeddi deuddeg cartŵn o'r Proffwyd Mohamed, a hynny'n arwain at brotestiadau ffyrnig ar draws y byd Islamaidd yn erbyn Denmarc a gwledydd eraill lle cafodd y cartwnau eu hailargraffu mewn papurau newydd.

• Pleidleiswyr yng Nghatalonia yn cefnogi cynigion i roi mwy o hunanlywodraeth i'r wlad a chael statws cenedl o fewn Sbaen.

Cymru

• Y Senedd, prif siambr y Cynulliad Cenedlaethol a ddyluniwyd gan y pensaer Richard Rogers, yn cael ei hagor yn swyddogol ar Ddydd Gŵyl Dewi.

• Cynnal dau isetholiad ar gyfer etholaeth Blaenau Gwent yn dilyn marwolaeth yr Aelod Seneddol a'r Aelod Cynulliad Peter Law. Ymgeiswyr annibynnol Llais y Bobl, Dai Davies a Trish Law (gweddw Peter Law) yn fuddugol gan drechu ymgeiswyr y Blaid Lafur.

• Ethol Dafydd Iwan yn Llywydd Plaid Cymru, gyda Ieuan Wyn Jones yn arweinydd y Blaid yn y Cynulliad.

• Yn ei chynhadledd wanwyn, Plaid Cymru yn cyhoeddi nifer o newidiadau i'w delwedd gyhoeddus. Lliwiau'r blaid yn newid i felyn o'r gwyrdd a choch traddodiadol, a logo'r blaid yn newid o'r triban gwyrdd a ddefnyddiwyd ers 1933 i'r pabi melyn Cymreig.

• Dau o gystadleuwyr rhaglen *Big Brother*, Imogen Thomas a Glyn Wise, yn cael eu rhybuddio i beidio â defnyddio'r iaith Gymraeg mewn sgyrsiau preifat ar y rhaglen. Y penderfyniad yn cael ei wrthdroi ar ôl i gynhyrchwyr y rhaglen dderbyn tomen o gwynion.

LOL

Golygydd newydd *Dim Lol* Eisteddfod Abertawe 2006 oedd Ray Diota (sef Garmon Ceiro), ac ef fyddai'r golygydd am y tair blynedd nesaf.

Ar ôl plagio un Rhodri Williams (Cymdeithas yr Iaith, HTV, Agenda, Bwrdd yr Iaith ac Ofcom) am ddegawdau, trodd *Lol* 2006 ei sylw i gampau Rhodri Williams arall, sef Rhodri Ogwen (S4C, *Animal Hospital*, talkSPORT, L!VE TV) ar ôl iddo golli ei swydd gyda sianel Sky yn dilyn cyhuddiad o sgandal rhyw ym mhapur newydd y *Sunday People*.

Ar wahân i restru chwaeth a champau rhywiol honedig Rhodri Ogwen mae'r rhifyn yn cynnwys lambastio logo 'sbeirograff' pabi melyn Cymreig Plaid Cymru, a thebygrwydd Edwina Hart yr Aelod Cynulliad Llafur i Vicky Pollard (*Little Britain*), Rhodri Morgan i ddoli glwt Cabbage Patch a Meri Huws (Cadeirydd Bwrdd yr Iaith) i Alice Cooper, y perfformiwr roc oedd yn hoff o wisgo masgara trwchus.

Erbyn canol degawd cyntaf y ganrif newydd, wrth i'r byd teledu grebachu, un o ffynonellau incwm pwysicaf y dosbarth canol Cymraeg oedd y diwydiant cyfieithu, ac roedd gan *Lol* erthygl ddadlennol gan un o'r proffesiwn oedd yn datgelu llawer o wir am

fywyd cyfieithydd ym Mae Caerdydd.

Codir cwr y llen hefyd ar ddulliau gweithredu *Dim Lol*. Mewn erthygl sy'n gwyntyllu methodoleg *Dim Lol* ar y 'ffordd orau i fynd ati i ysgrifennu toreth o straeon chwerw am Gymry adnabyddus' dywedir mai'r rheolau euraid yw 'Rhaid dewis targed', 'Rhoi rhesymau dros ddewis y targed', ac yna 'Cyflwyno tystiolaeth'. Wrth gwrs, nid oes unrhyw sicrwydd bod unrhyw erthygl yn *Dim Lol* wedi dilyn y canllawiau cadarn hyn erioed.

(Rhaid cofnodi hefyd bod obsesiwn *Dim Lol* y cyfnod ag Amanda Protheroe-Thomas a'i bicini yn parhau.)

Colofn Gas
Gwilym Owen

Ia, smae heddiw? Gwilym Owen sy ma – Jeremi Pacsman Cymru, wchi. Ia, dwi'n foi calad, dalltwch. Dwi'm yn cymryd dim shit wrth neb 'de. Fforti iyrs yn y busnas 'ma a dwi'n dallt y dalltings de.

Reit ta beth sy di mynd ar nerfa Gwil yr wythnos hon ta? Be gwyna i amdano heddiw i gal ychwanegu 'chydig at y pensiwn 'ma sgin i? Di'r piles 'ma ddim 'di clirio fyny 'de... hen fasdads 'dyn nhw... hen gont 'di henaint de? Ffoc, ia. Ond at betha pwyscach, ma'r hen Gymru 'ma mynd i'r gwellt, wchi... basdads diog yn bob man de... ddim fel yn 'y nyddia i... 'grafft' odd y gair pwysig yn y dyddia hynny... a rŵan ma'r ifainc yn lordio hi o gwmpas yn diogi ac yn neud fawr ddim i haeddu'r cyfloga mawr 'ma a'r fflatia moethus 'ma yn Mae Caerdydd.

Bae Caerdydd! Ia! Bai Caerdydd 'dio! Glywish i'm fath beth yn 'y myw! Cyfloga mawr am neud nesa peth i ddim... yn yr amsar a fu, ro'n i gyd yn hapus gyda chyflog chwaral a darn o lo i de... ia, ia glo... glo blasus... y gora oeddwn i'n gallu fforddio wchi... cadw dy blydi chips!... ia... ia wir... hmm, damia'r piles ma filgwaith...

Sdim yn tycio wchi? Dim eli na ffisig na dim... lwcus bo gin i'r cwshin c'ffyrddus 'na yn y BBC ne dim y gwesteion fydda'r unig betha i gael 'u procio a'u pryfocio...

Beth on i'n deud 'dwch? O ia... Cynulliad... cyfloga cyffyrddus! Damia nhw...

Helô? O, helô. Be sydd i de 'dwch? 'Tebwch fi ddynas! Be sydd i de!? Pys!... o, ia, dwi'n licio pys, ma pys yn flasus i de... o, diolch...

Mmm holi a stilio... stilio a holi... a phys i de. Diolch i chi, nyrs...

Rhodri Ogwen y Mochyn Brwnt

Mae gan bob porno oes silff

Fis Mehefin eleni cafodd 14 o staff Asiantaeth Trwyddedu Gyrwyr a Cherbydau (DVLA) eu diswyddo am rannu e-bostiau pornograffig, gan gynnwys un o'r uwch swyddogion tra bod 101 arall wedi cael eu disgyblu.

"Mae boredom yn broblem mawr yn y lle," dywedodd ffynhonnell o fewn y ganolfan drwyddedu lle ymgymrir â gwaith clerigol. Digwyddodd hyn ar ôl i Heather...

Yn ôl ym mis Mawrth, roedd Rhodri Ogwen ar glawr y People am ei antics mochedd:

· SNORTIO sawl gram o gocên...

"Dywedodd wrthym ei fod wedi bod yn gwylio ffilm borno. Roedd yn amlwg ei fod wedi treulio amser yn lle John, roedd yn adnabod y lle'n dda iawn. Yna, dyma Rhodri'n tynnu bag o gocên allan a...

Anturiaethau Trwblus Y Bon Rhodri Ogwen Williams

Aeth wyneb perffaith Heno – i Lundain
â'i lond o Seisnigo,
ac yn wir, cyn hir, roedd o
drwy y rhengoedd yn dringo.

Ond Rhodri, dyn orji yw – a Leslie
a wislodd mewn distryw;
yn y man, â sawl menyw
yr oedd Rhods yn wir Dduw rhyw.

O wraig i wraig bu'r Ogwen – yn fonwr
rhy fynych ei bidlen,
nes daeth coc (â help cocên)
o ryw dolc ar ei dalcen.

Ond Rhodri, paid â chrio – o raid nawr,
tyrd yn ôl i'r Cameo,
yn wresog bydd 'na groeso
i eilun trist bob un tro!

Sosialydd Clwb Cameo

Leighton Andrews

Leighton, wrth gwrs, yw'r potyn toss a honodd nad oedd rhoi enw Cymraeg i adeilad newydd y Cynulliad yn deg: "We appear to be tip-toeing into a situation where the monolingual Welsh name Senedd is forced upon us by the Welsh establishment" meddai'n ddig i gyd.

Aeth y Cameo Club Socialist (fel y'i gelwid gan un blogiwr) ati i hwrio'i hun i'r papurau newydd yn cwyno bod gan adeilad yng Nghymru enw Cymraeg (a hynny yn yr un wythnos ag y cafodd Gwenno Teifi ei hanfon i'r carchar am brotest yn erbyn Radio Carmarthenshire – pa un o'r rheiny sy'n haeddu cyflog o £44,000 y flwyddyn? – Gol). Wrth gwrs, fe'i anwybyddwyd gan Lord/Arglwydd

Elis Tomos a ddewisodd yr enw yn y lle cyntaf. 1 – 0 i'r Arglwydd. Yn anffodus, ni all **dIM LOL** gadarnhau sïon y bydd Leighton yn awr yn troi ei sylw at sicrhau bod enw ei etholaeth, 'Y Rhondda', yn cael ei gyfieithu i'r Saesneg.

Ta waeth, mae'n ddigon posibl bod Mr Ann Beynon (ieie – honna odd yn briod 'da Gwenlyn Parri! Jiw Jiw!) wedi newid ei farn ar y mater... mae'n dueddol o wneud. Ychydig amser yn ôl, roedd Mr Andrews yn ymladd sedd yn Gillingham dros y Democratiaid Rhyddfrydol ac yn galw'i hun yn gefnogwr brwd o Gillingham FC. Bellach, fel aelod y Blaid Lafur yn y Rhondda, mae'n gefnogwr brwd iawn o'r Adar Gleision a gellir ei weld yn eu cefnogi ar Barc Ninian bob... wel, bob tro y mae yna gêm fawr a digon o 'hospitality'.

Ond chwarae teg, 'man of the people' yw Leighton yn y bôn– i ddangos ei ymrwymiad i drigolion y Rhondda, mae wedi' dysgu'r Gymraeg ac mae'n gwneud aberth reit fawr dros ei etholwyr: clywodd Golygydd Gwleidyddol **dIM LOL** fod Leighton yn gadael ei Mercedes mawr drud yng Nghaerdydd ac yn gyrru o gwmpas y Rhondda mewn hen jalopi. 'Na chi beth yw Sosialydd!

Emrson y cyfieithydd

Y peth gore' am fod yn gyfieithydd yw'r sicrwydd. Sicrwydd? Ie, sicrwydd na fydd diawl o neb yn darllen y dam cyfieithiadau. A sicrwydd 'fyd y bydd y gwaith yn dal i lifo mewn. Gadwch i bawb ymladd am Ddeddf Iaith newydd. Fi'n joio gweld nhw'n gorwedd ar strydoedd ac yn cysgu tu fas i adeiladau'r llywodraeth. Gadwch lonydd iddyn nhw. Fi'n ddigon hapus yn ishte 'ma o flaen y sgrîn, yn teipio'n ddidrugaredd. Ma 'nny'n ddigon o aberth i fi.

Fi'n gallu gweld reit mas dros y bae o'r swyddfa 'ma. Mae'n bwysig edrych mas yn bell. Mae'n bwysig cael brêc o'r gwaith. Peidiwch â'm camddeall. Fi wrth fy modd yn whare efo geiriau a meddwl am wahanol ystyron. Bathu geiriau newydd. Mae'n bwysig bod yn greadigol, ac mae'n lot haws na gwneud gwaith ymchwil.

Ond dwi'n hoffi edrych mas dros y bae. Ne', hyd yn o'd yn well, edrych ar rai o'r ysgrifyneddes pert ma'. Un peth arall da am fod gyfieithydd. Ma' sicrwydd y bydd ffrwd ddiri o ferched ifanc yn dod i weithio gyda ni. Ac ma ishe rhywbeth i ddod â bach o gyffro i fywyd dyn. So'i ishe troi'n ddyn pren o fla'n y blydi sgrîn 'ma.

Ac ma'r merched ifanc yn heidio i'r bae, yn enwedig y genod o'r gogledd. Beth arall chi'n mynd i neud â gradd yn y Gymraeg? Dysgu?! 'Sneb ishe mynd i ddysgu'r dyddie 'ma achos bo'r plant yn gwbod gormod. Mae bod yn gyfieithydd dipyn yn haws, ac mae'r birds ifanc yn gwybod 'nny fyd. Yma ddown nhw, yn syth mas o'r coleg, a'u hwynebe bach ffres yn llawn cywreinrwydd, yn ysu am fyd y ddinas. O's, ma mwy o wain ifanc 'ma na llyfre gramadeg, ac ma 'nny'n dipyn o beth.

"Chi'n fodlon bwrw golwg dros fy ngwaith?" medde un ohonynt wrthyf yn gynharach, gan ddangos tipyn o'i choes cyn estyn yr adroddiad deugain mil i mi.

"Galw fi'n ti" medde fi nôl, gan fwrw golwg drosti hi.

Roedd ansawdd y gwaith yn uffernol, cofiwch. Ond prin iawn oedd y cwyriadau a nodais ar ei gwaith. 'Sdim ishe bod yn rhy gas o's e?

Fi 'ma ers wyth mlynedd bellach. Wrth fy modd gyda'r fflat fach yn y Bae. Digon cyfleus i'r gwaith a chlwbe'r ddinas. Ac mae'n ddigon hawdd gwahodd rhai o ferched y gwaith nôl am goffi amser cinio neu ar ôl un o'n nosweithie cymdeithasol.

Ma' pawb mor bositif 'ma. Pawb yn gwenu ac yn sôn am yr holl adeiladau newydd. Yn sicr, af i ddim nôl gytre' i fyw nawr.

"Ti fel robot iaith" wedodd un o'm ffrindiau o'r pentre' pan es i gartre' dros Dolig (un o'r adege prin pan fyddai'n 'mynd nôl').

"Ond fi'n cyfrannu rhywbeth at ddyfodol yr iaith" medde fi, gan dynnu ar fy sigar ac edrych yn ddifrifol arno. "Beth ti'n neud?" Na' linell dda ontife? Doedd dim ateb 'da fe wrth gwrs. "Ffycin glorified secretary" medde fe wedyn cyn gadael y dafarn. Cenfigen yw hyn wrth gwrs. Ma' bod yn gyfieithydd yn neud person yn imiwn rhag unrhyw feirniadaeth am beidio â gweithredu dros yr iaith. Fi'n neud rhywbeth dros yr iaith bob dydd. Faint o bobl all weud 'nny?

Wrth gwrs, mae'n un bobl genfigenus yn gweud na fydd ishe cyfieithwyr mewn deng mlynedd. Gweud ma' nhw y bydd y cyfrifiadur 'di cymryd ein lle, ac y byddwn ni'n heidio nôl i'n pentrefi i ffarmo. Falle bo' pwynt 'da nhw, cofiwch. Mae'n wir i weud bod yr hen gyfrifiadur bach yn neud lot o'r gwaith i fi erbyn hyn. Mae pethe' 'di newid. Fi'n gallu gweud wrth y cleient y bydd y gwaith yn cymryd deuddydd ac yna gwasgu botwm ac eistedd nôl. Ca'l hoi fach tra bod e'r cyfrifiadur yn gwitho mas beth yw'r cyfieithiad gore. Ma' fe'n neud jobyn reit dda, chwarae teg. Falle dyle'r steddfod noddi cystadleuaeth 'cof cyfieithu'r flwyddyn'. Cerddais i mewn i'r swyddfa wythnos dwethaf ac roedd fy nghyfrifiadur yn brysur yn darllen englyn. Odi, ma'r dechnoleg ddiweddaraf yn rhyfeddol.

Ond hyd yn oed petai'r dechnoleg yn gwneud ni'n ddiwaith, ma' contingency plan 'da fi. Cynllun wrth gefn. Wel, mae'n fwy o grefft a dweud y gwir. A beth yw'r grefft hynod honno? Cyfieithu ar y pryd. Cael fy nhalu am ishte'n neud dim drwy'r dydd.

Ac ma' hyd yn o'd mwy o sicrwydd fan hyn. Bydd ishe cyfieithwyr ar y pryd yng Nghymru tan ddydd y farn. Dwi'n herio unrhyw un i ddadle â hynny. Hyd yn oed petai pawb yng Nghymru yn siarad Cymraeg bydde ishe cyfieithwyr ar y pryd i roi llaw i'n cymdogion. Falle bod modd cael rhaglenni cyfrifiaduron i 'neud y gwaith papur ond beth am ddehongli tafodieithoedd llafar? Triwch gal cyfrifiadur i ddehongli rai o fois y pentre. A dwi'n stryglo weithiau i gyfieithu rhai o'r Aelodau'n siarad y heniaith. Pa obaith fydde gan gyfrifiadur?

Glyn yn achub y genedl!
D'you know what I mean?

Glyn ac Imogen, sêr Big Brother

Shambo a Cymru'n Un

Y byd

• Tony Blair yn rhoi'r gorau i'w swydd fel Prif Weinidog. Yn sgil penodi Gordon Brown fel Prif Weinidog, dyfalu mawr y bydd yn manteisio ar gynnydd Llafur yn y polau piniwn i alw etholiad cyffredinol buan. Ond colli'r cyfle wna Brown.

• Ethol Alex Salmond yn Brif Weinidog yr Alban yn Senedd yr Alban, y person cyntaf o'r SNP i ddal y swydd. Yr SNP yn ffurfio llywodraeth leiafrifol gyda chefnogaeth Plaid Werdd yr Alban.

• Cenedlaetholwyr Sinn Féin a phlaid unoliaethol y DUP yn rhannu grym, yn dilyn canlyniadau etholiadau i Gynulliad Gogledd Iwerddon. Ian Paisley yn Brif Weinidog a Martin McGuinness yn Ddirprwy Brif Weinidog.

• Awdurdodau Sbaen yn arestio 23 o bobl yn gysylltiedig â phlaid Batasuna, sy'n ymgyrchu dros annibyniaeth Gwlad y Basg, sydd wedi'i gwahardd oherwydd ei chysylltiadau ag ETA.

• Cwmni Apple yn cynhyrchu'r iPhone cyntaf.

Cymru

• Yn etholiadau'r Cynulliad Cenedlaethol, y Blaid Lafur yn colli 3 sedd, a Phlaid Cymru yn ennill 3 sedd, gyda phob plaid arall yn cadw'r un nifer o seddi a oedd ganddynt cyn yr etholiad.

• Trafodaethau rhwng Plaid Cymru, y Democratiaid Ryddfrydol a'r Ceidwadwyr ynghylch y posibilrwydd o ffurfio Clymblaid Enfys. Y cynllun yn mynd i'r gwellt, fodd bynnag, pan wrthodir y syniad gan gynhadledd arbennig o'r Democratiaid Rhyddfrydol.

• Ym mis Mehefin, cytundeb yn cael ei lunio rhwng y Blaid Lafur a Phlaid Cymru, a sefydlu Llywodraeth Cymru'n Un, gyda Rhodri Morgan yn Brif Weinidog a Ieuan Wyn Jones yn Ddirprwy Brif Weinidog.

• Mohammad Asghar, Plaid Cymru, yw aelod cyntaf y Cynulliad o leiafrif ethnig. Ond yn 2009 bydd Asghar yn croesi'r llawr yn y Senedd i ymuno â'r Torïaid.

• Lladd Shambo, y tarw sanctaidd. Tarw mewn teml Hindwaidd yn Skanda Vale yn ardal Llanpumsaint oedd Shambo, ac oherwydd i'r creadur brofi'n bositif i'r diciâu gorchmynnodd Adran Amaeth Llywodraeth y Cynulliad bod rhaid ei ddifa. Yr achos yn arwain at anghydfod rhwng y gymuned Hindŵaidd, gwleidyddion a milfeddygon, ac at jôc sâl yn *Dim Lol*: "Beth yw hoff ddiod mynachod Skanda Vale? Dead Bull".

LOL

Cynhaliwyd yr Eisteddfod Genedlaethol Sir y Fflint a'r cyffiniau yn yr Wyddgrug ac roedd clawr rhifyn 2007 o *Dim Lol*, 'y cylchgrawn i bobl ifanc sydd â darllenwyr hen fel pechod', yn rhoi lle anrhydeddus i Rhodri Morgan a Ieuan Wyn Jones, Prif Weinidog a Dirprwy Brif Weinidog Cymru, sef 'dybl act mwyaf annhebygol ein cenedl'.

Felly, ar ôl dros bedwar ugain mlynedd o fodolaeth, roedd Plaid Cymru mewn Llywodraeth am y tro cyntaf erioed. Roedd adferiad gwleidyddol y Blaid a Ieuan Wyn Jones ei hun, ynghyd â'r ffaith bod y Llafurwyr wedi gorfod llyncu eu rhagfarn a dod i gytundeb gyda'r 'Blaid bach' yn dipyn o stori ynddi ei hun – nid bod hynny'n atal y Lolwyr rhag cael hwyl ar ben Aelodau Cynulliad o bob plaid. Neilltuwyd y gwawd mwya ar gyfer Chris Bryant,

Coitus Clymbleidiol!

Ar ôl y cyfnod difyrraf yng ngwleidyddiaeth Cymru ers i ddiddordeb Ron Davies mewn Tyrchod Daear fynd yn ormod iddo neu ers i Kim Howells serennu mewn ffilm borno o'r enw The Body* penderfynnodd Plaid Cymru neidio i mewn i'r gwely gyda'r arch-elyn, y Blaid Lafur.

Yn ystod y fflyrtio gwleidyddol, roedd Ieuan Wyn Jones fel George Best ar y 'pull' – roedd pawb yn ceisio ei swyno. Fodd bynnag, roedd Mike German a'i blaid llipa wedi anghofio'u condoms ac fe berswadiwyd Ieuan gan Helen Mary Jones a'i thriawd sosialaidd fod gan Nick Bourne a'i Geidwadwyr mochedd ddôs eithaf sylweddol o Glamydia Gwleidyddol.

Felly, gadawyd Ieuan yn wynebu'r ddawns olaf gyda'r dewis o sefyll ar yr ymylon yn ceisio edrych yn cool neu rhoi'i dafod lawr corn gwddwg Rhodri cyn mynd gatre i neud plant sosialaidd gan obeithio, yn erbyn gobaith, am esgor ar blentyn o'r enw 'Senedd Lawn'. Dymunwn yma, yng nghastell mawreddog **dimLOL**, bob lwc i'r cwpwl hapus…

* Wir i chi! "It was a tame little thing", medde Howells yn onest wrth y Guardian "more about the effects of the environment on the body than anything." 'Tame' neu beidio mae teitlau caneuon y ffilm werth eu printio eto ac eto: 'More Than Seven Dwarves in Penis-land' a 'Lick Your Partners'.

Angylion Helen

AS Llafur y Rhondda, a oedd yn destun portread llai na chanmoliaethus ohono yn y cylchgrawn. Hefyd, fel gwrthbwynt efallai i'r llun blynyddol o Amanda Protheroe-Thomas mewn bicini, cafwyd llun o'r Bonwr Bryant yn ei drôns.

Ymysg gweddill yr eitemau cafwyd sawl eitem mwy 'parchus' fel erthygl gan y blogiwr Yr Hogyn o Rachub, a thamaid i aros pryd o nofel ddiweddaraf Dewi Prysor ond roedd yr hiwmor Lolaidd arferol yn dal yno, a bellach roedd 'selebs' y Gymru newydd yn wrthrychau dychan rhwng cloriau'r rhecsyn gan gynnwys Chris Cope, yr Americanwr alltud, Glyn Wise y Brawd Mawr ac Iwcs (*Pwy yw e 'te? –gol. Lol*).

Eᴿ ᴹᴬᴵ ʜᴵ oedd yn gyfrifol am ganlyniad gorau'r etholiad diwethaf, nid dathlu oedd ar feddwl Helen Mary pan ddychwelodd i'r Cynulliad ar ôl y 3ydd o Fai.

Mae **dimLOL** yn deall fod Helen wedi cynnal cyfarfod y tu ôl i ddrws caeëdig ei swyddfa yn fuan ar ôl yr etholiad. Deallwn mai fersiwn Plaid Cymru o Ferched y Wawr oedd y cyfarfod gyda'r dynion, ymddengys, wedi'u gwahardd. Yn bresennol roedd Nerys Evans (sydd wedi gwneud cryn argraff yn y Senedd yn ôl y sôn), Bethan Jenkins a Leanne Wood. Diben y cyfarfod oedd perswadio'r dair, os oedd angen perswâd, i'w helpu i ddryllio gobeithion Ieuan Wyn Jones o arwain clymblaid enfys a chymryd drosodd y Byyyyyd!

Ymddengys, o'r cychwyn cyntaf,

nad oedd Helen Mary am ystyried clymblaid enfys am eiliad. Mae'n debyg iddi gyfarth ar rywun a ddymunodd longyfarchiadau gwresog iddi ar ei buddugoliaeth ysgubol: *"Well, thank you, but it won't last long if Ieuan has his way…"*

Ta waeth, er mai'r Democratiaid Anobeithiol a roddodd y ffon yn *spokes* Ieuan Wyn yn y diwedd, drwy ymddwyn fel gwyryf mewn *barn-dance* Clwb Ffermwyr Ifanc (Ie! Na… O! Sai'n siŵr os ydwi'n barod!) Mae'n debyg bod Helen a'i angylion wedi cael cryn ddylanwad ar y sefyllfa yn fewnol.

Yn wir, ychydig yn ddiweddarach ar ôl i Ieuan sylweddoli bod swydd 'Dirprwy' yn well na ffac ôl, ymddengys bod drwgdeimlad yn parhau tuag at Helen yn sgîl ei chynllwynio. Dyfynna Vaughan Roderick un aelod o'r Blaid ar ei flog: *"Leanne yw Leanne ac mae'n bryd i Bethan a Nerys dyfu fyny ond mae ymddygiad Helen Mary yn anfaddeuol"*.

Aaaah, so DYNA pam ma' Elin Jones yn y Cabinet!

Mae **dimLOL** wedi darganfod, gyda chryn gyffro, bod cyffur newydd yn lledu ar draws Cymru. Deallwn ei fod yn frith mewn clybiau a phartïon ledled y wlad ac fod nifer o bobl ifanc ariannog Cymru eisoes yn gaeth iddo. Gwelir pobl yn 'high' arno ym mhob cwr o Gymru.

Enw'r sylwedd newydd peryglus hwn yw C.A.C.H.U. Daw ar sawl ffurf. Gall fod yn feddal neu'n galed. Medr ei lyncu, ei draflyncu, ei smocio, ei sniffio, ei chwystrellu ond fe'i fwytir gan amlaf. Mae rhai'n honni bod modd cael effaith ar ôl edrych ar G.A.C.H.U. Y math cryfaf o G.A.C.H.U. yw P.I.B.O. a ddaw ar ffurf hylif mewn poteli bach. Mae'r ffurf hwn yn beryglus ar y naw – gall beri dadhydradu mwyaf ofnadwy.

Mae'r rhestr o enwogion Cymru sy'n gaeth i G.A.C.H.U eisoes yn faith. Yn ddiweddar gwnaed rhaglen ddogfen a ddarlledwyd ar S4C am broblemau Iolo Williams gyda'r sylwedd: Iolo'n Hedfan. Roedd y rhaglen yn dilyn Iolo wrth iddo geisio mynd yn 'high' dro ar ôl tro, roedd y rhaglen yn llawn C.A.C.H.U.

Daeth defnydd Rhodri Ogwen o gyffuriau i'r amlwg y llynedd, a deallwn fod y darlledwr aflwyddiannus bellach yn gaeth i G.A.C.H.U. Yn ôl y sôn, does dim yn well ganddo nag ymbaratoi'i hun gyda chwpanaid o bish cyn mentro ar y C.A.C.H.U. mental yn feunyddiol ac mae'n debyg iddo ddathlu ei swydd newydd ar HTV gyda bowlenni a bowlenni o G.A.C.H.U. Clywn, hefyd, fod C.A.C.H.U. yn bobman ym mhartis cast Pobol y Cwm y dyddiau hyn. Yn wir, mae C.A.C.H.U'n boblogaidd iawn yn y diwydiant teledu - ymddengys o raglenni Boomerang a Thinopolis bod y ddau wedi dechrau cynhyrchu C.A.C.H.U.

Hefyd, bu rhaid i Adam Price AS fynd i'r ysbyty'n beth amser yn ôl gyda phroblemau ar ei galon. Nid oes sail i'r awgrym bod yna gysylltiad rhwng C.A.C.H.U a'r cyflwr hwn, gan ddadlau ei fod yn dioddef o'r un broblem a anfonodd Tony Blair i'r ysbyty sbelen yn ôl.

LLAETH A DAU SIWGWR I FI, IEUAN.

IAWN, BOS!

HAWLFRAINT

Pwrsyn Plentynaidd 2007

Mae gwobr 'Pwrsyn Plentynaidd 2007' wedi'i ennill gan Chris Bryant. Gydag amser yn rhedeg allan cyn i dim**LOL** fynd i'r wasg, fe lwyddodd Bryant i gipio'r wobr, ac hynny mewn tipyn o steil!

Mae Bryant yn un o'r gwleidyddion hynny nad oes neb bellach yn gwrando arnynt – Aelod Seneddol Llafur o Gymru. Pwdodd sawl AS Llafur pan ddaeth yn amlwg fod eu plaid am glymbleidio gyda Phlaid Cymru. Clywyd deheuwyr di-nod megis Kim Howells yn strancio am y bartneriaeth newydd. Fodd bynnag, doedd neb yn gwrando ac aeth y Blaid Lafur ymlaen i gymeradwyo'r glymblaid gyda mwyafrif helaeth.

Yna, yn lle derbyn y penderfyniad gydag urddas, dangosodd Bryant a'i griw fod eu nicyrs wirioneddol in a twist. Cyflwynodd y pwdryn *Early Day Motion* yn San Steffan sy'n datgan:

"This House notes that the announcements at all railway stations in Wales are made in Welsh first and then in English; wholly supports the policy of bilingual announcements; but believes that it would be far more sensible and far more convenient for passengers, whether regular commuters or local visitors, if announcements at each station were made first in the language used by the majority of the local population."

Nawr, ma hyn yn dipyn o cheek gan rywun a ddwedodd yn ddiweddar: *"I think the people of Wales are far more interested in issues that affect them like the state of local schools and the services provided by their GP surgeries than the rather anoraky subject of lawmaking powers for*

Diolch, Chris, am yr esgus i ddefnyddio'r llun ma 'to!

Parris a ddwedodd yr un rwtsh yn y Times ar ôl methu'r trên o Gasnewydd am fod y cyhoeddiad yn Gymraeg yn gyntaf. *"And I didn't hear anyone speak Welsh when I was on the platform."* meddai. *"That's because they all got on the train Matthew."* atebodd rywun â synnwyr cyffredin ar wefan y Times. Job dda.

Wrth gwrs, cafodd datganiad dibwynt Bryant ei lofnodi gan yr *usual suspects*: Don Touhig, Paul Murphy, Ian Lucas a Nick Ainger ynghyd â'r Cymry Cymraeg Alun Michael ac Ann Clwyd. Yn wir, aeth Alun Fichael ar Radio Cymru i amddiffyn y datganiad gan daeru ei fod yn cefnogol i'r **ddau** [sic!] iaith sy'n bodoli yng Nghymru. Hmm, diolch Alun, ond efo cefnogaeth fel'na does dim angen gelynion ar yr heniaith, o's e?

Fodd bynnag, gallwn ddiolch i Dduw am Paul Flynn a ddilornodd y cynnig â'i gyd-ASau Llafur ar ei

ex-ministers and papal knights cannot find anything more useful to fill their lives. Cheer up, Don and Paul and return to serious politics'."

Ymhlith enwau anesbonadwy ar gynnig Bryant mae Andrew Pelling (a oedd yn llofnodi, efallai, i gynddeiriogi'r Cymro Geraint Davies a gollodd iddo o 75 pleidlais yn etholiad 2005) a Sammy Wilson, Aelod Seneddol cythryblus y Democratic Unionist Party o Ogledd Iwerddon. Doedd dim LOL yn methu'n lân â deall beth oedd y twlsyn yma yn ei wneud yn llofnodi cynnig ynghylch yr iaith Gymraeg, nac, o ran hynny, pam roedd yn cefnogi cynnig gan Bryant (gan fod Wilson a'i blaid yn gas yn erbyn gwrywgydiaeth). Datgelodd galwad i San Steffan mai camgymeriad odd y cyfan. dIM LOL at your service, Westminster.

Fodd bynnag ar ôl siarad gyda'r papur gwyddelig, y Sunday World, sylweddolodd dIM LOL fod gan Mr Wilson rywbeth yn gyffredin â Bryant. Yng ngeiriau'r newyddiadurwr drygionus o Belfast: *"It's a pity if it was a mistake cos he's notoriously against all things Irish… but, more amusingly, he's got another thing in common with Bryant - he likes to get naked too! He cost us a bit of money when we printed pictures of him cavorting naked in France. It was well worth it though!"*

Mae'n debyg i Martin McGuinness gyfarch Cynulliad Gogledd Iwerddon ar ôl y digwyddiad drwy ddweud: *"It is very good to come across someone like Mr Sammy Wilson and it is great to see him today with his clothes on."* Mae **dimLOL** yn amau'n fawr a fydd Chris Bryant yn ymweld â'r

Dim Lol a dim Byd

Y byd

- Barack Obama yn ennill etholiad arlywyddol yr UDA.

- Kosovo yn datgan ei hannibyniaeth o Serbia.

- Yn Zimbabwe, yr Arlywydd Robert Mugabe ac arweinydd yr wrthblaid, Morgan Tsvangirai, yn cytuno i rannu grym.

- Dros 170 o bobl yn cael eu lladd mewn ymosodiad gan eithafwr Islamaidd arfog yn ninas Mumbai yn yr India.

- Yn dilyn methdaliadau Lehman Brothers, syrthiodd Mynegrif Dow Jones dros 777 o bwyntiau, ar 'Ddydd Gwener Gwaedlyd', sef y golled fwyaf erioed yn ei hanes, gan arwain at ddirwasgiad ac argyfwng ariannol rhyngwladol.

- Trysorlys Prydain yn rhoi £37 biliwn er mwyn achub banciau'r Royal Bank of Scotland, Lloyds TSB a HBOS er mwyn osgoi dinistr yn y sector ariannol.

Cymru

- Helynt cau ysgolion yng Ngwynedd wrth i'r Cyngor Sir fygwth cau nifer o ysgolion bach. Mewn ymateb i hyn, sefydlu plaid newydd Llais Gwynedd. Yn etholiadau'r Cyngor Sir ym mis Mai, Llais Gwynedd yn ennill 12 sedd ar y Cyngor, oedd yn golygu bod Plaid Cymru yn colli rheolaeth ar y Cyngor.

- Glofa'r Tŵr yn cau.

- Peter Hain yn ymddiswyddo fel Ysgrifennydd Gwladol Cymru ar ôl i'r Comisiwn Etholiadol gyfeirio ei fethiant i roi gwybod am roddion ariannol o £100,000 at yr Heddlu.

- Yng Ngwobrau Llyfr y Flwyddyn, y Gweinidog Treftadaeth, Rhodri Glyn Thomas yn cyhoeddi enw'r buddugwr anghywir. Tom Bullough yn cyrraedd y llwyfan i glywed ei fod wedi dod yn ail i Dannie Abse. Dywedodd Bullough wedyn mai 'Digwyddiad Llyfr y Flwyddyn oedd noson waethaf fy mywyd erioed'.

- Ychydig wythnosau wedyn, Rhodri Glyn Thomas yn ymddiswyddo o'i swydd yn Llywodraeth Cynulliad Cymru ar ôl cael ei geryddu am ysmygu sigâr mewn tafarn.

LOL

Cyhoeddwyd pum rhifyn o *Dim Lol* rhwng 2004 a 2008, a'r Lolfa fu'n gyfrifol am gyhoeddi ac argraffu'r cylchgrawn. Ar y cychwyn, bwriad y wasg oedd cyhoeddi cylchgrawn 'llai peryglus' na *Lol,* ond os oedd yna unrhyw obeithion y byddai'n fwy agored a gwahanol roedd wedi dadesblygu 'nôl i *Lol* erbyn y diwedd, sy'n profi, mae'n debyg, na all creadur fynd yn groes i'w natur. A natur *Lol* yw bod yn ddienw, dychanol, enllibus a gwirion.

I ategu hynny, roedd clawr blaen *Dim Lol* Eisteddfod Genedlaethol Caerdydd yn datgan mai rhifyn teyrnged i'r 'gweinidog gwirion' fyddai rhifyn haf 2008, gyda chartŵn o Rhodri Glyn Thomas, y cyn-weinidog Diwylliant a Threftadaeth, ac Alun Ffred Jones ei olynydd, y ddau wedi'u gwisgo fel Dewin Doeth a Dewin Dwl o Wlad y Rwla.

Mater arall oedd yn ennyn dirmyg *Dim Lol* oedd penderfyniad Llywodraeth Cymru'n Un i beidio â rhoi arian i gwmni Dyddiol Cyf. i gyhoeddi papur newydd dyddiol Cymraeg *Y Byd.* Roedd y syniad i sefydlu papur newydd dyddiol Cymraeg cyfoes a bywiog wedi cipio dychymyg rhai ond codwyd amheuon gan eraill ynghylch gallu Dyddiol Cyf. i wireddu'r freuddwyd. Ond er gwaethaf addewidion gan y gwleidyddion y byddai cyllid digonol ar gael i ariannu menter o'r fath, roedd yr arian a ddarparwyd yn y diwedd yn llawer llai na'r hyn fyddai'n ofynnol i gynnal papur newydd dyddiol yn y Gymraeg. Felly, daeth hi'n ddiwedd y byd i'r *Byd* cyn iddo weld golau dydd. Yn ôl gohebydd *Dim Lol* roedd rhoi arian i sefydlu gwefan newyddion Golwg 360 yn rhywbeth hollol wahanol i bapur dyddiol, er ei fod yn cydnabod yr amheuon dilys a godwyd am sgiliau marchnata Dyddiol Cyf.

Hefyd, yn y cefn, ceir oriel o luniau yn cymharu gwleidyddion Bae Caerdydd gyda selebs rhannol enwog. Y drafferth gydag oriel o'r fath, serch hynny, oedd bod y rhan fwyaf o wleidyddion y Bae yn anweledig a go brin fod gan ddarllenwyr *Dim Lol* unrhyw syniad pwy oedd y cymeriadau, ac eithrio efallai Nick Bourne/Gollum, Bryan May/Elin Jones a Slobodan Milosevic/Dafydd Elis-Thomas *(Diolch amdano! –gol. Lol)*

Er mawr ryddhad i Amanda Protheroe-Thomas, mae'n siŵr, dyma oedd y rhifyn olaf o *Lol* neu *Dim Lol* (hyd yma o leiaf) i gynnwys llun ohoni mewn bicini…

206

Anus horibilis yng ngwir ystyr y gair

ANTURIAETHAU'R **GWEINIDOG GWIRION**

So... hold on, nawr. Ti'n gweud bo ni di teithio i Las Vegas, priodi a cha'l y lori'n personalised 'da'r enwe 'Sioned a Catrin'?? Ffycinel, peth d'wetha dwi'n cofio yw cal sigâr yn yr Eli Jenkins...! Ma'r wraig yn mynd i ladd fi!

Duw... ma dy Gymraeg di'n dda iawn am ferch o Rwmania, bach!

Mr Thomas, ga'i feibil William Morgan nol nawr, plîs?

Ha ha! Sai'n gwbod shwt odd Tom Bullough yn meddwl mai fe ennillodd 'da'r shit ma – drych!

Y diwedd.

dim **LOL**

Rhifyn 5 | Haf 2008 | £3.00

Rhifyn Teyrnged

y Gweinidog Gwirion!

207

Llafur Yn Canfod 'Siaradwyr Cymraeg'

Gall dIM LOL ddatgelu bod y Blaid Lafur wedi dod o hyd i lwyth newydd o bobl sy'n byw mewn 'cadarnleoedd' yn bennaf yng Ngorllewin a Gogledd Cymru. Gwnaed y darganfyddiad ar hap yn dilyn canlyniadau gwael y blaid yn yr etholiadau diwethaf. Gelwir y llwyth newydd, sy'n siarad iaith hynod ac sy'n poeri wrth gyfathrebu, yn Siaradwyr neu'n Gymry (sylwch ar eu defnydd hynod o'r 'y'!) Cymraeg. Mae'r llwyth yn derbyn addysg 'cyfrwng Cymraeg' sydd, medd y blaid Lafur, yn ffordd o ladaenu propaganda am rywbeth a elwir yn 'genedlaetholdeb'. Credir bod yr elfen hon o'r llwyth newydd yn beryglus iawn.

Mae'n debyg bod y llwyth yn ddrwgdybus iawn o'r Blaid Lafur er nad yw'r blaid yn deall pam yn union. Bellach, mae Eluned Morgan ASE, penaeth y cyrch i'r gorllewin a wnaed gan Gymdeithas Cledwyn ar ran y Blaid Lafur, a'i chydweithwyr, wedi ysgrifennu adroddiad am y llwyth newydd a sut gall y Blaid Lafur

gysylltu â nhw. Mae'r blaid yn hyderus mai mater o anfon Rhodri Morgan yno ar ambell i achlysur a dysgu'r iaith hynod i Leighton Andrews a Huw Lewis fydd hynny.

Mae'n debyg bod y llwyth hynod hwn YN medru rhywfaint o Saesneg (clywyd un neu ddau yn dweud: "Mai Ingland isn't so wel") ond eu bod yn gyndyn iawn i wneud, gan droi'n ôl at eu hiaith od, boerllyd pan fydd Llafurwr yn mynd i mewn i un o'u siopau neu dafarndai.

Hefyd, credir

Cynrychiolydd y Blaid Lafur yn cwrdd â'r llwyth newydd

bod y cyrch wedi bod yn ormod i rai o selogion Llafur, megis Chris Bryant a Neil Kinnock, a ddaeth adre'n gynnar yn dioddef o afiechyd a elwir yn 'Nat-poisoning'. Maent ill dau yn arddangos symptomau gwallgof megis casineb tuag at iaith a chenedl ac obsesiwn rhyfedd gyda Phrydeindod. Credir bod Kinnock mewn cyflwr difrifol a elwir yn 'Arglwyddyddiaeth' – cyflwr sydd, yn rhyfedd iawn, hefyd wedi ymddangos mewn ambell i aelod o'r llwyth newydd. Mae'r afiechyd hefyd yn lledu ymhlith Toriaid. Yn wir, credir mai dyma sy'n gyfrifol am wallgofineb David Davies.

Mae Mistar Urdd wedi cael digon, fel pawb arall, o gwyno diflas Bruce Griffiths am y term 'Urdd Gwyrdd'...

"Bruce, diolch am y geiriadur a phopeth ond cau dy phen, nei di?"

Dim Lol na Dim Lol

Y byd

• Achosion o'r Ffliw Moch yn lledaenu i Brydain. Sefydliad Iechyd y Byd yn datgan bod y straen yn bandemig byd-eang.

• Yr argyfwng ariannol yn parhau gyda chwymp system fancio Gwlad yr Iâ.

• Yr Arlywydd Obama yn cyhoeddi ei fwriad i dynnu'r rhan fwyaf o filwyr America yn ôl o Irac erbyn Awst 2010.

• Rhyfel Cartref Sri Lanka yn dod i ben wrth i'r llywodraeth gyhoeddi buddugoliaeth yn y frwydr 27 mlynedd yn erbyn gwrthryfelwyr Tamil yng ngogledd y wlad. Llywodraeth Sri Lanka yn cael eu cyhuddo o droseddau hawliau dynol yn erbyn trigolion Tamil Eelam.

• Arestio'r cenedlaetholwr Basgaidd Arnaldo Otegi, ar gyhuddiad o 'fawrygu terfysgaeth' er ei fod yn flaenllaw yn y symudiad i sicrhau cadoediad gan ETA. Cael ei ddedfrydu i 10 mlynedd o garchar yn 2011 am geisio ailffurfio plaid Batasuna.

• Sgandal treuliau seneddol San Steffan yw stori wleidyddol fawr y flwyddyn. Papur newydd y *Daily Telegraph* yn cyhoeddi manylion y treuliau a hawliwyd gan aelodau'r Senedd yn Llundain dros nifer o flynyddoedd. Cafodd nifer o aelodau neu gyn-aelodau o Dŷ'r Cyffredin, ac aelodau Tŷ'r Arglwyddi, eu herlyn a'u dedfrydu i garchar.

Cymru

• Ar ei ben-blwydd yn 70 oed, Prif Weinidog Cymru Rhodri Morgan yn cyhoeddi ei fwriad i ymddeol ym mis Rhagfyr.

• Carwyn Jones yn fuddugol yn yr etholiad am arweinyddiaeth Llafur yng Nghymru, ac yn sgil hynny yn dod yn Brif Weinidog Cymru.

• Yn Etholiad Senedd Ewrop, John Bufton yn ennill sedd gyntaf UKIP yng Nghymru, a Jill Evans, Plaid Cymru yn cadw ei sedd.

• Cwmni Hotpoint yn rhoi'r gorau i gynhyrchu peiriannu golchi yn ei ffatri ym Merthyr Tudful.

• Tân yn gwneud difrod sylweddol i'r Afan Lido yn Aberafan.

LOL

Mae'n debyg mai menter fwyaf mentrus llawn mentergarwch *Lol* oedd rhifyn 2009. Yn hytrach na chyhoeddi rhifyn o'r rhecsyn anllad arferol aeth y Lolwyr ati i gynhyrchu rhifyn parodi arbennig o gylchgrawn materion cyfoes poblogaidd Cymraeg.

Enw'r campwaith dychanol yma oedd *Sylw* ac fe'i bwriadwyd i gynnig dychan miniog a deifiol o sefyllfa cyhoeddi cylchgronau yng Nghymru ar y pryd. Aeth y golygyddion mentrus ati i wneud hwyl am ben cylchgronau fel *Barn* a *Golwg*. Llwyddwyd i wneud hynny'n ysgubol, oherwydd roedd gan *Sylw*'r potensial i fod yn llawer mwy diflas, ffug-drendi ac ymhonnus na'r cylchgronau hynny. Ymysg yr uchafbwyntiau dychanol ceir colofnau gan Deian Hopkin a Bethan Jenkins a chyfweliad parodi gydag Angharad Mair.

(Dyna ddigon, Vittle. Rwy'n dechrau amau nad oes gyda ti yffach o syniad am beth ti'n sôn, a difaru'r rhoi'r blydi job dethol a golygu yma i ti. Callia! –gol. Lol.)

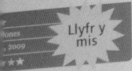

Llyfr y mis

Angharad Price sy'n edmygu'r nofel gyntaf i ddychmygu diwedd ein gwareiddiad o safbwynt Cymreig a Chymraeg

Y Dŵr
Lloyd Jones

YW nofel
g gyntaf
ones.
u'n
d Saesneg
annus –
d Mr Vogel
ckKitterick yn
chipiodd Mr
wobr Llyfr y
yn 2007 –
enderfyniad i droi
raeg yn ddiddorol,
edig o weld bod
wyddiadurwr arall,
ar, wedi troi at
ida yn Gymraeg yr
l.

rol hefyd yw nodi bod
aeth sylfaenol yn arddull
nes yn y Saesneg ac yn y
, boed hynny oherwydd
as yr awdur a'r ddwy
ur ei destun, natur
eidfa neu hyd yn oed
iaith ei hun. Tra bo'r
ofel Saesneg yn chwareus
thog a chyfeiriadol
awedd, mae iaith Y
li ei thorri i lawr at yr
yn syml, uniongyrchol
bl sicr ei cham. Hyn
niant y nofel: rhydd y
iddi gymeriad mythaidd
ddu'n llwyr i'w darlun o
d y byd?

Cymru'r ail ganrif ar hugain yw Cymru Y Dŵr, a hithau'n bodoli mewn byd apocalyptaidd, a'i gwareiddiad wedi ildio i gyntefigrwydd gwyllt sydd ar drugaredd haul a dŵr.

Tybed faint o bobl oedd ar ôl yn y byd? Roedd pobl o'r Affrig wedi ffoi yn ystod y pumdegau a'r chwedegau, ond doedd dim digon o dir nac adnoddau i bawb. Bu'n rhaid bornio'u cychod nhw yn y môr, rhag iddyn nhw orbroligo Ewrop. Erbyn hynny, roedd y môr wedi codi'n llawer uwch a rhan helaeth o Brydain wedi diflannu o dan y don; dim ond ynysoedd oedd ar ôl, miloedd ohonyn nhw erbyn hyn.

Yn raddol, down i wybod bod teulu Dolfrwynog wedi cilio o'r ddinas anrheithiedig i'w hen gartref ar fferm yng ngogledd Cymru. Yno maent yn crafu byw mewn newyn cynyddol – y fam weddw'n deisyfu marwolaeth, yr ewythr, Wil, yn ymgolli fwyfwy yn ei anifeiliaid ac yn y gorffennol, y mab, Huw, yn gwallgofi, a'r ferch, Mari, yn anobeithio y daw iddi fyth ddihangfa.

Ar ffurf y Pwyliad, Nico, y daw

gwaredigaeth. Ef sy'n ysbeilio'r shanty towns cyfagos er mwyn bwydo teulu Dolfrwynog. Ef hefyd sy'n denu'r cyfoethogion trachwantus i ymweld â freak show fferm, ac – mewn parodi erchyll o dwristiaeth dreftadaeth – i gael eu swyno gan ddawn storïa Mari wrth iddi greu chwedlau o gwmpas trasiedïau ei theulu ei hun.

Daw Mari a Nico'n gariadon, ac ynddynt hwy a'u baban newydd-anedig y mae'r unig obaith i barhad hil Dolfrwynog: yn ymarferoldeb y Pwyliad a dawn dweud y Gymraes. Ond rhaid gadael y fferm a hwylio dros y Dŵr i geisio achubiaeth.

Nid hawdd me'n daith, ac mae diwedd yn dywyll.

Mentrwyd i fyd tebyg i bwn gan nofelwyr eraill, megis Cormac McCarthy (The Road) a Christoph Ransmayr (Morbus Kitahara). Ond dyma'r nofel gyntaf i ddychmygu diwedd ein gwareiddiad o safbwynt Cymreig a Chymraeg. Mae'n waith dychmygus a dirdynnol. Teimlir bod yma gaine goll o'r Mabinogi, ond mai dynoliaeth ac nid duwiau, sydd a'r gwraidd. Anwhneiddio'r byd. Yn sadru ei mynegiant ac yn y symbolau gref sy'n rhedeg trwyddi, gan Lloyd Jones ddameg y ar gyfer ein hoes.

crefft y ddramodwraig: Nia Peris yn adolygu nofel newydd Manon Ste

Fel Aderyn
on Steffan Ros
fa, £7.95

GRWYDD
DD YW colled.'
ichi linell. Geiriau
odwraig, yn ddi-os
ydd eisoes wedi'i
ydeddu droeon yn
s. Ond ymddangos

y maent, y tro hwn, yn ei nofel gyntaf i oedolion, Fel Aderyn, a gyhoeddwyd fis Mehefin eleni, er bod Manon Steffan Ros eisoes wedi cyhoeddi dwy nofel i blant.

Llinell fawr mewn nofel fawr? Yn sicr, mae hi'n gyfrol uchelgeisiol ei chwmpas, er nad yw hi'n nofel

faith. Adroddir hanes sawl cenhedlaeth o ferched o'r un teulu, a chaiff hynt a helynt eu bywydau – a goblygiadau hynny i'r genhedlaeth nesaf – eu plethu drwy'i gilydd, a ninnau'n neidio o un degawd i'r llall, a thros gyfnod sy'n ymestyn o 1882 hyd 2009. Rhaid cyfaddef imi fod fymryn yn ddrwgdybus cyn cychwyn, gan boeni y

byddai hon yn un dryslyd hynny s droi'n ôl drwy'r yn hyn a hyn o glir ym mhen yr

Doedd dim yn gymaint o wir bod y go geir ar ddechrau'r nofel un ddefnyddiol i gyfeirio ati ar y cychwyn, ond mewn byr o dro des yn gyfarwydd â'r cymeriadau, eu hanesion a'u cefndir, ac roeddwn i'n malio

Cenedl Sombi

Y byd

• WikiLeaks yn rhyddhau bron i 400,000 o ddogfennau milwrol a diplomyddol cyfrinachol yr UDA.

• Iran yn parhau i ddatblygu ei rhaglen niwclear, a'r Cenhedloedd Unedig yn gosod mwy o sancsiynau economaidd ar y wlad.

• Daeargryn anferth yn taro Haiti a dinistrio'r brifddinas, Port-au-Prince, gan ladd dros 200,000 o bobl.

• Lludw folcanig yn yr atmosffer yn dilyn ffrwydrad llosgfynydd yng Ngwlad yr Iâ yn golygu atal teithiau awyr dros Ewrop.

• Llys Cyfansoddiadol Sbaen yn datgan nad oes unrhyw sail gyfreithiol dros gydnabod Catalwnia fel cenedl o fewn Sbaen ac na ddylai'r Gatalaneg gael blaenoriaeth dros Sbaeneg yn y 'rhanbarth'.

• Canlyniad yr Etholiad Cyffredinol ym Mhrydain yw Senedd grog, gyda dim un blaid yn cael mwyafrif clir. David Cameron, arweinydd y Ceidwadwyr, yn dod yn Brif Weinidog, gan arwain llywodraeth glymblaid rhwng y Torïaid a'r Democratiaid Rhyddfrydol a'u harweinydd Nick Clegg.

• Nick Clegg a'i blaid yn colli hygrededd yn llwyr trwy wneud tro pedol ar fater benthyciadau i fyfyrwyr yn Lloegr.

Cymru

• Yn Etholiad Cyffredinol Prydain yng Nghymru Plaid Cymru yn cadw 3 sedd, gyda'r Torïaid yn cael 8 sedd, Llafur 26 sedd a'r Democratiaid Rhyddfrydol 3 sedd.

• Cheryl Gillan, AS Chesham ac Amersham yn cael ei phenodi yn Ysgrifennydd Gwladol Cymru, y ferch gyntaf i ddal y swydd.

• Comisiwn Holtham yn argymell y dylai Llywodraeth Cymru gael pwerau i amrywio treth incwm, treth gorfforaethol a treth stamp yng Nghymru.

• Llywodraeth Llundain yn cyhoeddi y bydd y cyfrifoldeb am ariannu S4C yn cael ei drosglwyddo i'r BBC. Hyn yn cael ei weld fel bygythiad difrifol i fodolaeth S4C fel corff darlledu Cymraeg annibynnol.

• Mick Bates, AC Maldwyn, yn euog o ymosod ar barafeddygon a ddaeth i'w helpu ar ôl iddo syrthio i lawr y grisiau yn feddw mewn bwyty yng Nghaerdydd. Bates yn ymddiswyddo o'r Democratiaid Rhyddfrydol, cyn i'r blaid gymryd camau disgyblu yn ei erbyn.

• Papur newydd yn Nenmarc yn cyhuddo Stephen Kinnock, mab yr enwog Neil, o osgoi talu trethu. (Mae Kinnock yn briod ag arweinydd plaid Democratiaid Cymdeithasol Denmarc, Helle Thorning-Schmidt.) Kinnock a'i wraig yn gwadu'r cyhuddiadau.

LOL

Ymysg rhyfeddodau 2010 oedd atgyfodiad *Lol* am y trydydd tro, ac yn unol â'i gyflwr sombïaidd wedi dod yn ôl o farw yn fyw, aeth y cylchgrawn ati i ddarnio a rhacsio Radio Crymi, ffars Llyfr y Flwyddyn, gwefan Golwg 360 a 'mêsns cyfieithu' Cymdeithas Cyfieithwyr Cymru. Er hynny, un pwnc mawr oedd yn britho tudalennau *Lol* Eisteddfod Glynebwy, a llygredd a chamweithrediad difrifol y diwydiant darlledu oedd hynny.

Dywedir mai cyrff meirw byw dienaid yw sombis. Os felly, nid *Lol* oedd yr unig gorff sombïaidd yng Nghymru gan fod hynny'n ddisgrifiad reit dda o'r byd darlledu Cymraeg yn 2010. Blwyddyn ddu oedd

hon yn hanes S4C, ac roedd rhifyn *Lol* y flwyddyn honno yn cynnwys erthyglau newyddiadurol swmpus yn adrodd hanes cwymp cwmni teledu Barcud a'r camweinyddu dybryd a fu ers blynyddoedd yn y ffordd yr oedd y Sianel Gymraeg yn cael ei rhedeg o'r pencadlys yng Nghaerdydd.

Dagrau pethau oedd y ffaith bod yr argyfwng yma yn y diwydiant darlledu Cymraeg yn cyd-daro ag ethol y Llywodraeth Glymblaid newydd yn Llundain ac yn enwedig penodiad Jeremy Hunt fel Gweinidog Treftadaeth. Dyn â'i fryd ar dorri crib y BBC oedd Hunt, a gwleidydd a oedd yn gwbl anystyriol o anghenion darlledu yn y Gymraeg.

Ceir adroddiad manwl o beth yn union a ddigwyddodd yn ystod teyrnasiad Iona Jones fel Prif Weithredwr S4C a'r camweinyddu a buddsoddi blêr oedd yn nodweddu ei chyfnod. Ceir adroddiad gan Iwan Edgar, cyn-weithiwr a chyfarwyddwr cwmni Barcud, ar sgandal chwalfa'r cwmni. Roedd yr erthygl yn defnyddio ffynonellau dibynadwy i adrodd sut yr aeth llong y cwmni 'o'r gors i fwrw'r eisberg' a suddo, gan 'ddwyn miloedd o bunnoedd o gynllun pensiwn rhai o'r staff'.

Lol hefyd oedd un o'r cylchgronau prin i fynd i'r afael mewn dyfnder â'r stori hon, oedd yn adlewyrchiad trist o gyflwr gwachul newyddiaduraeth ymchwiliol yng Nghymru ar ddechrau'r unfed ganrif ar hugain. Efallai hefyd bod hynny'n nodweddiadol o arfer y rhai y byddai *Lol* yn eu galw'n aelodau'r 'Sevydliad' yng Nghymru, i sgubo popeth annymunol o dan y carped.

Cwis y Porthmon

Profwch eich gallu i drin defaid gyda'r cwis gwych yma (noddwyd gan Mr Prducer ac S4C) – hanfodol i bob Porthmon gwerth ei halen!

Dywder eich bod am hel tua 20 o ddefaid o Fachynlleth i Aberhonddu – sawl Porthmon sydd ei angen i gwblhau'r daith yn llwyddiannus?

Ateb: tua 75. Un i wisgo cap, un i chwibannu, un i ddweud wrth y ffermwyr ifainc am redeg ar ôl y blydi defed, un gyda phrofiad milfeddygol i ladd y defaid sy ar fin trengu, ac un i yrru'r landrofer a'u rhoi yn y trelyr pan ma'r camra bant. Ac, wrth gwrs, hwedeg naw o bobl i'w ffilmio…

Faint mae'n gostio i fenthyg landrofer a trelar i gario'r defaid pan ma'r Porthmon wedi blino?
   a) Cwpwl o beints yn y Drover's Arms
   b) £500
   c) £10,000

Ateb: £10,000

Sawl porthmon mae'n gymryd i newid bylb?

Tri. Un i gwyno ei fod e wedi blino, un arall i anfon criw o ffermwyr ifenc i newid y bylb, ac un arall i nôl y siec wrth S4C…

Sianel Slash

YN DILYN YMARFERIAD ail-frandio a gostiodd filiynau penderfynodd S4C fabwysiadu delwedd gorfforaethol newydd sydd yn cynnwys gosod blaenslaes rhwng yr S4 a'r C yn enw'r Sianel. Nid yn unig ei bod yn ddelwedd gyffrous newydd ond mae yn apelio at yr elfen o ddirmyg at Gymru yr arddelir gan reolwyr y Sianel gan is-raddio Cymru i ryw statws eilradd, bron fel petai y sefydliad yn rhyw ddarn bach di-nod o Sianel Pedwar Lloegr. Ond wrth i'r hinsawdd gwariant cyhoeddus waethygu wedi'r etholiad cyffredinol mae rheolwyr y Sianel yn gweld cyfle i wasgu gwerth allan o'r gwariant gwastraffus ar y brandio newydd ac yn manteisio ar y cyfle i ail-enwi'r sianel – wrth gwrs maent yn rhy dwp i weld fod eironi creulon yn yr enw newydd i sianel sy'n wynebu toriadau cyllid mor helaeth!!!

Cyflog mwy na Cameron!

YN ÔL CYFRIFON S4C ar gyfer 2009, enillodd Iona Jones, Prif Weithredwr S4C cyflog o **£161,000!!** Mae David Cameron, Prif Weinidog Prydain Fawr, yn ennill £142,500. Nid yw'r swyddogion eraill yn ennill arian bach chwaith: Rhian Gibson £102,000; Arshad Rasul (pwy yw e?) £110,000; Delyth Wyn Griffiths £79,000 a Garffild Lloyd Lewis £71.000. Mae'r rhan fwyaf o aelodau'r "Awdurdod" yn ennill £10,000 am eistedd mewn ar ambell i bwyllgor, gyda John Walter Jones yn ennill £52,000 am dridiau'r wythnos o waith. Yn ystod y flwyddyn dan sylw, gostyngodd nifer gwylwyr S4C 22% sef o 2.7% i 2.1% o'r holl gynulleidfa.

Yr Awdurdod sydd i fod i gyflogi a rheol'r swyddogion ac mae sawl un wedi gofyn, pam ddiawl nad y'n nhw'n gwneud hyn? Mae'r hen frolio a fu ar "annibynniaeth" yr Awdurdod wedi hen ddiflannu oddi ar wefannau a llenyddiaeth S4C. Pam?

WANTED

AM LOFRUDDIO'R DIWYDIANT TELEDU CYMRAEG

IONA JONES

GWOBR: £160,000 Y FLWYDDYN

Y Mêsns Cyfieithu

Yng nghanol y dirwasgiad, un diwydiant sy'n dal i ffynnu ydy'r diwyiant cyfieithu. Os ewch draw i safle gwe Cymdeithas Cyfieithwyr Cymru, fe welwch chi enwau 325 o bobl sydd erbyn hyn yn ennill eu tamaid yn cyfieithu ffurflenni ac yn llenwi ffeiliau â Chymraeg prennaidd, annealladwy.

Tydi hi ddim yn syndod bod y Cynulliad wedi galw *'Time gyfieithwyr please'* ar gyfieithu'r awyr boeth a'r malu cachu yn y sefydliad hwnnw.

Ydach chi erioed wedi styried mynd yn gyfieithydd? Os felly, 'dach chi siŵr o fod wedi ystyried dod yn aelod o'r corff ffri-masiwnaidd, Cymdeithas Cyfieithwyr Cymru. Fel y ffri-masiwnaid go iawn, eu nod yw sicrhau mai trwy ddirgel ffyrdd y cewch chi ddod yn aelod. Yn wir, mae hi bron yn amhosib dod yn aelod.

Os byddwch mor naïf â chredu y gallwch ymaelodi trwy sefyll eu harholiad – meddyliwch eto! Ar y cownt dwytha, o'r 45 wnaeth gais i fod yn aelodau cyflawn, dim ond 2 ddaru lwyddo!

Mae'r Mesns Arholi eu hunain, wrth gwrs, yn ennill eu tamaid trwy gyfieithu ac am gadw gwaith cyfieithu'r wlad iddyn nhw eu hunain – yn enw purdeb yr iaith.

Yr Oes Aur

PWY FYDDAI'N MEDDWL Y BYDDAI'N CHWALFA FEL HYN? Nôl ar ddechrau'r 1980au roedd oes newydd gyffrous yn gwario ar y byd darlledu yng Nghymru. Sefydlu S4C a chodi canolfan ddarlledu allanol newydd yng Nghaernarfon. Byddai cwmni adnoddau teledu Barcud yn gwasanaethu'r sianel gan roi gwaith a swyddi proffesiynol da i Gymry lleol.

Cryfhau'r economi a rhoi sicrwydd i gymunedau Gwynedd – roedd y ddelfryd yn cael ei gwireddu ac yn mynd o nerth i nerth, gan godi stiwdio fawr newydd ar Stad Cibyn yn 1990.

Maes o law penderfynodd Huw Jones – un o'r prif sylfaenwyr gwreiddiol – ennill swydd prif weithredwr S4C yng Nghaerdydd. Wrth edrych nôl gellir gweld nawr fod ei ymadawiad wedi golygu colli medr busnes craff a gofalus na chafodd mo'i lenwi'n llawn wedyn. Datblygiad pellach fu uno'r cwmni â Derwen yn 1997 i ffurfio 'Barcud-Derwen' a daeth y cwmni dan reolaeth Bryn Roberts o gwmni Derwen.

Mynd yn Hogiau Mawr

ER MAI dim ond siâr o 20% oedd gan Derwen yn y cwmni, gwnaeth Bryn Roberts yn siŵr mai Derwen oedd y cynffon oedd yn ysgwyd y ci a hynny o Gaerdydd. Bryd hynny y dechreuwyd y drifft araf o Gaernarfon. Collodd canolfan Cibyn ei statws fel prif ganolfan wrth i lawer o'r gwaith symud i ganolfannau eraill y cwmni, mewn

nes bod unrhywbeth a ddywedai'n gwneud sens. Aeth y ddelfryd o wasanaethu y byd bach Cymraeg yn Gymraeg yn rhywbeth oedd yn cael ei gymryd yn ganiataol ac yn weledigaeth gul oedd wedi chwythu ei phlwc.

Felly ymlaen â nhw yn frwd i ffurfio'r Barcud Derwen Group oedd yn brolio byth a hefyd ei fod yn gwmni adnoddau mwyaf "y tu allan i Lundain". Rhaid oedd rhoi bob dim yng nghyd-destun yr UK. Prynwyd cwmnïau mewn amryfal fannau: Glasgow, Caeredin, Bryste, Manceinion, Iwerddon, Llundain a

Cyfarfod Blynyddol, Rhagfyr 16eg, 2008; o Adroddiad y Cadeirydd, Emlyn Davies:

"Fe dderbyniwyd cwestiwn gan un cyfranddalwr yn gofyn inni ddweud yn y Cyfarfod Blynyddol a oes unrhyw gwmni neu adran o'r grŵp yn gwneud colledion ar y funud. **Yr ateb pendant i'r cwestiwn hwnnw yw nad oes.**"

Chaerdydd. Gwerthwyd y syniad fod y rhain yn helpu i gryfhau pethau yng Nghaernarfon, er yn aml ni wnâi'r cwmnïau hyn fawr ddim elw – colled yn amlach na pheidio – ond roeddynt yn rhan o ddelwedd chwyddedig bwysig y *Barcud Derwen Group*. Ac yn anffodus daeth un o'r is-gwmnïau hyn i chwarae rhan allweddol iawn yn nhynged y cwmni ymhen amser.

Cyw gog yn nyth y Barcud

FEL RHAN o'r un meddylfryd denwyd ('hedhyntiwyd') Tony Cahalane, cymeriad di-Gymraeg â phrofiad ac enw ganddo ym myd darllediadau allanol: smwddi Kardiffaidd gyda'r Gymraeg yn amherthnasol iddo (oni bai ei fod yn gweld mantais bersonol i'w hun yn y peth). I'w fachu ef ffurfiwyd cwmni newydd Omni – is-gwmni ym mherchenogaeth lawn Barcud Derwen ond heb enw Cymraeg (fel sy'n batrwm bellach gyda'r byd teledu **C**ymraeg). Doedd dim staen y Gymraeg ar yr enw nac ar y cwmni

Tony'n hapus; ac aeth nifer o gynyrchiadau hanesyddol Barcud i Omni, rhaglenni fel *Pawb a'i Farn* a darllediadau gwleidyddol. Er bod staff Barcud yn dal i weithio ar y rhaglenni, o dipyn i beth roedd Barcud yn cael ei wthio allan o'r darlun.

Corsydd enwog Iwerddon

UN CAWL yn unig oedd hyn, roedd gwaeth i ddod oherwydd yn y cyfamser draw yn yr Iwerddon roedd corsydd mawrion....

Rhan o'r polisi o fod yn "hogia mawr" ar y sîn Brydeinig a rhyngwladol oedd prynu cwmni adnoddau ôl gynhyrchu The Farm yn Nulyn yn 2006. Cwmni a oedd yn y broses o gael ei werthu gan drefn fethdalu Iwerddon. Y sôn oedd bod Emlyn Davies (Cadeirydd Bwrdd Barcud Derwen ar y pryd) a Bryn Roberts wedi cael bargen wych yn Nulyn – a thrwy hynny perswadiwyd pawb ar y Bwrdd bod cael gafael ar The Farm yn chwip o ddêl.

Gwaetha'r modd nid oedd Emlyn na Bryn na'r Bwrdd yn deall dim oll am reolau cyfraith Iwerddon, felly fe fu raid talu mwy am hyn a mwy am llall a thalu i gael gwneud hyn a'r llall.

Bu raid arllwys miloedd o bunnoedd ac ewros y cwmni i bwll di waelod er mwyn galluogi The Farm i barhau mewn bodolaeth. Peiriant llyncu arian oedd hyn, gyda rhyw foi digon amheus yn cyd-berchnogi'r busnes gyda

At ddant pawb.

www.barcudderwen.com

Roedd yma gors ddifrifol.

O'r Gors i'r Eisberg

GOHIRIWYD CYNNAL Cyfarfod-ydd Blynyddol i gyfranddalwyr y cwmni am ddwy flynedd a mwy er mwyn trio datrys y broblem. Ni

"Mae'r bai am y diffyg yn y Cynllun Pensiwn allan o'n dwylo ni'n llwyr gan mai trafferthion **Equitable Life** sy'n gyfrifol am y twll mawr du y y gronfa hon. Ond yn gyfreithiol rhaid i ni fel cwmni wneud iawn am y diffyg, ac rydym yn cymryd y cyfrifoldeb hwnnw o ddifrif."

yn ymlusgo fesul tipyn i gyrraedd y brig, ac ar ôl cyrraedd yno, yn rhoi ochenaid o ryddhad wrth weld yr olygfa y tu hwnt, yn ysu am gael cyhoeddi a chanmol yr hyn a welant, ond yn gorfod canolbwyntio'n hytrach ar y gorffennol anodd, ac ail fyw'r cyfnod trafferthus..."

"Bu Iwerddon yn broblem enbyd …roedd perfformiad y cwmni yn llawer gwaeth

ryd
TELEDU CYMRAEG

llwyddiant ar hyn o bryd."

Yn dechnegol roedd pethau wedi cael eu gwneud i ddangos hynny, fis ynghynt yr oedd The Farm wedi ei gwerthu am UN Ewro.

Meddai: *"Bu Iwerddon y broblem enbyd a pherfformiad y cwmni yn llawer gwaeth na'r disgwyliadau..."* ond dywed wedyn er bod y cwmni wedi llosgi'i fysedd mae pethau ar wella oherwydd gobeithir cael arian yn ôl yn dilyn gwerthu The Farm i brynwr yn Iwerddon. Dwy neu dair ewro arall tybed?

Y gwir tu ôl i'r stori, er gwaethaf sbin hyfryd a rhamantaidd Emlyn, oedd fod Barcud Derwen wedi gwneud colledion enbyd o tua £2,000,000 yn ystod y cyfnod, yn bennaf oherwydd The Farm – roedd yr eisberg wedi bylchu'r howld.

Dal mewn Gobaith

ER YR ymgais oedd yma i sgubo'r llwch – neu'n hytrach diawl o eliffant mawr a dau rhinoserws – o dan y carped, roedd y cyfarwyddwyr yn gwybod fod problem. Bellach nid oedd biliau yn cael eu talu o Gaernarfon – roedd pob dim dan reolaeth rhyw ferched di-Gymraeg yng Nghaerdydd. Roedd ceisiadau

> "Roeddem mewn sefyllfa anodd …bu'n rhaid llogi cerbyd i anrhydeddu'r cytundeb, ac fe gollwyd yr elw a fyddem wedi ei gael o'n cerbyd ein hunain."

am dâl yn cael eu hosgoi neu rhoddwyd addewidion gwag bod y pres ar y ffordd. Yr oedd llif arian yn ddiferion prin. Er cymaint yr arian a ddeuai i mewn roedd hwnnw'n gwasanaethu y sefydliadau mawrion oedd yn ariannu'r cwmni a allai ar

dod i'r adwy: gwnaeth enw i'w hun fel arbenigwr ar y diwydiant olew yn ninas Llundain, ac roedd yn berthynas i wraig Mervyn Williams. Ai hi oedd am achub y cwmni?

Y Gloch yn Canu

JOB CAROL Bell – a gafodd ei dal ym magl sefyllfa anodd wrth i deyrngarwch teuluol ymladd yn erbyn ei synnwyr busnes – oedd trio cael pobl i fuddsoddi yn y cwmni er mwyn symud ymlaen, ond job seithug oedd hynny erbyn hyn oherwydd ni allai guddio ôl yr eliffant a'r ddau rinoserws dan y carped.

Gwaethygodd y sefyllfa lif arian gyda llawer iawn o weithwyr llawrydd yn disgwyl miloedd o bunnau o gyflog, a llawer o'r staff heb gael arian treuliau am deithio ac aros mewn gwestai.

> "Yn anffodus nid oedd yr arian i gyfiawnhau hynny yn ein meddiant, a phenderfynwyd derbyn cynnig gan gwmni o'r India i brynu **Men From Mars.**"

Mae'n siŵr fod Carol Bell yn lladd nadredd in ceisio cael rhywun i ariannu; ac wrth ohirio prynu offer newydd i Gaernarfon yr oedd yn gwbl amlwg nad oedd dyfodol hir i'r gwasanaeth yno. Yr oedd gofyn arian i brynu offer HD (manylder uchel) ond o ble deuai'r cyllid ? Yn yr adroddiad ariannol a ddosbarthwyd yn 2009, un o'r ychydig gysuron a gafwyd oedd dweud i'r golled am y flwyddyn fod ond yn £624,000 (o gymharu ag £800,000 y flwyddyn cynt). Ond roedd yr adroddiad yn llawn o rybuddion gwae gan y cyfrifwyr fod yr holl beth yn llwyr ar drugaredd y banciau.

"Mae dilysrwydd sail y busnes gweithredol ar gyfer gwaith paratoi yn dibynnu ar gyfleusterau cyllid digonol yn parhau i fod ar gael i'r grŵp ac ar y grŵp yn parhau i gael cymorth gan ei gredydwyr am gyfnod o 12 mis o leiaf o ddyddiad cymeradwyo'r datganiad ariannol. Mae'r

*d cwestiwn gan
n gofyn inni
fod Blynyddol
ni neu adran
l colledion ar y
raenen yn ein
dant i'r cwestiwn
Mae pob
yp yn mwynhau*

**Gwaith
rfon**

Pos Dyfyniadau

Wrth i'r storiau am ymddygiad cywilyddus S4C lifo o Lanisien yn wythnosol, mae pobl yn gofyn yn aml "Beth sydd wedi digwydd i S4C?" a "Pam mae pobl sy'n gweithio yn y diwydiant teledu yn ofni siarad yn agored am y sianel?" Efallai bydd y dyfyniadau canlynol yn gymorth i ddeall y sefyllfa.

Dyma ddyfyniadau gan aelodau o dîm rheoli S4C i wneud i ni i gyd gywilyddio o fod yn Gymry Cymraeg.

Ceisiwch ddyfalu pwy ddywedodd beth trwy dynnu llinell o'r dyfyniad i'r uchel swyddog o blith: Iona Jones (Prif Weithredwr), Rhian Gibson (Pennaeth Rhaglenni), Medwyn "Ffwcin" Parri, Meirion Davies.

Pa "genius" ddywedodd beth?

"Wyt ti eisiau gweithio i ffwcin S4C eto? *(yna'n uwch)* Wyt ti eisiau gweithio i ffwcin S4C eto?"

"Mae gen ti gontract moesol i weithio i pwy bynnag 'y ni'n dweud wrthot ti."

"Unwaith eto mae S4C wedi cyflawni rhagoriaeth greadigol."

"Pan bo fi'n gweld syniad ar ddarn o bapur, galla i jyst ddim dychmygu fe fel rhaglen."

"Mi wnaiff T***r O**n beth 'da ni'n ffwcin d'eud wrtho fo!" (wir?)

"Wyt ti'n credu bo' fi mor dwp â gwneud rhywbeth fyddai'n peryglu fy ngyrfa? Rwy'n glyfrach na hynny!" (Rhywun gydag IQ yn is na'i chyflog)

"Mae Boomerang yn rhy fawr i fethu."

Ac un olaf gan gyflenwr hyderus i S4C :

"Dy'n ni ddim yn gallu arwyddo *cheques* ein hunain yn S4C … eto."

Gwibdaith Hen Gân

Yn y Bath

Geiriau:
Wel dyma i chi gân…. sgwenish i'n y bath,
Gen i deimlad mod i di sgwennu un run fath,
Yn yfed coffi neu yn car bach fi
Ond dyma hi eto…. Hi hi hi.

Cytgan:
Hen gân shit, hen gân shit
Cân fach shit yn bath bach fi

Ma bybls yn y bath, bybls yn fy nhin
Ond peidiwch â gofidio – da ni yn rhif Un.

Hen gân shit, hen gân shit
Shit shit shit a mwy o shit…

(Dyna ddigon o gachu – Gol.)

"'Mond finegr i fi plîs, mêt."

Mae pobl Aberconwy yn gryf yn erbyn y mewnlifiad!

Iesu mawr, oes 'na rai ohonyn nhw ar ôl?

Côc, gwin a gwyrdd

Y byd

• Daeargryn anferth yn taro oddi ar arfordir Siapan, gan achosi tswnami. Difrod yn dilyn y tswnami, a'r ddaeargryn yn arwain at drychineb niwclear yng Ngorsaf Fukushima.

• Protestiadau'r Gwanwyn Arabaidd yn parhau i ysgubo ar draws y Dwyrain Canol.

• Arlywydd yr Aifft, Hosni Mubarak, yn ymddiswyddo ar ôl protestiadau eang ar draws y wlad.

• Arweinydd Libya, Muammar Gaddafi, yn cael ei ladd yn y rhyfel cartref yno.

• Osama bin Laden, sylfaenydd ac arweinydd grŵp milwriaethus Al-Qaeda, yn cael ei ladd mewn cyrch milwrol gan America ar ei loches ym Mhacistan.

• ETA yn datgan ei fod yn terfynu ei ymgyrch arfog 43 mlynedd yn erbyn gwladwriaeth Sbaen.

• Terfysgoedd mewn dinasoedd ledled Lloegr yn ystod mis Awst.

• Alex Salmond a'r SNP yn ennill ail dymor fel Llywodraeth yng Nghaeredin, ond y tro hwn gyda mwyafrif mawr. Y blaid i gynnal refferendwm ar annibyniaeth yr Alban cyn diwedd ei thymor.

• Y cylchgrawn dychanol *Private Eye* yn 50 oed.

Cymru

• Ym mis Mawrth cynhelir Refferendwm ar ddatganoli yng Nghymru. Mae 63.49% yn pleidleisio o blaid rhoi'r hawl i ddeddfu i'r Cynulliad, gyda 36.51% yn erbyn.

• Yn Etholiadau'r Cynulliad, y Blaid Lafur yn fuddugol gan ennill 30 sedd, sy'n ddigon i ffurfio Llywodraeth Cymru ar ei phen ei hun unwaith eto.

• Y Ceidwadwyr bellach yw'r brif wrthblaid yn y Cynulliad gan ennill 14 sedd, ond oherwydd iddynt gipio seddi etholaeth mae Nick Bourne, arweinydd y Torïaid yng Nghymru, yn colli ei sedd ar y rhestr ranbarthol. Plaid Cymru yn colli 4 sedd, gan gynnwys Llanelli ac Aberconwy.

• Trychineb Glofa'r Gleision, a 4 o lowyr yn cael eu lladd. Y ddamwain waethaf mewn pwll glo yng Nghymru ers 30 mlynedd.

• Carl Sargeant, y Gweinidog Llywodraeth Leol, yn cadarnhau y bydd Cyngor Ynys Môn yn cael ei weinyddu gan gomisiynwyr annibynnol. Dywed Sargeant fod y cynghorwyr wedi ymddwyn fel 'gwleidyddion iard chwarae plant'.

• Sefydlu'r Coleg Cymraeg Cenedlaethol.

• Mesur y Gymraeg (Cymru) 2011 yn rhoi statws swyddogol i'r Gymraeg yng Nghymru, sefydlu Comisiynydd y Gymraeg a diddymu Bwrdd yr Iaith Gymraeg.

• Llywodraeth Cymru'n cyflwyno'r dreth 5c ar fagiau plastig yng Nghymru.

LOL

Dau bwnc oedd yn hawlio prif sylw *Lol* Eisteddfod Wrecsam yn 2011, sef yr ymateb i ganlyniadau etholiadau'r Cynulliad, a pharhau i dyrchu i anghysonderau a sgandalau camweinyddu'r byd darlledu yng Nghymru, ac S4C yn benodol.

Ar y mater yna, roedd y rhifyn unwaith eto'n cynnwys amryw o straeon caled am y sianel, ynghyd â chopi o lythyr gan Rhodri Glyn Thomas, y cyn-Weinidog Diwylliant (un a fu'n destun gwawd mewn rhifynnau blaenorol ond a oedd bellach ar ochr yr angylion). Llythyr ydoedd at Gadeirydd Awdurdod

'Wel, mae'n ymddangos fod gyda ni gonsensws.'

S4C yn codi cwestiynau am adroddiadau ariannol ar grŵp Boomerang Plus, un o brif gyflenwyr rhaglenni'r sianel, diffyg datgeliad parthed toriadau arfaethedig i gyllideb S4C ac arferion comisiynu'r sianel. Roedd erthygl hir arall hefyd gan 'ohebydd Cyfryngau *Lol*' yn clymu sawl stori o Barc Tŷ Glas. Erbyn hyn roedd 'Trên Grefi' Sianel Gymraeg y 1980au a'r 1990au wedi troi'n debycach i long y Titanic ac roedd cartwnydd *Lol* yn rhagweld bod 'Dec Llong S4C' ar fin taro'r creigiau.

Post-mortem ar ddiffyg llwyddiant Plaid Cymru oedd llawer o weddill y cynnwys. Roedd y clawr yn tynnu sylw at fethiant y Blaid o'i gymharu â'r SNP a lwyddodd i ennill mwyafrif clir yn Senedd yr Alban, a braenaru'r tir ar gyfer y Refferendwm Annibyniaeth. Roedd erthygl 'Problemau Plaid' yn canolbwyntio ar anawsterau'r blaid genedlaethol yng Nghymru, a oedd ym marn yr awdur yn ymestyn o ddiffygion yr arweinyddiaeth at ymdrechion y Cynghorydd Sian Caiach, cyn-aelod o'r Blaid, i dalu'r pwyth yn ôl, a olygodd bod Helen Mary Jones yn colli sedd Llanelli yn y Cynulliad.

Tu hwnt i drafferthion darlledu a gwleidyddiaeth cafwyd cwpwl o straeon o'r byd academaidd a cholegau prifysgol Cymru, ond egsgliwsif y flwyddyn oedd y newyddion syfrdanol bod Mr Urdd wedi mynd oddi ar y rêls. Datgelwyd bod masgot hynafol y mudiad ieuenctid bellach yn cael therapi i ddelio â'i broblemau alcohol a chyffuriau, yn dilyn y penderfyniad i weini alcohol gyda phrydau bwyd ar faes Eisteddfod yr Urdd.

Er nad oedd lluniau o Amanda Protheroe-Thomas mewn bicini yn y rhifyn hwn, roedd arwyddion bod golygyddion Lol wedi sefydlu traddodiad newydd o gyhoeddi lluniau hanner porcyn o'r cyflwynydd teledu Alex Jones…

Croeso nôl i'r Titanic

S4/£ S4/£ S4/£ S4/£

gan Ohebydd Cyfryngau LOL

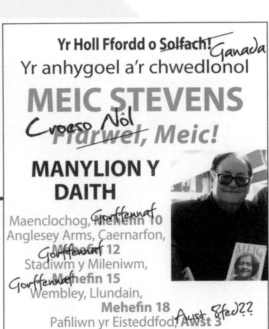

Yr Holl Ffordd o Solfach! *Ganada*

Yr anhygoel a'r chwedlonol

MEIC STEVENS

Croeso Nôl ~~Ffarwel, Meic!~~

MANYLION Y DAITH

Maenclochog, ~~Mehefin~~ *Gorffennaf* 10
Anglesey Arms, Caernarfon, ~~Mehefin~~ *Gorffennaf* 12
Stadiwm y Mileniwm, ~~Mehefin~~ *Gorffennaf* 15
Wembley, Llundain, Mehefin 18
Pafiliwn yr Eisteddfod, ~~Awst 3~~ *Awst 8fed??*

Dewch i glywed yr hen ffefrynnau:

Dod yn Ôl *Meic* Ddaeth ~~Neb~~ yn Ôl
Mynd i Ffwrdd fel Hyn
Shwmai 'na Ef Cof am Blant y Cwm
Y Brawd Houdini

Dyna ddigon – Gol.

Bar ar gael

Y Dderwen Gam a Phenyberth – anhygoel ond gwir!

Siom i sawl un eleni oedd na chomisiynodd S4C raglen i gyd-fynd â dathliadau deugain mlynedd pentref y Dderwen Gam yng Ngheredigion. Bydd rhai ohonoch yn gwybod am hanes y pentref yma lle'r oedd bygythiad i werthu'r holl dai fel tai haf, a'r Cyngor lleol yn gwrthod prynu'r tai. Mae hanes y pentref yn un hynod o arwyddocaol yn y Gymru gyfoes gan i esiampl y pentrefwyr yn prynu eu tai – a thrwy hynny warchod cymuned Gymraeg ei hiaith yng Ngheredigion – ysbrydoli cymdeithasau tai megis Tai Eryri.

Er i gwmni cynhyrchu gynnig rhaglen ddogfen i S4C yn seiliedig ar hanes y pentref, gwrthodwyd y syniad. Pam? mae'n debyg taw dewis fu raid rhwng rhaglen y Dderwen Gam a rhaglen am y *Titanic* (roedd cyfnither nain Capten y Titanic yn Gymraes mae'n debyg!!!). Nawr cyn i chi wneud y jôcs amlwg ynglŷn â'r cadeiriau ar fwrdd y *Titanic* ystyriwch y stori yma: cynigiodd yr un cwmni cynhyrchu raglen i S4C ar hanes Penyberth ond gwrthodwyd y rhaglen o blaid rhaglen ychwanegol yng nghyfres Rhydian Roberts. Pam? Wel yn ôl Rhian Gibson "Be ffwc di Penyberth?" Anhygoel ond gwir!!!!

Yn y Babell Feithrin

219

Yn gynnar yn 2011, ysgubodd partneriaeth Rap newydd drwy ddiwylliant ieuenctid Cymru gan greu cynnwrf a chyffro yn yr SRG a'r cyfryngau – mwy hyd yn oed na'r cyffro yn nhrowsus Cefin Roberts pan glywodd fod MEGA yn mynd i ail-ffurfio!!!!

Fel sawl seren wib pop-aidd arall, diflanodd y cyfan mewn cyflafan gyhoeddus o gyffuriau, merched, a nosweithiau hwyr a gyrhaeddodd ei benllanw.

Mr Urdd: dyddiau hapusach

gyda Heddlu De Cymru yn arestio'r tri-lliw triongl yn snortio cocên oddi ar gorff noeth Nia Roberts wedi sesiwn galed o feirniadu yn 'steddfod yr Urdd Abertawe.

Beth ddigwyddodd?
Oedd yr is-fyd Rap Cymraeg wedi dinistrio prif eilun y Cymry ifanc – ta oedd mwy i'r stori? Aeth Prif Ohebydd Urdd LOL i ymchwilio ymhellach...

Dyma stori fwy trist na thristwch. Teithiais drwy fwrllwch Mehefin gwyntog yn y brifddinas heibio i swbwrbia cyfforddus Pontcanna i flerwch Treganna a Cowbridge Rd East. Synhwyrwn fy mod wrth droi o stryd i stryd yn treiddio rywsut i enaid y Gymru gyfoes.

Nid mwyach cenedl dawedog dan fawd gormeswr Seisnig mohonom, ond cenedl Ewropeaidd hyderus, sicr o'i hunan a'i diwylliant. Mawr fu'r newid mewn dim o dro. Gyda phob newid mae rhai wastad yn disgyn rhwng y craciau – ac fel chwyldro'r ifanc yn y 60au, llefarwyr ac eiconau y genhedlaeth newydd sydd yn disgyn.

Roeddwn wedi clywed adroddiadau ers peth amser nad oedd popeth yn dda yn y bartneriaeth Rap rhwng Mr Urdd a Rapsgaliwn. Roedd pwysau'r llwyddiant cynnar wedi dod â

disgwyliadau mawr yn ei sgil, a gyda hynny, canfod lloches mewn diod acw wedyn cyffuriau, ac yn ieithwedd Rap, ym mreichiau yr 'hoes a'r bitches' a'i dilynai.

Bwydodd y poblogrwydd cynnar yr ymdeimlad o anffaeledigrwydd a welwyd mewn penderfyniadau creadigol trychinebus. Cyrhaeddodd y crescendo wrth recordio fersiwn Rap o Joio Byw gyda Delwyn Siôn a Côr Cwm Rhyd-y-Chwadods. *(Gol: Wedi torri gweddill y paragraff yma gan fod y CSA yn dwyn achos llys yn erbyn Mr Urdd ar ran un o'r chwadods!!!)*

Wrth droi i'r chwith am Elai teimlwn rhyw wacter yn dod drosof. Ai i hyn y daeth breuddwyd Syr Ifan? Gweld eilun mudiad ieuenctid Cymru yn byw ynghanol broc môr cymdeithas ôl-ddiwydiannol Seisnig a De-ddwyrain ar gynnyrch siopau Kebab a sglodion?

Wrth agor drws y fflat daeth arogl pydredd cryf i'm ffroenau. Nid pydredd marwolaeth mohono ond y pydredd arbennig hwnnw y byddai athronwyr Ewropeaidd fel Spengler yn ei alw yn "decadence". Wrth i mi gerdded i mewn, daeth ymgnawdoliad diriaethol y pydredd yn amlwg. Hen ganiau Special Brew a hen gopïau byseddiedig yr olwg o Hustler yn britho'r carped darniog. Dyma ddechrau'r holi:

LOL: Mr Urdd...bu yn flwyddyn – be ddwedai – gythryblus yn eich hanes?

Urdd: Gwranda, 'y ngwas i. Does dim angen i ti ddewis dy eiriau yn ofalus efo fi 'sti... a stopia drio swnio fatha Vaughan Hughes, nei di, neu fyddai wedi disgyn i gysgu cyn cychwyn. Dwi'n gwbod be di be yli, ac wedi bod yna ag yn ôl, a fel gweli di, yn gwisgo'r crys T yn gyhoeddus iawn!!

LOL: Gadewch i ni fod yn agored efo'n gilydd ta – ble aeth popeth o'i le? Mewn tri mis bu i chi ddisgyn o fod yn arwr cenedlaethol ac yn ymgorfforiad o Gymreictod i blant Cymru, i fyw mewn fflat yn Ely ymysg hen gopïau o *lên bornograffig*. Sut bu i'r freuddwyd Rap droi mor chwerw?

Urdd: Rap? paid â son wrthaf fi am Rap – efo'r boi 'na yn y shwt aur? Actor ydi o siŵr Dduw. Fraud oedd yr holl beth. Dio ddim yn Rapiwr go iawn. Os fysa 'na ddim gymaint o ripits ar S4C, fyswn i ddim mymryn callach – dilddangosiad o Tipyn o Stad un noson pan oeddwn i ar coke trip gwael a dyna ni – downhill

o fanna fuodd hi. 'Di'r boi ddim fatha fi – dwi'n 'real'. OK?

Mr Urdd yn agor Special Brew arall ac yn cynnig un i mi. Dwi yn gwrthod.

Mr Urdd yn cael ei arestio

LOL: Tdach chip yn colli bywyd fel seren Rap?

Urdd: Ydw, rhai petha. Cymysgu efo'r sêr – y 'bitches' a ballu. Rwan dwi'n lwcus os di Wynford hyd yn oed yn ateb y ffôn pan dwi'n galw. Fo oedd isio iwsio fi fel 'case study' ar gyfer effeithiau dibyniaeth ar bitbocsio – ond iwsio fi mae o hefyd i fwydo ei ddibyniaeth ar hunangyfiawnder am wn i...

LOL: a Nici Beech?

Urdd: Oh, cym on, dwi'n gwybod bod petha wedi mynd yn flêr, ond ddim mor flêr â hynny...

LOL: A'r feirniadaeth gyhoeddus wedyn? Oedd hi yn anodd delio gyda hynny?

Urdd: Beirniadaeth? Yng Nghymru? You must be joking. Gwranda washi (effaith y Special Brew yn dechra dangos): mewn diwyllianna eraill mae beirniadaeth yn golygu rwbath OK. Yng Nghymru mae o yna i lenwi colofnau rhyw

---

Ar anterth eich enwogrwydd mi gawsoch chi eich cysylltu efo rhai o ferched amlycaf Cymru. Dwi'n meddwl yn benodol am rai fel Siân Lloyd a Nici Beech?

Urdd: Hei, Siân Lloyd dwi'n fodlon rhoid yn llaw fyny a chyfadde!. Roedden ni yn agos iawn ar un adeg. Roedd hi fel arfer ar y rebound ar ôl rhyw 'loser' arall, a roeddwn i angen y cwmni...Y peth am ferched o oed Siân hefyd ydi nad oes raid poeni am atalgenhedlu nagoes? (Mr Urdd yn wincio yn slei.)

LOL: Ond y cyffuriau wedyn?

Urdd: Ia, dwi'n gwybod. 'Bach o coke. Duwcs mae rhan fwyaf o berfformwyr Cymru yn neud ers blynyddoedd, ond bod nhw yn llwyddo i guddiad o. Lle ti feddwl ma Sarra Elgan di cael y perma-gwg na? Effaith anadlu trwy'r trwyn di hynna dwi'n deud wrthat ti...

LOL: Ond rhyw a chyffuriau ar faes prifwyl yr Urdd?

Urdd: Paid â dechra. Oedd Cynan i hun yn neud o yn y Gen ers talwm doedd – efo telynores yr orsedd, iff trwth bi told. Llyfu briwsion bara brith off i bronna hi, medda nhw. Ma'n cenhedlaeth ni wedi darganfod yr hen peruvian marching powder ers hynny,

---

do? Progress mae'r Sais yn alw fo...

LOL: A wedyn eich arestio?

Urdd: Ia – pan oeddwn i mewn carchar tywyll du, fel mae'r emyn yn mynd. Coshyn geshi cofia ond y peth gwaethaf oedd bod nhw wedi galw Wyn Mel, o bawb. Sôn am ffor ocwyrd i gwrdd â dy greawdwr, de? Gawson ni sgwrs dadol iawn wedyn am ferched, cyffuria, ddeuddodd o

A gaiff Mr Urdd ei achub gan Syr Wynff?

yr holl sheebang ar sut nes i ddod i fodolaeth a bob dim. Gyda llaw, dwi ddim yn credu y shit yna dach chi wedi gyhoeddi am Stratamatrix, chwaith, OK?

LOL: A be mae'r dyfodol yn ei ddal i Mr Urdd?

Urdd: Fel deuodd Treb ar: "Un sbliff ar y tro". Na, o ddifri, ei chymryd hi o ddydd i ddydd ydw i 'sti. Mi ddaw 'na gyfle eto. Os 'di Meic Stevens efo'r wyneb i gigio yng Nghymru ddau fis ar ôl gadael i Ganada, a cal pawb i dalu crocbris am 'i weld o am 'tro dwutha'... A sbia yr holl brograms

ma ar es-ffor-si yn ddiweddar am Tebot Piws, Hogia'r Wyddfa, a bob hen gojar arall. Let's ffês it, di'r diwylliant Cymraeg ddim yn mynd i nunlla yn ffast nacdi. Munud byddai yn medru cael y dam bach ffelt i fyny eto, fyddai yn ôl. (Mr Urdd yn wincio yn gellweirus eto!!!)

Dwi'n diolch i Mr Urdd am ei groeso a'i barodrwydd i agor ei galon wrtha i mewn ffordd mor agored a gonest. Wrth ffarwelio â fi ger drws y fflat, mae golwg ddagreuol y ei lygaid. Wrth deithio yn ôl drwy swbwrbia ffals Caerdydd, mae rhyw falchder yn cyniwair ynof fod Mr Urdd, er gwaethaf y dyddiau du, yn dal yn arwr ac yn eilun teilwng i blant Cymru.

Aeth rhai wythnosau heibio a minnau wedi llithro yn ôl i fywyd arwynebol y Brifddinas yn mynychu tai bwyta a bariau Pontcanna gyda'r nos, sesiynau loncian boreol ar gaeau Llandaf, a chanu gyda Côr Dydd. Un bore yn swyddfa LOL fry uwchben Heol y Santes Fair, daeth galwad ffôn o Swyddfa Heddlu Canton. Fyddai modd i mi gynnig arian mechnïaeth i Mr Urdd? Roedd o wedi rhoi stid i Rhys Ifans tu allan i'r Cameo am 2.30 y bore. Roedd yr arwr yn ei ôl!!

Mr Urdd a'r Rapsgaliwn

Geirda cyhoeddus o blaid Mr Urdd!

Ar y pwynt yma yn yr holi fedrwn i ddim peidio a theimlo bod is-lais cryf o chwerwedd yn poeni Mr Urdd. Roedd y gwymp gyhoeddus wedi digwydd yn gyflym iawn. Dwi'n mentro i'r dwfn ac yn holi am y noson y cafodd ei arestio.

Lolympiad

Y byd

- Barack Obama yn cael ei ailethol fel Arlywydd yr Unol Daleithiau.

- Vladimir Putin yn cael ei ethol unwaith eto yn Arlywydd Rwsia.

- Yng Nghatalwnia, plaid wladgarol y CiU yn dod i gytundeb clymblaid gyda phlaid genedlaethol adain chwith ERC. Y ddwy blaid yn cytuno i gynnal refferendwm ar annibyniaeth o Sbaen yn 2014.

- Gwyddonwyr CERN yng Ngenefa yn cyhoeddi ei bod wedi darganfod gronyn Higgs boson, y gronyn sy'n rhoi màs i ronynnau is-atomig eraill.

- Bron i flwyddyn ar ôl ei farwolaeth, ceir honiadau o gam-drin rhywiol difrifol yn erbyn y cyflwynydd Jimmy Savile OBE.

Cymru

- Leanne Wood yn curo Elin Jones a Dafydd Elis-Thomas mewn etholiad i ddod yn arweinydd newydd Plaid Cymru.

- Comisiwn Silk yn argymell y dylai Llywodraeth Cymru gael y pŵer i amrywio treth incwm yng Nghymru erbyn 2020.

- Penodi David Jones, AS Gorllewin Clwyd yn Ysgrifennydd Gwladol Cymru.

- Cyfrifiad 2011 yn dangos bod y nifer o siaradwyr Cymraeg wedi gostwng o 21% i 19%, gyda dim ond Gwynedd a Môn yn cofnodi canran o siaradwyr Cymraeg dros 50%.

- Penodi Meri Huws yn Gomisiynydd y Gymraeg.

- Sefydlu mudiad lobïo Dyfodol i'r Iaith er mwyn ymgyrchu'n gyfansoddiadol i ddylanwadu ar bolisi a deddfwriaeth a datblygu a chynyddu defnydd o'r Gymraeg.

- Cymdeithas yr Iaith yn 50 oed – y Gymdeithas yn cynnal gŵyl fawr Hanner Cant ym Mhontrhydfendigaid dros ddwy noson ym mis Gorffennaf, gyda 50 o fandiau yn perfformio.

- Streic cerddoriaeth Gymraeg Radio Cymru. Anghydfod rhwng Radio Cymru ac Eos, sef corff sy'n ymladd dros fuddiannau cerddorion a chyfansoddwyr Cymraeg.

- *Jacpot* yn ôl ar S4C gyda Rhodri Ogwen yn cyflwyno. Mae hefyd yn un o gyflwynwyr *Heno* a *Prynhawn Da*. Ond wedi ffigurau gwylio trychinebus, y sianel yn cyhoeddi newidiadau i gyflwynwyr y rhaglenni. Nid yw *Jacpot* yn dychwelyd am gyfres arall.

LOL

Yn naturiol ddigon, a hithau'n flwyddyn Gêmau Olympaidd Llundain a jiwbilî diemwnt 'Mrs Windsor', rhifyn o ddathlu Prydeindod gyda balchder oedd *Lol* haf 2012. Wyneb golygus etifedd gorsedd frenhinol yr Ymerodraeth oedd ar y clawr blaen, ac ar y tu mewn roedd sawl ergyd at sêr chwaraeon a selebs cyfryngol oedd yn frwd dros 'Team GB' yn y gêmau – o Ryan Giggs, Katherine Jenkins, Alex Jones (oedd, roedd llun hanner noeth ohoni hefyd...).

Seren *Lol* Eisteddfod Bro Morgannwg yn ddi-os, serch hynny, oedd hen gyfaill y cylchgrawn, sef Dafydd Elis-Thomas. Gyda dim llai na phum llun ohono rhwng y cloriau, roedd hyn yn record o ran ymddangosiadau a gurwyd yn unig gan Mary Millington 'nôl yn y 1970au.

Ymysg y lobsgóws blynyddol hefyd cafwyd 'cyfweliad' gyda Guto Harri – hoff Gymro Boris Johnson a Rupert Murdoch, 'colofn' gan Gwilym Owen, a datganiad o fwriad gan Meri Huws, y Comisiynydd Iaith newydd. Ar ôl i Carwyn Jones ddatgan ei fod am weld llongau tanfor a thaflegrau Trident yn angori yn Aberdaugleddau, cyhoeddodd *Lol* gerdd gan y bardd mawr J.C. Hughes, Manceinion, yn clodfori gwelediaeth a dewrder ein Prif Weinidog.

Stori academaidd y flwyddyn oedd diflaniad Prifysgol Cymru a'i hailymddangosiad trwy ddirgel ffyrdd dan gapteniaeth y Prifathro Medwin Hughes ar ffurf Prifysgol Cymru y Drindod Dewi Sant. I ddathlu'r achlysur cafwyd cerdd yn arddull y Bardd Cocos – 'Llinellau ar longddrylliad erchyll yr HMS Prifysgol Cymru (a dihangfa wyrthiol y Capten Med. Ynghyd â'r gist drysor.)'

> Yr hen HMS Prifysgol Cymru,
> Stemar fawr ofnadwy oedd hi,
> Ac yn y flwyddyn 1893
> Y dechreuodd hi hwylio dros y lli…

Byrdwn y gerdd yw bod yr hen long academaidd wedi plymio i'r eigion ac mai'r unig un a lwyddodd i ddianc â'r trysor oedd y Capten Med a hwyliodd ei 'hun bach mewn cwch bach yn ddigon iach' dros y don:

> Duw a'i deil o sblash i sblash
> efo'r bocs cash,
> Ac mae'n gobeithio y daw e
> Yn ddiogel i harbwr y Drindod
> Dewi Sant Metropolitan
> Abertawe.

LLŎNGAU CARWYN

Wele'n morio bedair llong
Rhwng hen Sir Benfro a Hong Kong;
Llithro maent o dan y môr
Rhwng Dyfed fwyn a Singapôr,
A than eu byrddau mae rhyw gêr
I chwythu'r byd yn jibidêr;
Ac wele Carwyn ddewr ei fryd
Yn ben-llyngesydd ar y fflyd.

Go he is his foot to put
Y fan ni fynnai Michael Foot.
Hen Alex Salmond, Sgotyn da,
Ddywedodd: "Trident, oot! Awa'!'
Ond Capten Carwyn ddaw i'r fei:
"Angorwch yma wrth y cei.
"Jest tipyn bach o newid tac -
'W i'n siŵr fydd Waldo ddim yn grac."

A David Cameron ddwed yn iach,
"O diolch iti Carwyn bach,
Does gen i neb ond ti yn awr
I gynnal rhwysg hen Loeger fawr.
Antur enbyd ydyw hon,
Ond dal di ati. Ciari on!"
A Carwyn rhagddo aeth mewn ffydd
Tan olaf awr yr olaf ddydd,

Pan fu rhyw drafferth dan y dec,
A hynny'n peri anferth glec,
A chyn bod neb yn cyfri'r gost
Y byd a aeth yn ddarn o dôst,
Heb adael unman wedi'r gwae,
Ond tamaid bach o gylch y Bae,
A gadael Carwyn, wleidydd ffôl,
Yn frenin ar yr hyn sy ar ôl.

J.C.Hughes, Manceinion

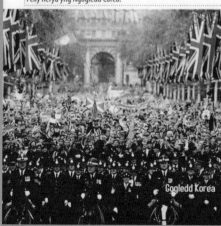

HIR OES I'R ARWEINYDD MAWR!

Dathliad milwrol, propaganda slafaidd y wladwriaeth, miloedd yn
cael eu hannog i'r dathlu heb 'r un gair am unrhyw wrthwynebwyr,
i bennaeth sy' heb ei hethol ac am drosglwyddo grym i'r mab...

Felly hefyd yng Ngogledd Corea.

Gogledd Korea

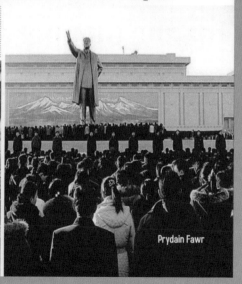

Prydain Fawr

Y Wasg

Cach i Gymru 2013

Newid fformat rhaglen boblogaidd.

Mae S4C a'r cwmni cynhyrchu Avlanti yn falch o gyhoeddi newid cyffrous i'r fformat bologaidd Can i Gymru ar gyfer cystadleuaeth 2013.

Yn fyw o stwidio's Avlanti yn y Plop Factory byddwn yn darlledu'r fformat newydd yn Ebrill 2013 a fydd yn esblygiad o'r hen fformat poblogaidd Can i Gymru a esgorad ar rai o ganeuon fwyaf poblogaid yr iaith Gymraeg.

Bydd y fformat newydd yn adeiladu ar boblogrwydd Can i Gymru ond yn mynd a thueddiad y blynyddoedd diwethaf o ganeuon cwbwl shait gam ymhellach gan ymateb i ddyheadau ag anghenion cydnabyddedig a gynulleidfa i weld rhai o gyfansoddwyr a chantorion lleiaf talentog Cymru yn perfformio tyrdan yn fyw ar deledu.

Yn ol creawdwr y fformat newydd cyffrous yma, Cachyl Parry Jones;

" Mae Cach i Gymru yn ymateb creadigol a chyffrous i'r tueddiad diweddar yn y gystadleuaeth o dderbyn unrhyw crap gan y cyhoedd ac yn mynd a'rtueddiad i'w bendraw naturiol. Yn y gorffennol roedd artistiaid sefydledig megis Meic Stevens, a Bryn Fon yn gyson yn cystadlu ac yn cymeryd y gystadleuaeth o ddifri...dwi yn falch o ddweud ers i mi gael fy machau – neu a ddyliwn ddweud fy 'nghachau...' ha ha – ar y gystadleuaeth mae'r safon wedi lefelu allan llawer mwy"

Meddai Iestyn George gynt o'r NME

"Bydd y fformat newydd yn caniatau llawer mwy o'r hyn fyddai yn hoffi ei alw yn 'plop sensibility' o ran hyd, cyfansoddiad, a natur y tyrds fydd ar y llwyfan ag yn sicrhau cysondeb o ran safon a'r farchnad blop Eingl-Americachaidd"

Gofynnir i unrhyw un sydd a diddordeb i gysylltu gyda Avlanti amgau tyrdan ffresh mewn amlen gyda llythyr yn dynodi ei m a unrhyw 'shit music' a nodi unrhyw angen am 'cacc-ing voc

Llun: Elin Fflur un o gyflwynwyr Cach i Gymru yn gosod

The Leanne Bumper Annual

Fi'n hollol gytted fod Dafydd Êl eisie gadel Plaid.

Politics i fechgyn a merched

Eleni am y tro cyntaf, a thrwy garedigrwydd grant hael gan y Cyngor Llyfrau (Gol: sef y pres oedd i fod i dalu am Y Byd!!) mae *Lol* wedi ennill yr hawliau i gyhoeddi Blwyddlyfr Leanne: *Politics i Fechgyn a Merched* sydd yn un o'r digwyddiadau cyhoeddi fwyaf cyffrous yng Nghymru yn y farchnad llyfrau gwleidyddol i blant ysgol ers i lesbo lit Alan Llwyd gael ei addasu yn gyfres o nofelau proto-ffeministaidd i'r arddegau.

Mae Blwyddlyfr Leanne yn cynnwys pob math o eitemau cyffrous addas i'r arddegau gan gynnwys gweledigaethau polisi, datganiadau i'r wasg, maniffestos, lluniau o Leanne gyda heart-throbs gwleidyddol eraill yr arddegau megis Bethan Jenkins, Adam Price, a sawl aelod o Gymdeithas yr Iaith. Bydd rhai darllenwyr lwcus hefyd yn derbyn un o fathodynnau 'Comiwniti Champion' Plaid Cymru wedi

Bumper Annual – Politics for Boys and Girls.
Byddai yn ymgstyn cymorth i each and

playstation am rhai oriau wedyn es ar fy meic i ty ffrind i wylio DVD. Roedd fy chwaer sydd yn 'goody two shoes' wedi dod adre a helpu dad yn ardd a wedyn helpu mam yn y gegin a cafodd hi fwo o smarties na fi cyn mynd i gwely. Mae bywyd mor anheg!!!
   Tomos. 11 oed.

Hi Tomos.
Dyma union yn math o anhegwch y mae Leanne a'i ffrindiau ymladd yn ei erbyn yn arwrol drostot ti Tomos. I mean it's only only fair that everyone has an equal number of smarties innit . I godi dy galojn Tomos dwi yn gyrru Ilun o Leanne yn Spring Conference Plaid atat ti a bathodyn 'Comiwniti Champion' wedi ei arwyddo gan Leanne a'i tim.
   Dros gymdeithas decach. Over an out ac ymlaen!

Hi Lowri.
Don't worry butt – help is at hand. Y peth yw cariad bach mae identity yn rhywbeth ni yn gallu ei ddewis a'i wisgo fel ni angen. Mae Leanne wedi cael exactly the same problem â ti. Am flynyddoedd ersi mi fynd yn politician roeddwn wedi bod yn byw yn Caerdydd ac yn gweithio yn y Bae – what a meaningless existence!!! Roeddwn yn totally lost ac yn meddwl jest fel ti – then I remembered my roots in the Valleys, opened a Leanne office there and guess what? Few months later Plaid needed a new Leader and now i'm so Valleys it hurts mun!!! As I say we can be whoever people are prepared to believe we are. Mae yna Leanne 'Comiwniti Champion' badge on it's way!!!
   Ciao!!! ac ymlaen!!
   Leanne

Annwyl Leanne
Dwi yn teimlo mor wael am fy hunan...dwi yn teimlo bo fi yn cael fy nefnyddio gan bobl fwy na fi drwy'r amser. Yn yr ysgol mae plant yn cael fi i wneud pethau mae nhw eisiau wneud ond ddim ei gwneud ei hunan a dweud pethau wrth athrawn a plant eraill mae nw eisiau ei ddweud. Dwi yn teimlo yn hollol ddi-werth yn fy hunan!!! Beth gallai wneud Le
   Anni. 13 oed.

Hi Anni.

Sgwrs fawr Lol

Y byd

• Edward Snowden, swyddog cyfrifiaduron gyda'r CIA, yn datgelu bod Llywodraeth America wedi bod yn cynnal rhaglen glustfeinio byd eang ar lefel anferth. Snowden yn gorfod ffoi, ac yn y diwedd caiff loches dros dro yn Rwsia.

• Dedfrydu Chelsea Manning (a anwyd fel Bradley Manning), milwr ym myddin yr UDA i 35 mlynedd o garchar ar ôl ei chael yn euog o ddatgelu bron i 750,000 o ddogfennau cyfrinachol i WikiLeaks. Roedd ei mam yn Gymraes, a threuliodd Manning ei harddegau yn Hwlffordd.

• Gwrthdystiadau yn yr Wcráin ar ôl i'r Arlywydd Yanukovych wrthod cytundeb economaidd rhwng yr Undeb Ewropeaidd a'r Wcráin.

• Partïon stryd yn cael eu cynnal mewn nifer o drefi a dinasoedd ar draws gwledydd Prydain i ddathlu marwolaeth Margaret Thatcher. Cyrhaeddodd cân o ffilm enwog *The Wizard of Oz*, 'Ding-Dong! The Witch Is Dead', rif 10 yn y Siartiau.

Cymru

• Cynhelir isetholiad ar gyfer sedd Cynulliad Ynys Môn, yn dilyn ymddiswyddiad Ieuan Wyn Jones. Rhun ap Iorwerth, ymgeisydd Plaid Cymru, yn cadw'r sedd yn gyfforddus gyda mwyafrif o 9,166.

• Ysgrifennydd Cymru, David Jones, yn cael ei feirniadu am ddefnyddio ei gerbyd swyddogol i deithio 100 metr o Dŷ Gwydyr, pencadlys Swyddfa Cymru, i 10 Stryd Downing.

• Leighton Andrews, Gweinidog Addysg Cymru, yn ymddiswyddo oherwydd iddo gael ei weld yn dal baneri cadw Ysgol Gynradd Pentre yn agored yn ei etholaeth. Roedd yr ysgol yn wynebu cael ei chau oherwydd polisi adran Leighton Andrews ei hun.

• Christine James yn dechrau ar ei gwaith fel Archdderwydd yr Orsedd, y ferch gyntaf i ddal y swydd.

LOL

Blwyddyn o siarad a thrafod, ond dim llawer o wneud, oedd 2012 yng Nghymru *(Dywed rhywbeth newydd wrthym gyfaill – gol. Lol)*, ac roedd y Lolygyddol am ddilyn esiampl y Prif Weinidog, Carwyn Jones, a chynnal 'Sgwrs Mawr LOL' i drafod dyfodol y Cylchgrawn. Oherwydd fel dywed yr erthygl: 'Mae'n hollbwysig eich bod chi, fel budd-deiliaid y Cylchgrawn, yn cael y cyfle i gymryd rhan mewn proses argyfredol o drafod, craffu, mewn-bynnu ac asesu er buddes tymor hir y Cylchgrawn a'r iaith Gymraeg'.

Cynghorwyd darllenwyr ffyddlon i gysylltu â'r bwrdd golygyddol fel a ganlyn:

> Mynd i'r wefan www.lolsgwrszzz.gov.uk
> Tecstio i'r rhif 01237666544ZZ
> Ewch i mewn i Skype i gyfri d98s7.bwlshit.zzz
> Twittiwch i @Lolsgwrsmalgach mawr.

Fel arall cafwyd straeon difrifol am wleidyddiaeth fewnol stormus Prifysgol Aberystwyth dan arweiniad yr Is-Ganghellor April McMahon (neu Ebrill McMad yn ôl *Lol*), a'i chynlluniau i symud Adran y Gymraeg o'r Hen Goleg a throi'r adeilad yn 'ganolfan ôl-raddedig ac yn gyfleuster i'r gymuned' (beth bynnag yw hynny) a'r ymgais i gau Neuadd Gymraeg Pantycelyn.

Nid oedd awdurdodau'r Brifysgol yn hapus o gwbl gyda'r sylw negyddol, a chafodd *Lol* wybod o ffynonellau dibynadwy bod eitem ar agenda un o gyfarfodydd Cyngor y Coleg i drafod y posibilrwydd o ddod ag achos enllib yn erbyn y cylchgrawn. Ni ddaeth dim o'r peth am ba reswm bynnag, ond roedd yr erthygl yn amlwg wedi taro nerf.

Storm arall a gododd yn 2013 oedd bwriad adran gynllunio Cyngor Gwynedd i lacio'r amodau ar breswylio parhaol mewn meysydd carafannau, ac roedd gan *Lol* stori yn datgelu effaith niweidiol y cynlluniau hynny ar Gymreictod y sir. Cafwyd eitemau hefyd yn rhoi'r diweddaraf am hynt a helynt 'penseiri llanast cwmni Barcud' ers y chwalfa ddwy flynedd yn gynt, ac ychydig o gecru thespaidd o amgylch byd y Theatr Genedlaethol.

Ond neilltuwyd y prif ofod i brif destun gofid y flwyddyn, sef y tân yn y Llyfrgell Genedlaethol. Yn ôl ei arfer roedd ymateb *Lol* yn gymesur, doeth a phwyllog, a galwyd ar y genedl 'i beidio panico'.

Rhai o awgrymiadau'r cartwnydd Siôn Jones ar gyfer defnydd amgen o opws William Owen Roberts

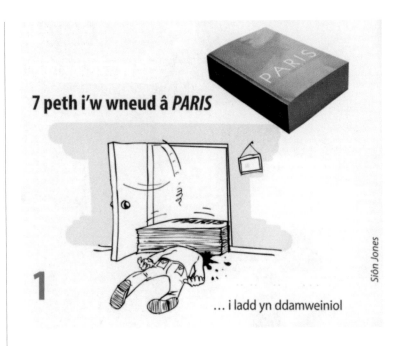

7 peth i'w wneud â *PARIS*

Siôn Jones

... i ladd yn ddamweiniol

1

7 peth i'w wneud â *PARIS*

...amddiffynfa rhag llifogydd

2

"Gweld mai arallgyfeirio wnaethon nhw wedi'r cyfan."

LE MENU

Bwydlen Swper Arbennig a awgymir gan Chef Bwyty'r Lolois ar gyfer Ymadawiad Anochel Madame Meri Huws fel Comisiynydd Iaith ynghyd â Diflaniad Tebygol y Swydd ei Hun

* * *

HORS D'OEUVRES
Les Deux Doigts ["Y Ddau Fys" – trés traditionale dans les régions montagneuse du Pays de Galles]

SOUPE
Cawl de Catastrophe Totale á la style unique Gallois

LE PLAT PRINCIPALE
*Suprème de Incompétence
avec le Arsche de Leighton Andrews (Viande de Porc)*

DESSERT
*Soufflé de Plein Aire
avec les Raisins Surion*

et enfin…
UNE TASSE DE CAFÉ NOIR
avec Les Petit Fours du Fouque Off

Datganiad i'r Wasg gan Lyfrgell Genedlaethol Cymru

ACHUB TRYSORAU CENEDL
Y Staff yn Ddiogel

Yn ddiweddar digwyddodd ymosodiad o'r awyr ar y rhan o'r Llyfrgell a adwaenir fel y 'Twin Towers'. Ysgubodd tân fel gwiber drwy'r adeilad o'r to, a llifodd dŵr fel pistyll trwy chwe llawr. Ond yn wyrthiol, ni chollwyd bywyd ac ni amharwyd ar freintiau hynafol a chysegredig y staff. Caiff cyflogau a phensiynau eu talu'n llawn a chânt fwynhau eu hawl oesol i ddyddiau braint ychwanegol, traddodiadol. Hoffem longyfarch y staff ar eu harwriaeth a'u hymroddiad anhunanol. Gweithiodd Cynllun Argyfwng y Llyfrgell yn arbennig o dda ac fe ymatebodd pawb yn berffaith i bob dyletswydd (ar wahân, wrth gwrs, i'r *nutter* yna adawodd y boi yna i doddi tar ar y to gan anfon y cwmni adeiladu i'r wal gan nad oedd 'da nhw'r yswiriant.)

EITEMAU A DDIFRODWYD

Yn anffodus difrodwyd rhai eitemau cymharol ddibwys:

Ychwanegiadau at gofysgrifau Capel Tabernacl (B), Caerfyrddin, 2009-2010 (21 blwch).

"Sixe bookes of politickes or civil doctrine" (1594), cyfieithiad

Negyddion gwydr oedd yn rhan o gymynrodd y Dr Iestyn Armstrong-Jones, Ohio

Ychwanegiadau at Bapurau Gwenfrewi Hughes a dderbyniwyd ers tua Ebrill 2011 *(26 blwch)*

Llyfr Coch Hergest *(bellach Llyfr Du Hergest)*

Nodiadau darlithoedd y Parchedig Brynmor P. Jones pan yng Ngholeg Diwinyddol enwog y Newbourg Seminary *(2 flwch)*

Ychwanegiadau at Archifau'r Methodistiaid Calfinaidd a dderbyniwyd yn 2013 *(2 eitem)*

Llyfr Gwyn Rhydderch *(bellach Llyfr Du Rhydderch)*

Cynlluniau pensaernïol o dŷ ardderchog yng Nghaerdydd (Radyr) *(1 eitem) (dienw)*

Ffotograffau personol o 'Wyliau yn Benidorm' gan Rihanna Matthews *(yn cynnwys rhai o'r Sun Bar)*

Deunydd o'r Penstwffwl Historiological Society *(3 recordiad 12")*

Papurau Plas Lolyn *(1 ddogfen)*

Map amgáu Capel Iwan/Cenarth

Copi o Bolisi Iaith Plaid Cymru *(cyflwynwyd ar gefn amlen)*

rhau yng Nghymru

EITEMAU A ACHUBWYD I'R GENEDL

Ymhlith yr eitemau a adferwyd y mae:

Cynlluniau pensiwn o hyd at £50,000 y flwyddyn. Yn ffodus cadwyd y rhain mewn sêff gwrth-dân o wneuthuriad Sentrysafe Defense Armorgard Antitliban Warzone Everlast.

Polisi Gwyliau Banc x 3 (trysor anghyffredin, cofnodwyd ar femrwn, rhwymiad lledr Morocco)

Cytundeb i gau dros y Nadolig a phob amser defnyddiol arall (adferwyd yn wyrthiol gan gwmni Harwells o Rydychen – mawr yw ein diolch i'w sgiliau rhyfeddol)

Copïau o bapurau newydd dyddiol amrywiol gan gynnwys y *Times*, y *Tincer*, y *Telegraph* a'r *Guardian* ac un copi o *The Inferno* gan Dan Brown a ddarganfuwyd yn y tai bach (gadawyd ar ôl pan ufuddhaodd y staff mor sydyn ac effeithiol i awlad yr Alarwm Tân).

Meddai Syr Deian Popkin: "Hoffwn dalu fy nheyrnged personol i staff arwrol a thra clodwiw y Llyrfgell am eu gwaith ardderchog dan amgylchiadau trychinebus, na welwyd eu tebyg ers Tân Mawr Llundain yn 1666. Mae'n wir fod rhai eitemau dibwys wedi'u difrodi, ac fe hysbysir y perchnogion ymhen rhai blynyddoedd.

Ond dylai pawb gofio, o fewn y Llyfrgell Genedlaethol, mae 123 o filltiroedd o silffoedd ble cedwir 950,000 o ffotograffau, 30,000 o lawysgrifau, 5,000,000 o ddelweddau digidol a 5,551,300 awr o sain fideo a ffilm. Y mae'n wyrth ein bod ni'n dal yma ac yn dal i ennill ogau mor ardderchog. Diolch yn fawr i ni i gyd."

Tensiwn ar Ground Zero

Staff y Llyfrgell yn cael toriad

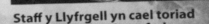

Cawodydd Ebrill
...a stormydd Mai

gan Ohebydd Academaidd a Rhyngwladol *LOL*

Dyw pethau ddim yn dda yn y Coleg ger y Lli. Ddim, yn wir, ers Awst 1af, 2011, pan apwyntiwyd ieithydd anhysbys o'r Alban o'r enw April McMahon yn bennaeth ar y Brifysgol. Ar y pryd, roedd yr enw dieithr ac annisgwyl yn codi rhai gobeithion. Ydi hi'n athrylith Celtaidd? Mae hi'n ieithydd – ydi hi'n siarad Gaeleg? O ble daeth hi? Pwy gafodd afael arni? Ond darllenwch ymlaen, a bydd *LOL*, eich llusern ym mhob tywyllwch, yn datgelu mwy i chi!

Beth bynnag arall a ellir dweud amdani, wedi tair blynedd ohoni, mae 'na gytundeb cyffredinol nad hon oedd y Ferch Darogan. Edrychwch ar y ffeithiau moelion, e.e., tablau'r prifysgolion. Gynt yn yr entrychion – yn yr 8fed safle allan o dros 100 – mae Aberystwyth wedi pylymio i safle 47 yn arolwg *Y Times* o'r 'Higher Education Student Experience', ac mae'r *Guardian* (ar gyfer 2104) yn rhoi'r coleg yn safle 88. Mae'r ffigyrau hyn yn adlewyrchu'r canfyddiad o Aberystwyth fel prifysgol ymhlith myrfyrwyr ac ati, ond hefyd y realiti.

'Unbeniaeth'

'unbeniaeth' fel yn Ne America, ble mae'r rheolwyr yn ymddwyn fel 'bwlis cae chwarae'. Cafodd 11 aelod o staff eu hatal o'u gwaith ac 13 eu diswyddo oddiar Awst 2011 yn sgil yr 'ail-strwythuro' parhaus sy'n obsesiwn gan April McMahon. Arweiniodd hyn at ansicrwydd cyffredinol a morale isel ymhlith y staff. Does neb yn siŵr ble mae hi am fynd â'r Brifysgol, na beth mae hi am wneud â'r sefydliad mwyaf poblogaidd ar y campws, sef Canolfan y Celfyddydau.

Y problemau greodd hi yma ddaeth â'i henw hi gyntaf i lygad y cyhoedd. Nawr rhaid i *LOL* ddweud yn onest nad Canolfan y Celfyddydau yw un o'i hoff sefydliadau. Mae'n lle hynod Seisnig. Prin iawn yw'r cynyrchiadau Cymraeg (am ba reswm bynnag). Ond mae'n lle deniadol a llwyddiannus, ac roedd yn rhaid i April ddod â'r lle yn llwyrach i mewn i'w hymerodraeth hi – er ei fod yn derbyn nawdd o nifer o ffynonellau eraill sef Cyngor y Celfyddydau (£500,000+ y flwyddyn) a Chyngor Ceredigion, ac yn cynhyrchu tua ¾ o'i drosiant ei hun allan o gyfanswm o £4.5m.

Galwodd April felly am

a chael arddeall, yn fuan wedyn, eu bod nhw wedi eu gwahardd o'u swyddi.

Gwahardd

Ie, *'suspension'* yn hytrach na'r sach! Dyma, erbyn deall, hoff ddull April McMahon o weithredu: ffeindio rhyw esgus bach i gadw pobol o'u gwaith gan ddechrau ar broses hir a diflas o ymrafael cyfreithiol a thribiwnlysa. Yr esgus cyhoeddus a roddwyd yn achos y ddau yma oedd torri rheol iechyd a diogelwch mewn rhyw *'rave'* – mae'n debyg bod 'na blentyn 4 oed mewn noson a gynhaliwyd yn y Ganolfan – ond aeth mis heibio cyn i'r Fns McMahon dynnu sylw'r ddau swyddog at y diffyg yma.

Mae gwahardd rhywun o'i swydd yn chwalu pob ewyllys da rhwng y cyflogwr a'r cyflogedig, ond mae'n effeithiol yn y modd mae'r ansicrwydd yn gosod pwysau seicolegol ar y person dan sylw, ac yn wir fe gyhoeddodd Alan Hewson ei ymddiswyddiad ar 21 Mehefin, wedi 28 mlynedd o wasanaeth. Mae Auriel Martin, ar y llaw arall, yn bwriadu ymladd ei

preswyl y Brifysgol am bythefnos bob haf gan dderbyn croeso gan drigolion y dref wrth i'r teuluoedd grwydro o'r hosteli lawr i'r Prom. Ond eleni fe waharddodd April nhw rhag

yw'n deg fod *LOL* yn datgelu eu henwau – ond pwy aeth â hi: merch ifanc ddymunol iawn o'r enw Dr Cathryn Charwell-White. Mae

lawer, yn 'aca o ble d Uche

Gwymon o ddynion

Y byd

• Grŵp milwrol y Wladwriaeth Islamaidd yn cipio darnau helaeth o Irac a Syria, yn ei ymgyrch i ailsefydlu'r Califfad Mwslimadd ar draws y Dwyrain Canol a Gogledd Africa.

• Israel yn lansio ymgyrch filwrol yn erbyn tiriogaeth Palesteinaidd Llain Gaza. Mewn saith wythnos o ymladd, 2,100 o Balestiniaid a 71 o Israeliaid yn cael eu lladd.

• Protestio ar strydoedd Kiev yn arwain at ddisodli Yanukovych yn yr Wcráin. Mae hyn yn arwain at wrthryfel yn ardal y wlad sy'n ffinio â Rwsia. Byddin Rwsia wedyn yn meddiannu penrhyn y Crimea.

• Yr Arlywyddion Barack Obama a Raul Castro yn cyhoeddi ailddechrau cysylltiadau ffurfiol rhwng yr Unol Daleithiau a Chiwba.

• Cynnal Refferendwm Annibyniaeth yr Alban ym mis Medi. Canlyniad y bleidlais yw 55% i'r ochr Na a 45% i'r ochr Ie. Mewn ymgais i ennill y refferendwm, ychydig ddyddiau cyn y bleidlais roedd y pleidiau unoliaethol wedi cyhoeddi "Llw'" yn addo hunanlywodraeth lwyr i'r Alban pe bai'n pleidleisio Na.

• Alex Salmond yn ymddiswyddo fel arweinydd yr SNP a Phrif Weinidog yr Alban. Nicola Sturgeon yn ei olynu – y ferch gyntaf i fod yn Brif Weinidog yr Alban.

• Llywodraeth Catalwnia yn cyhoeddi y bydd yn troi etholiad cyffredinol yn 2015 yn bleidlais ar annibyniaeth Catalwnia.

• Miloedd o Lydawyr, dan arweiniad mudiad y Bonedoù Ruz yn cynnal rali yn galw am ailuno dinas Naoned a Llydaw, gwarchod unoliaeth wleidyddol Llydaw ac ennill mwy o ymreolaeth i Lydaw.

Cymru

• Cynnal Uwchgynhadledd NATO yng ngwesty'r Celtic Manor ger Casnewydd.

• Plaid Cymru yn dal gafael ar ei sedd yn Senedd Ewrop o drwch blewyn. UKIP yn dod yn ail agos i Lafur yn etholiadau Ewrop yng Nghymru.

• Alun Davies, y Gweinidog Amaeth, yn cael ei ddiswyddo ar ôl gwneud ceisiadau mynych i'w weision sifil am fanylion preifat taliadau o dan y Polisi Amaeth Cyffredin i aelodau'r pleidiau eraill yn y Cynulliad.

• Ail ran Adroddiad Silk yn argymell datganoli pwerau dros yr heddlu a chyfiawnder ieuenctid i Gymru, cynyddu maint y Cynulliad a newid ei enw yn swyddogol i Senedd Cymru.

• Dafydd Elis-Thomas yn beirniadu arweinydd Plaid Cymru, Leanne Wood. Oherwydd hynny mae'n colli ei swydd fel llefarydd y Blaid ar drafnidiaeth a chadeiryddiaeth Pwyllgor Amgylchedd y Cynulliad.

• Myfyrwyr Neuadd Gymraeg Pantycelyn ym Mhrifysgol Aberystwyth yn ennill eu brwydr i gadw'r lle'n agored. Roedd awdurdodau'r coleg wedi bygwth cau Pantycelyn a symud y myfyrwyr Cymraeg i safle Fferm Penglais ar gyrion y dref. Y Brifysgol yn cytuno i ddatblygu canolfan Gymraeg yn ogystal â neuadd breswyl ar y safle.

• Yws Gwynedd yn rhyddhau ei CD unigol cyntaf *Codi/Cysgu* a Gwenno yn rhyddhau *Y Dydd Olaf* ar feinyl a CD.

LOL

Gwta ddwy flynedd ers rhifyn mawr i ddathlu jiwbilî diemwnt y Cwîn cymaint oedd ymlyniad *Lol* wrth y sefydliad mawr Prydeinig nes teimlo rheidrwydd i gyhoeddi Rhifyn Brenhinol arall ar gyfer Eisteddfod Genedlaethol Sir Gâr yn 2014.

Yr hyn wnaeth gymell y don yma o deyrngarwch oedd penderfyniad rhai o bileri'r Gymru Gymraeg i dderbyn anrhydeddau ac ymweld â chartref Mrs

Windsor a mynd i Fuckingham Palas. Nid oedd amser gan y Lolygyddol i gyhuddiadau pobl fel Gareth Miles fod pobl deyrngar fel hyn 'yn Gymru da ond yn Brydeinwyr gwell' oherwydd fel dywed y golygyddol:

'Yr hyn sy'n brifo fwyaf yw hyfdra clic o Gymry pathetig sy'n feirniadol ohonom ni, Brydeinwyr da am dderbyn yr anrhydeddau mawr hyn. Druan ohonoch, Gymry colledig a phitw. Tydach chi'n "wymon o ddynion".

Hoffwn ddiolch o waelod calon felly i myfi a'm cyd-Brydeinwyr am fod yn gymaint o phariseaid ffuantus, snobyddlyd, myfiol, hunanfodlon. Heb ein cyfraniad amhrisiadwy, byddai *Lol* yn bapur tŷ bach!'

Ar wahân i hynny, cafwyd dwy dudalen o bortread a straeon am 'Yr Easy Rider o Dredegar', sef Alun Davies yr AC Llafur, a thudalen broblemau 'Annnwyl Anti Meri' ("eich Comisiynydd Iaith cymdogol"). Stori tudalennau canol *Lol* oedd helynt Cynllun Datblygu Lleol newydd cynghorau Gwynedd ac Ynys Môn oedd yn bygwth boddi ardaloedd Cymraeg y siroedd hynny mewn môr o ddatblygiadau tai diangen. Roedd y stori'n tanlinellu unwaith eto mai caredigion honedig y Gymraeg oedd ei gelynion pennaf yn amlach na pheidio.

Blwyddyn milflwyddiant Dylan Thomas oedd 2014 hefyd ac roedd y rhecsyn am ymuno gyda Llenyddiaeth Cymru yn y dathlu gan argraffu Canllaw arbennig *Lol* i 'Dante Abertawe' ac 'unig fardd Saesneg Cymru'. Gan wahodd darllenwyr i fynd ar daith lenyddol 'Chwydfa Chwil Dylan', lle gallent ail-greu'r llwybrau meddwol a ddilynodd y Dylan-fôr mawr ei hun. Am dâl ychwanegol roedd modd cael gwasanaeth pwmp stumog arbennig yn y 'Dylan Suite' yn Ysbyty Singleton.

"Mae Operation Yewtree wedi cymryd tro annisgwyl ac annifyr heddiw."

Mae'n bymtheg mlynedd hir ers i mi gael fy llongddryllio ar yr ynys anghysbell hon.

Ond, er y newyn, y salwch, yr ing, nid wyf wedi bod yn segur.

Gweithiais ddydd a nos ac, o'r diwedd, 'rwyf wedi llwyddo i drwsio radio'r llong.

Cyfle wedi'r blynyddoedd hir, unig, i glywed o'r byd tu hwnt i'r diffeithwch enbyd, arteithiol yma.

ssshhh

SHWMAE PAWB! TOMO SY 'MA!

Dyle hwnna fod yn Gymraeg!

DANGER! FALLING OBJECTS

Diolch am eich sylw ond rydym ni'n dal i ystyried a ddylai'r rheoliadau gael eu cyflwyno fel rhan o broses ymgynghori y Comisiynydd vis a vis y Cynulliad, neu ar y llaw arall a oes gan y Comisiynydd yr hawl i awgrymu dull o...

DANGER! FALLING OBJECTS

233

Gorchestion Beirdd Cymru 2014

TOMMO AP DEREC yn dathlu ymweliad ein beirdd a'n mawrion i Fuckingham Palas, a GRAHAME DAVIES yn cynnig cerdd newydd wych...

Eiver ep Glein a'i wên lydan, lydan

Lleucu Llywd Llên

Lleucu Llên, aeth i weld y Cwîn,
Lleucu Llên, wnaeth blygu glin.
Lleucu Llên, ar andros o gyflog,
Lleucu Llên, mi godaist gyfog.

Ac mae hunan barch yn pasio
A daliadau ar adain y gwynt;
Fel parchusrwydd Prydeinllyd y beirdd
Uchelgais llenorion y bunt.
Yn Windsor mae cyfrinach
Dy daeaogrwydd llyfllyd di,
Yn y Palas mae'r Sefydliad
Yn sibrwd dy enw di.

Lleucu Siencyn a'r Cwîn – a pwy yw'r HET yna sy'n plygu lawr tu ôl iddi? Nid y rebel cerddorol, Cerys Matthews?

Mae gen ti ddewis

Dyna ddwedodd hen fwrdd yr iaith:
Mae gen ti ddewis ar dy daith

Cer fewn i opsiwn iaith dy ffôn
A'i switsho'n ffôn Gymraeg i'r bôn

Gwisga fathodyn iaith a gwaith
I ddangos dy liwiau dros yr iaith...

Weithiau mae'n opsiwn really hawdd...
Rhoi croes i'r blaid ac odli hawdd

Ond pan gei di gynnig MBE
Mae'n gwestiwn mawr, what shall I be?

Fel wedodd yr hen Fwrdd yr iaith
Mae gen ti ddewis ar dy daith

Ai hwn yw'r ffordd i'r £100 grand?
Gwerthu mas a byw yn grand?

Neu ffordd o goroni gyrfa faith
A bod yn Gomisiynydd Iaith?

Yr Archdderwyddast

Aeth Archdderwydd Cymru, Christine
Lan i Lundain i seboni'r Cwîn.
'You're on a nice little earner'
Meddai Lis wrth y 'Learner'
'But your tongue is right up my tîn.'

Y Dyn Toilets

Ac felly, Ifor ap Glynne,
– y dyn toilets a gam treigladau.
'Fydd y chwyldro ddim ar y teledu, gyfaill'
Dyna oedd dy gân ers talwm, gyfaill
Digon gwir, yn enwedig os wyt ti'n rhy brysur yn llyfu tîn y Cwîn.
Gyfaill.

Yr Olewydd a'r Salami

Estynnaf ddwy olewydden a salami ar fy mord
a'u mwytho – ffrwythau'r cyfandir
ym Mhlasturton –Bord £2000 o Habitat yr

TOMMO AP DEREC

Efa G

LLENYDDIAETH DYLAN

Chwydfa Chwil Dylan

Mae Llenyddiaeth Dylan yn eich gwahodd i ymuno mewn profiad bythgofiadwy sef mynd ar daith 'Chwydfa Chwil Dylan', lle cewch ail-greu llwybrau meddwol Dylan ei hun.

Yng nghwmni'r comedïwr methiannus Griff Rhys Jones, cewch chithau gyfle i ordro eich rownd gyntaf o nifer yn The Antelope Hotel, chwydu tu cefn i'r Uplands Hotel cyn piso yn erbyn wal The No Sign Wine Bar. Os yw amser yn caniatáu, bydd cyfle am gyri sydyn cyn taro i mewn i'r Mermaid Hotel lle bydd linc byw o'r White Horse Tavern yn Efrog Newydd, i wrando ar Siân Phillips yn dynwared Richard Burton.

Colapsiwch wedyn ar y stryd yn sŵn cerddi Gillian Clarke a gomisiynwyd yn arbennig ar gyfer yr achlysur. Byddwch yn aros ar y palmant o flaen y Queens.

Am feddwad all eich lladd, cysylltwch â Llenyddiaeth Dylan nawr.

(Am dâl ychwanegol gellir cael gwasanaeth pwmp stumog arbennig yn y Dylan Suite yn Ysbyty Singleton.)

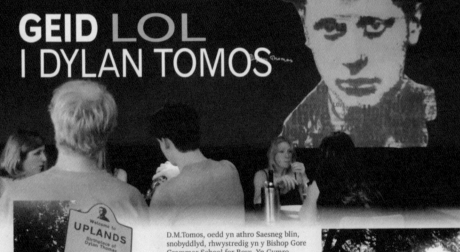

GEID LOL I DYLAN TOMOS

D.M.Tomos, oedd yn athro Saesneg blin, snobyddlyd, rhwystredig yn y Bishop Gore Grammar School for Boys. Yn Gymro Cymraeg rhugl a diwylliedig, roedd felly'n reddfol wrthGymraeg ac am i'w fab ddod ymlaen yn y byd Saesneg ac yn wir fe roddodd wersi llefaru i Dylan er mwyn dileu pob ôl o'i acen Gymraeg.

Ond heb arlliw o allu academaidd ei dad, fe adawodd Dylan Tomos yr ysgol yn 16 oed gan gymryd swydd hacio yn y rhecsyn lleol, y *South Wales Daily Post*. Yn ôl y fersiwn hon o Fyth Dylan, fe gymerodd y bardd ifanc bob cyfle i feddwi mewn sesiynau awr-ginio estynedig yn nhafarnau canol-dre y *Three Lamps*, y *Bush*, y *Queens*, a'r *No Sign Bar* yn stryd enwog Wind St. – stryd barchus y banciau, sylwer, yn y tri-degau.

Hynny ydi, pan nad oedd yn yfed

Pleser gan LOL, fel cylchgrawn cenedlaethol safonol, ymuno yn narhliadau canmlwyddiant

naturiol, felly, ei
ym merched y n...
eistedd ar stolion

50 mlynedd o lyfu

Y byd

• Dau o eithafwyr Islamaidd yn lladd 11 o bobl yn swyddfeydd y cylchgrawn dychanol *Charlie Hebdo* ym Mharis. Roedd y cylchgrawn wedi ennyn casineb am gyhoeddi cartwnau dychanol o'r Proffwyd Mohamed.

• Plaid asgell chwith Syriza yn ennill etholiad cyffredinol Groeg. Daw i wrthdrawiad gyda sefydliad ariannol a gwleidyddol Ewrop. Yr Almaen yn cael ei chyhuddo o geisio disodli llywodraeth ddemocrataidd Groeg eto 'trwy ddefnyddio banciau ac nid tanciau'.

• Cytundeb rhwng Iran a gwledydd Cyngor Diogelwch y Cenhedloedd Unedig ar ddatblygu arfau niwclear.

• Argyfwng y ffoaduriaid yn dwysáu wrth i gannoedd ar filoedd o bobl geisio lloches yn Ewrop rhag rhyfeloedd a thlodi economaidd y Dwyrain Canol a Gogledd Affrica.

• Etholiad Cyffredinol ym Mhrydain, ac yn annisgwyl mae'r Toriaid yn ennill mwyafrif clir a daw David Cameron yn Brif Weinidog unwaith eto.

• Yr SNP yn ennill 56 allan o 59 sedd seneddol yn yr Alban.

• Ethol Jeremy Corbyn yn arweinydd y Blaid Lafur Brydeinig.

• Cynnal Etholiad Cyffredinol yng Nghatalwnia, a'r pleidiau o blaid annibyniaeth yn ennill mwyafrif clir.

• Cylchgrawn *Playboy* yn rhoi'r gorau i gyhoeddi lluniau o ferched noeth, gan ddweud eu bod yn *passé* bellach. Roedd *Lol* 30 blynedd ar y blaen i *Playboy*, ac wedi gweld hyn ers 1976.

• Ffilm o'r 1930au yn dod i'r fei yn dangos y Frenhines, a'i mam a'i chwaer, yn gwneud salíwt Natsïaidd.

Cymru

• Y Ceidwadwyr a'r Democratiaid Rhyddfrydol yn addo rhagor o bwerau i'r Cynulliad yng Nghytundeb Gŵyl Ddewi, ond cynnig cyfyng iawn ac, yn addas, pŵer dros garthffosaeth yw un o'r prif bwerau.

• Cadwodd Plaid Cymru ei gafael ar ei 3 sedd, gan fethu cipio Ynys Môn o 229 pleidlais. Cafodd y Blaid mwy nag erioed o sylw ar y cyfryngau Prydeinig yn sgil ymddangosiad Leanne Wood ar raglenni teledu Dadl yr Arweinwyr.

• Dathlu 150 mlwyddiant sefydlu'r Wladfa ym Mhatagonia.

• Achub Pantycelyn eto! Aeth Prifysgol Aberystwyth yn ôl ar ei gair a cheisio cau Neuadd Pantycelyn. Aelodau UMCA a Chymdeithas yr Iaith yn protestio unwaith eto ac yn meddiannu'r Neuadd am wythnos. Yn y diwedd, y Brifysgol yn gwneud tro pedol ac yn cytuno i ailagor y neuadd fel llety preswyl i fyfyrwyr Cymraeg ymhen 4 blynedd.

LOL

Dathlodd *Lol* ei 50fed pen-blwydd yn Eisteddfod Genedlaethol Meifod trwy gyhoeddi rhifyn dwbl, ac un o'r rhifynnau mwyaf llwyddiannus erioed o ran gwerthiant.

Roedd hi'n addas, ym mlwyddyn yr ymosodiad ar *Charlie Hebdo,* bod *Lol* yn cynnwys eitem yn tynnu sylw at ragrith yr Eglwys yng Nghymru ar gyhoeddi cartwnau o Fohamed. Roedd y rhifyn hefyd yn cynnwys nifer o erthyglau swmpus am ffrae Castell Aberteifi, helyntion y Blaid Lafur Gymreig a'r Barwn Kinnock a'i deulu a rhagor (eto fyth) am Brifysgol Aberystwyth. (Roedd copïau o'r 'recsyn anllad' i fod i gynnwys atodiad arbennig gan Emyr Llywelyn oedd yn datgelu rhagor am 'Broblemau Prifysgol Aberystwyth', ond tarodd 'melltith Atodiad *Lol*'

unwaith eto, wrth i'r Atodiad gael ei dynnu 'nôl yn gynnar yn ystod wythnos yr Eisteddfod.)

Yr eitem fwyaf dadlennol efallai, oedd yr un am Ideoba, cwmni Adam Price, a aeth i drafferthion yn rhannol oherwydd fendeta sbeitlyd gan y 'Taffia' Llafur oedd â'u bryd ar ddial ar un o arweinwyr amlycaf Plaid Cymru. Mae'r erthygl yn rhoi darlun digalon a chredadwy o'r modd y mae'r sefydliad Llafur wedi gweithredu yng Nghymru dros y degawdau diwethaf.

Yn 2011 dathlodd *Private Eye* – y cyfeirir ato'n aml fel 'y *Lol* Saesneg' – ei ben-blwydd yn hanner cant. Yn yr amser hynny tyfodd yr 'Eye' yn un o gylchgronau mwyaf llwyddiannus Prydain, gan gyrraedd gwerthiant wythnosol o 230,000. Ar y llaw arall, er y galw am gylchgrawn dychanol Cymraeg, wrth gyrraedd yr hanner cant oed roedd *Lol* ond yn gallu cyhoeddi un rhifyn y flwyddyn. Mae'r ateb yn eithaf amlwg, fodd bynnag, gan nad oes niferoedd poblogaeth yn y Gymru Gymraeg i allu fforddio cyhoeddi *Lol* heb grant, heb sôn am gyflogi staff a newyddiadurwyr. Felly, fel llawer o weithgaredd yn y Gymraeg, roedd *Lol* yn mynd i fod yn 'hobi' amser sbâr, ac yn aml iawn yn hobi oedd yn torri ar draws gwaith mwy proffidiol. Yn gynyddol hefyd roedd buddiannau gwasg Y Lolfa yn gwrthdaro gyda hygrededd a thargedau *Lol*.

Canlyniad anochel hyn oedd ymdrechion cynyddol Cwmni Drwg i drosglwyddo awenau a chyfrifoldeb am y 'recsyn anllad' i grŵp iau, oedd yn fwy rhydd o'r cyfrifoldebau yma. Ceir awgrym i'r perwyl hyn yn rhifyn y 50 mlwyddiant mewn erthygl yn olrhain hanes y cylchgrawn pan nodir: 'Ond beth am y dyfodol? Er bod *Lol* mewn cyflwr digon iach ar gyrraedd ei ben-blwydd yn hanner cant... daeth yn bryd trosglwyddo'r baton i'r genhedlaeth tipyn iau. Neu ydi'r baton eisoes wedi newid dwylo? Bydd ein darllenwyr craffaf yn gwybod yr ateb...'

Roedd gobaith felly y byddai'r enllibio a fu yn cael ei gadw i'r oesoedd a ddêl – heb anghofio'r sgandal a'r rhyw, wrth gwrs...

Llun Emyr Young

236

"Wel, nawr bod hwna drosodd, beth odyn ni'n mynd
i neud i sgeifio darlithoedd nawr?"

*Bu cryn gwyno am yr oedi cyn agor
canolfan Pontio gan Brifysgol Bangor*

ABERYSTWYTH UNIVERSITY
PRIFYSGOL ABERYSTWYTH

Diwrnodau Agored
Prifysgol Aberystwyth

'Ymunwch â'r Jihad, hogia,' medd Mwla Gwallgo Môn

'Deudwch IES wrth AI-SES!'

CYMRU

Tarw Tommo wedi escepo

'Wel y jiw jiw' meddai Bryan yr Organ

Gwleidydd yn ennill Cariad@iaith

Kinnock am barhau i fwyta, cysgu, dysgu Cymraeg

Rygbi – Cymru'n colli eto

Ond dim ots, pêl-droed mae pawb yn licio rŵan eniwe

PRYDAIN

Diwrnod poeth

'Bois bach, mae'n dwym' – Carwyn Jones

Dim priodas frenhinol

'Newydd cyffrous' – Huw Edwards

Pobl dew yn rhy dew

'Darganfyddiad syfrdanol' – Mark Drakeford

RHYNGWLADOL

Cofio 1914-18

'Yr oedd y Rhyfel Byd Cyntaf yn Rhyfel Mawr' – Carwyn Jones

America'n ymuno â Gogledd Corea i feddiannu Irac eto

ADDYSG

Sefydlu prosiect £100,000,000 monitro mewnbwn

'Cynllun cyffrous' – Huw Lewis

Penodi Dirprwy Swyddog Gwerthuso Adborth (£80k)

Datblygiad cyffrous yn y Coleg Cymraeg Cenedlaethol

GWLEIDYDDIAETH

Trident i Gymru

'Jest y peth' – Carwyn Jones

Plaid am drethu poteli pop

'I dalu am fil o feddygon' – Simon Thomas

Straeon Ychwanegol

Cwmni lleol yn adeiladu tŷ
Carwyn yn gwneud sylw di-ddim
Steil gwallt Leanne – y diweddaraf
Parc Gwyddonol Menai i agor ryw ddiwrnod
Streic swyddogion Cymunedau'n Gyntaf – argyfwng
Methiant Swyddog Galluogi
Swyddog Ymchwil Dementia wedi anghofio
Y Pab yn Babydd – swyddogol

Pynciau Llosg

Dafad wedi marw ar Fannau Brycheiniog
Cath yn croesi'r ffordd yng Nghorris
Gwynt am chwythu dydd Iau nesaf
Glaw am ddisgyn ym Mlaenau Ffestiniog
Gwraig yn cael babi

Rhifyn Diweddaraf Diolwg

Rhifyn arbennig:
Y cwestiwn mawr: A OES DYFODOL I WAREIDDIAD?
Barn Dylan Borwerth:
"Efallai. Ac efallai ddim."
Mynnwch eich copi!

Dyna ddigon o lol!

Am restr gyflawn o lyfrau safonol Y Lolfa, hwyliwch i mewn i'n gwefan

www.ylolfa.com

lle gallwch chwilio ac archebu ar-lein.

TALYBONT, CEREDIGION, CYMRU SY24 5HE
ffôn 01970 832 304
ffacs 01970 832 782
e-bost ylolfa@ylolfa.com
gwefan www.ylolfa.com